ちくま新書

西郷隆盛

——手紙で読むその実像

川道麟太郎
Kawamichi Rintaro

1293

西郷隆盛――手紙で読むその実像【目次】

凡例

一　本書に登場する当時の人は名前をどんどん変えていくが、その表記については、ここでは原則として、その人が最も活躍していた時期の名前、あるいは、後世に最もよく使われている名前を使う。

二　人の年齢や享年は、原則、満年齢で表記する。

三　引用文書の出典等は巻末にまとめて注記する。なお、西郷の手紙については、ほぼ全部を『西郷隆盛全集』所収のものを原本にしており、個々には出典を付記しない。また、日記についても、日付等で引用箇所等がわかるので同様とする。

四　手紙その他の文書は、原文の候文等のままでは読みにくいので、すべて現代語訳をして読みやすくして載せている。なお、これをするについては、既往のものも参照するなどして正確を期したつもりだが、筆者のものが絶対的に正しいとは言えない。解釈というものは得てして手前勝手なものになりがちだ。ご批判を賜れば幸甚である。

はじめに

西郷自身が隆盛という名を使ったのは、正三位《しょうさんみ》に叙せられた明治二年以後、十年に死ぬまでの八年間で、それも公式の文書に限られる。普通の手紙等で使っている名前は、慶応期以後は、死ぬ前々日に戦場で書いた隊長宛の回文に至るまで、ずっと西郷吉之助である。このことからすれば、西郷隆盛という名前は功成《な》り名遂《と》げた後のもので、それは多分に歴史上の人物の名前ということになる。

西郷隆盛については文字通り汗牛充棟《かんぎゅうじゅうとう》の書がある。それは、西郷が、安政の大獄が始まった年、僧《そう》の月照《げっしょう》とともに入水自殺を図りながら自分だけが生き残り、自らを「土中の死骨」と呼んで都合五年の遠島に遭いながらも、赦免後十三年六カ月を激動の世界に生き、その間に「慶応の功臣にして明治の賊臣」になる稀代の英雄であってみれば当然であろう。波瀾万丈の生涯、気骨の精神、友愛と憎悪、沈着冷静と直情径行、あるいは謎めいた行動など、語り口はいくらでもある。

しかし、多くが語られれば虚偽・虚構も多くなる。西郷は歪められ、また、それによって歴史が曲げられもする。西郷が明治六年に自身の朝鮮遣使を唱えたことで、西郷が征韓論者とされたり平和的交渉論者とされたりすることが、そのことをよく示している。西郷が自ら征韓を主張したと言える一次史料（当事者本人が当時に書いた手紙・文書や日記などを指す）はないし、平和的交渉を主張したと言える一次史料もない。確たる裏付けがあるわけでもないのに、まるで戦争と平和ほどに違う両説が、今日もなお、まことしやかに語られている。

西郷は征韓を唱えたのではないし、朝鮮遣使に立って国交回復のための平和的交渉をしようとしたのでもない。西郷は明治元年以来の「最初のご趣意」の貫徹を訴え、そのもとで朝鮮遣使に立って、「最初のご趣意」の履行を名分に、その地で大義ある死を遂げようとしたのである。それらについては本論で詳述する。

西郷が間違って語られる最大の原因は、筆者は、歴史家が一次史料と二次史料（歴史書や人物伝など、誰かが後に著述したり語ったりしたもの）をないまぜ（チャンポン）にして使うことにあると考えている。歴史を語るのに史料は不可欠であり、一次史料も二次史料（実際のところ、これ無くしては広範な知識は得られない）も、ともに重要であるが、一次史料は史実について直接的で、二次史料は間接的である。それらを適宜取捨選択的にないまぜにして論を立てても、それは信頼性に欠け、また、恣意的にもなりがちだ。

そこで、本書では、まずは二次史料に依存することを極力避けて、もっぱら西郷ならびに関係者の大久保利通・木戸孝允・三条実美・岩倉具視・勝海舟といった人たちが当時に書いた手紙や日記の一次史料をもとにして、改めて西郷をとらえ直してみたい。

西郷には、日記はないが、幸いにして、彼が書いた四百八十通以上にも及ぶ手紙が遺っている。これらこそが、西郷を語る最も直接的で重要な一次史料である。本書では、それらを、なかんずく、親友や家族に送った私信に注目しつつ系統的に読み解いて、歴史上の人物・西郷（隆盛）ではなく、現実に生きた生身の人間・西郷（吉之助）の実像を明らかにしていきたいと思う。併せて、西郷のいくぶん謎めいた心奥《しんおう》にも迫ってみるつもりだ。

それらを通じて、『大西郷全集』、『西郷隆盛伝』や『岩倉公実記』、それに『西郷隆盛全集』の解説といった二次史料の記述に虚偽や解釈上の間違いが少なくないこと、また、歴史家の諸説や通説にも否定されるべきものが多々あることが明らかになっていくであろう。

第一章　主君のもとで

1　江戸出府

薩摩藩主・島津斉彬《なりあきら》の参勤交代の行列が安政元年（一八五四）一月二十一日[*1]に鹿児島を出発し、三月六日に江戸に着く。西郷吉之助はその一行に加わって故郷を出て、このとき初めて江戸の土を踏む。満二十六歳のときであった。[*2]

斉彬の一行が江戸に着く三日前の三月三日には、徳川幕府がアメリカとのあいだで日米和親条約を結んでいる。アメリカ東インド艦隊・司令長官マシュー・ペリーによる前年に続く二度にわたる砲艦外交に屈したもので、幕府はこれによって下田（現・静岡県下田市）と箱館（函館）の二港を開港して、二百年以上にわたって堅持してきた鎖国政策に終止符を打つ。

長州の吉田松陰がペリーの率いる艦隊の旗艦船ポーハタン号に乗り込んで密航を企てたのもこの三月だった。松陰は密航に失敗して伝馬町《てんまちょう》の獄舎につながれ、松陰の師の佐久間象山もそれに連座して投獄される。西郷は江戸に着くなり、こういった事件を身近で見聞していたことになる。ちなみに、西郷は松陰よりは年長で、松陰はこの事件を起こしたとき満二十三歳であった。

西郷は江戸に着いて四月にはさっそく庭方役《にわかたやく》に任じられている。庭方役というのは、庭先で主君から直接に指示を受けるところからその名が付いたとされるもので、人との連絡や交渉あるいは機密の任務に就く役柄だ。幕府には、もともと「お庭番」と呼ばれる、密偵を主な任務にする役柄があった。庭方役は比較的下級藩士が就く職務だが、そば付きの者も通さず藩主と直接に会える点では、身分制の厳格な封建社会ではやや特異な役柄であった。

もっとも、西郷が本格的に斉彬と面会して問答できるようになったのは、三年ほどたってからである。西郷が安政三年の五月に書いた手紙に、「先月十二日、初めて（斉彬の）御前に召され、ご問答」したとある。それまでは、研修期間あるいは試験期間のようなもので、主に他藩の江戸詰め藩士らと交流したり調査や勉強をしたりして、わりあい自由に日々を過ごしていたようだ。

†藤田東湖への心酔

江戸での生活にも少し慣れたころ、西郷は安政元年七月二十九日に鹿児島の叔父の椎原《しいはら》与《よ》右衛門《えもん》と権兵衛《ごんべえ》兄弟宛に次の手紙を送っている。

「一筆啓上いたします。残暑はなはだしいですが、ご祖母さまを初め、ご一統さまご機嫌よくおられることと存じます。……。さて、先の便でお送りした字（墨蹟）は痛みなく届いたでしょうか。もう見ていただいたことと思います。

その（墨蹟を書いてもらった）ときなどは、よほど面白い次第でした。東湖《とうこ》先生も大変に丁寧なことで、お宅にお邪魔しますと、もう清水に浴したような塩梅《あんばい》で心中一転の雲霞《うんか》もなく、ただ清浄なる心になり、帰路を忘れてしまうほどです。……。

水戸藩の学問は始終、忠義を旨とし、武士となる仕立てのもので学者風のものとは大いに違います。自画自賛で人には申せませんが、東湖先生も私のこと悪くは思っておられず、いつも丈夫《じょうふ》と呼ばれ、過分のことです。」

あこがれの「東湖先生」の親炙《しんしゃ》に浴せるようになって、よほどうれしかったらしく、そのことを誇らしく書いている。少し前に「東湖先生」に書いてもらった墨蹟を郷里の叔父に送っていて、それが無事に届いたかと尋ねている。

藤田東湖は水戸学の泰斗で、徳川斉昭《なりあき》の股肱《ここう》の家臣としても広く世に知られた人物だ。「お宅にお邪魔しますと、もう清水に浴した」ようで、「ただ清浄なる心になり、帰路を忘れてしまうほどです」と言うのだから、よほどの心酔ぶりだ。

　主君の斉彬が水戸家と親しくしていた関係で、西郷も小石川にあった水戸藩の江戸藩邸に足繁く通っている。水戸家は尾張家・紀州家とともに徳川家「御三家」のひとつだが、領地が江戸に近いため、その藩主は「定府《じょうふ》」といって、原則江戸に常駐することになっていた。そのため、水戸藩の江戸藩邸は他藩に比べて格段に大所帯で、藩主の徳川慶篤《よしあつ》のほか、その父で前藩主の徳川斉昭やそれに近侍《きんじ》する藤田東湖らも江戸にいることが多く、西郷はその藩邸を訪ねて水戸藩の名士たちと親しく交わっている。

†実践の学問

「水戸藩の学問は始終、忠義を旨とし」云々と感銘を受けているのは、「水戸藩の学問」が自分たちが薩摩で学んできた学問によく似ていたからであろう。薩摩でも、武士が受ける学問は、「忠義を旨とし」質実剛健の気風を養う実践の学問で、子弟は幼少のころから「郷中《ごじゅう》教育」を通して、「知行合一《ちこうごういつ》」や陽明学で言う「致良知《ちりょうち》」（良い知というのは実行されるべきものとする考え）を厳しくたたき込むものであった。

　薩摩の子供たちが、島津家中興の祖・島津日新公《じっしんこう》の歌として暗唱させられる「いろは歌」は、

「いにしえの　道を聞きても唱えても　我が行いに　せずば甲斐《かい》なし」

の文句から始まる。また、子供たちの遊びに、
「泣こかい、飛ぼかい、泣こ（く）よか、ひっ飛べ」
と互いに掛け合う遊びがあるが、どちらも、小さいころから、いわば「行動主義」を身に付けさせるもので、そういった教育環境から、「議を言《ゆ》な（言うな）」（不平を言うな、屁理屈をこねるな）風の口数が少なく、もっぱら勇猛果敢に行動する薩摩隼人と呼ばれる武士《もののふ》が生まれ、また、「ぼっけもん」（大胆な人ないしは無鉄砲な乱暴者）と呼ばれるやや特異な人物も生まれることになる。

叔父宛の手紙は次のように続く。

「もしや、老公（徳川斉昭）が鞭《むち》を挙げて異船打ち払いの魁《さきがけ》になられることなどあれば、逸散《いっさん》（わき目もふらず）駆けつけて、戦場の埋草《うめくさ》（城攻めの際、堀などを埋めるのに使う草）になってでもお役に立ちたいと、心酔いたしております。……。

いっしょに（国元から）来ている人たちのなかで、品川（遊里）に足を踏み入れていないのは（私）一人でございます。これに続く人はいないでしょうが、とろけ（ゆるんだり）は致しません。お祭し下さい。……。この二十二日には増上寺にお参りがあり、（斉彬公に）お供いたしました。誠ににぎにぎしい次第でした。[*3]」

水戸老公の徳川斉昭にも「心酔」し、斉昭公がもし攘夷の先駆けになられるようなことがあったなら、自分も駆け参じて「戦場の埋草」になってでも働きたいと言う。西郷も水戸学の影響を受け、尊王攘夷の信奉者になっていたようだ。尊王攘夷の思想は、外夷が迫り来る国家的危機を背景にして世に広まり、特に勤皇の志士たちのあいだに浸透していた。

手紙の後段では、親族を安心させるためであろう、遊郭に行ったりはしないと、まじめな生活ぶりを伝えている。なお、西郷は江戸に出る二年ほど前に妻を娶《めと》っていたが、その妻は西郷の留守中に実家にもどってしまい、後に正式に離婚している。

2 悲憤慷慨

†斉彬の重病と世子の夭折

西郷は安政元年（一八五四）八月二日付で郷里の親友・福島矢三太にも手紙を書いている。この安政元年は閏月《うるうづき》の七月があったので、この手紙を書いたのは、上の七月二十九日付の叔父宛の手紙を書いて三日後ではなく、それに一カ月を加えた後になる。旧暦（太陰暦）では、十二カ月のほかに閏月のある年があり、また、一カ月は「大の月」の三十日か「小の月」の二十九日かのどちらかである。

閏七月をはさんだ一カ月余りのあいだに、斉彬が重病にかかった上、世子（世継ぎ）の虎寿《とらじゅ》丸《まる》が亡くなるという不幸な事件が重なっていた。そのため、この福島宛の手紙は、前の叔父宛の手紙とは打って変わって、悲壮感あふれるものになっている。

福島矢三太は若くして病死したため、彼のことはよくわかっていないが、西郷とは伊東猛《もう》右衛門《えもん》のもとで、有村俊斎（後の海江田信義）や大久保利通らとともに陽明学を学んだ間柄で、同友のなかでも、西郷は特にこの福島と親しかったようだ。

島津斉彬

「秋冷え催すところ、いよいよご壮健慶賀いたします。小弟（私）も変わりはありませんが、このところ宿替えで独居して、ときどき夢の中で貴君に会います。
さて、大変なことが到来し、誠に紅涙《こうるい》（血の涙）にまみれ、心気たえだえになり、悲憤の情お察しください。すでにお聞き及びのはずと思います。先々月晦日《みそか》（七月三十日）より太守様（斉彬公）がにわかにご病気になられ、ひと通りならぬお煩いで、大小便さえお床のなかでされ、ほとんどお寝にもなられず、先年のお煩いのようになる模様で、しごく（周りの方が）お世話をされています。

若殿（斉彬の世子・虎寿丸六歳）さまは去る（閏七月）二十三日、……、ついにご逝去遊ばされ、我々は翌朝に承ったぐらいで、残念いかんとも申し上げようもありません。思えば思えば、頭の髪が冠《かんむり》を突くようです。

太守様も、しごくお気張りの様子と聞いていますが、この上、お煩い重ねられては、誠に闇の世の中になってしまうことで、ただ身の置き所さえわからないような次第です。ただ今、致し方なく目黒の不動へ参詣し、命に替えて祈願をこらし、昼夜祈っております。

つらつら思慮しますのに、いずれなりと奸女を倒すほかは望みないときと伺っています。ご存知の通り、身命なき下拙《げせつ》でありますれば、死することは塵埃《じんあい》のごとくで、明日を頼まぬことですので、いずれなり、死の妙所を得て天に飛揚致し、御国家（薩摩藩）の災難を除きたいと堪えかね、あれこれ考えている次第です。心中お察しください。

若殿さまのこと、手紙では実に申し述べがたく、筆より先に涙にくれ、詳しくは書けません。眼前に拝しているゆえ、なおさら忍びがたく、ただ今生きてあるうちの難儀さ、かえって生を怨む気持ちにもなり、憤怒にこがされています。」

悲歎に暮れる心の内を、実に熱烈にかつ率直に綴っている。この手紙にしても、前の叔父宛の手紙にしても、西郷の感情の容量が、およそ並のものではないことがわかる。嬉しいにせよ、悲しいにせよ、その感激ぶりや落胆ぶりはおよそ尋常ではない。前の手紙では水戸の名士やその学問に接せられる喜びをはち切れんばかりの思いで綴り、この手紙では主君の重病と島津家世子の夭折《ようせつ》の悲しみを胸が張り裂けんばかりの思いで綴っている。

西郷はまさしく感情の人、それも激情型の人であった。西郷の人柄はしばしば泰然自若、豪放磊落《らいらく》などの言葉で表現されるが、それらは後の修養や克己によって培《つちか》われたもので、西郷は、もとは、あるいは素性はむしろ、感情豊かで、かつ繊細で、喜怒哀楽の激しい人であった。

†嘉永朋党事件

上の手紙で西郷は、島津家の不幸の原因が「奸女」にあるとして、「いずれなりと奸女を倒すほかは望みない」と書いているが、この「奸女」は、「お由羅騒動」として後に有名になった「お由羅」のことだ。「お由羅騒動」は、斉彬の腹違いの弟・島津久光の母「お由羅」が我が子久光を藩主に就けるために斉彬父子を呪い殺そうとしたという話で、斉彬の藩主襲封（相続）に関係して起きた嘉永朋党《かえいほうとう》事件に関連して当時から噂されていたものだが、それが後に戯曲風の歴史物語に創り上げられて[*4]、世に広く知られるようになる。

朋党事件というのは、家臣たちが徒党を組んで起こした政治事件のことを指し、薩摩藩ではこれ以前にも、文化年間にやはり藩主襲封に関係して、同様の朋党事件が起きている。どちらも、島津家の家臣たちが互いに血で血を洗う凄惨《せいさん》なお家騒動に発展し、後々まで藩内に禍根を残す。

文化朋党事件では家老ら十数名が斬罪に処せられ、七十名以上の者が遠投や謹慎の処分を受け、嘉永朋党事件では事件発覚と同時に首謀者六人が切腹し、その後四十名以上の者が斬罪・遠島や謹慎の処分を受けている。

嘉永朋党事件は、斉彬派の高崎五郎右衛門や近藤隆左衛門らが、世子・斉彬の藩主襲封が早くから決まっているにもかかわらず、島津久光を藩主に擁立しようとする陰謀があるとして、その主謀者の筆頭家老らの誅殺《ちゆうさつ》を企てたところ、それが事前に発覚して、逆に斉彬派が厳しい粛清にさらされた事件である。高崎や近藤らが発覚と同時に一斉に自決したのは、斉彬に累《るい》が及ぶのを避けるためだ。「高崎崩れ」や「近藤崩れ」などとも呼ばれる。

嘉永朋党事件が起きたのは西郷が二十一歳のときで、事件に連座して切腹した日置《ひおき》島津家の赤山靭負《ゆきえ》の家に西郷の父が用人として出入りしていた関係で西郷も赤山をよく知っていて、その切腹に強い感化を受けたと言われる。

大久保利通の場合は、被害はより直接的で、琉球館蔵役《くらやく》をしていた父利世が事件に連座して喜界島遠島の処分を受け、大久保本人も記録所書役《かきやく》を免職になっている。切腹した高崎五郎右衛門の遺児・高崎正風《まさかぜ》は、子供ながら遠島の処分を受けている。幕末・明治期に活躍する志士たちの多くが、多感な青少年期にこの事件を身近で体験し、精神形成の上でも大きな影響を受けている。

†「生涯不犯の誓い」

ここでもうひとつ、西郷が安政三年十二月朔日《さくじつ》（一日）付で親族に送った手紙を取り上げておく。妹婿でこのとき薩摩藩庁に勤めていた市来《いちき》正之丞《まさのじよう》に宛てたものだ。

「寒威はなはだしいですが、いよいよもってご賢母さまはじめ、あげてご安全珍重《ちんちよう》に（めでたく）思います。私の方も変わりなく勤めておりますので、はばかりながらご安慮下さい。さて、君公ますますご機嫌よく遊ばされ、恐悦なことに存じています。おとよ（側室）孕《はら》まれたことは蓑田（伝兵衛――江戸詰めの家老座書役）より細事を伝えることと思いますが、大慶この一挙にあります。駕籠《かご》かき（奸臣ども）のことは自然自滅を招くことと思います。（中略）神明宮に参詣し、私儀、死をもって男子がお誕生になるよう祈り、生涯不犯《ふぼん》（女性と交わらない）の誓いを立てました。この上は、誠と不誠実とにかかわることになりますので、息ある限りは誠心を尽くしますので、私の命も延びてもあと両三年かと考えており、そのうちに若君がお生まれになるのを拝見したいこと山々です。この誓言のことは同盟中（同志の仲間）へもお知らせ下さらないように願います。

はたまた、金子《きんす》の件、かれこれご配慮いただいている由、誠にありがたく厚くお礼を申し上げます。今まで花の都に遊々いたしてきておりますが、女犯のことはまったくなく、たとえ、両親より娶《めと》らせられた妻を追い出し、この誓いなくても、再びこの期になって迎える気はまったくありません。」

ただ一途《いちず》に主君と島津家のことを思い、忠誠を尽くしている様子がうかがえる。その熱烈さは、これまたおよそ尋常ではない。主君斉彬に子供が誕生するのを喜び、神明宮に参詣し「死をもって男子がお誕生になるよう祈り、生涯不犯の誓いを立てました」などとも言う。

その一方、主君やお家を危うくすると思う者に対しては猛烈な敵愾心を燃やし、先には「奸女」の斬奸計画を立てていたが、ここでも「駕籠かき」のことを書いている。

この「駕籠かき」というのは、このころ西郷が斉彬に申し立てていたことや、国元に帰っていた同志の大山正円（後の綱良）や樺山三円（後の資之）などに書いた手紙から、国元の城代家老の島津豊後《ぶんご》（久宝）とその一派を指すことがわかる。島津豊後は嘉永朋党事件のときに高崎や近藤らを弾劾して死に追いやった人物で、西郷は「お由羅騒動」以来の恨みをずっと持ち続けているのである。

西郷は主君斉彬や島津家のためなら、自分の欲や身を削ることはもちろん、命を擲《なげう》つことも少しも厭《いと》わず、まさしく「尽忠報国」のモデルのような人物であった。

ここで「私の命も延びてもあと両三年かと考えています」と書いているのは、次節で見るように、この手紙を書いた安政三年末のころにはすでに斉彬から重大な任務を与えられていたからであり、また、「駕籠かき」や「奸女」を討つことを念頭に置いていたからでもあろう。

†死生観

先に福島宛の手紙で、

「身命なき下拙でありますれば、死することは塵埃のごとくで、明日を頼まぬことですので、いずれなり、死の妙所を得て天に飛揚致し、御国家の災難を除きたいと堪えかね」

と書き、また、島津家世子・虎寿丸の夭折の折には、

「眼前に拝しているゆえ、なおさら忍びがたく、ただ今生きてあるうちの難儀さ、かえって生を怨む気持ちにもなり」

と書き、また上で、

「息ある限りは誠心を尽くしますので、私の命も延びてもあと両三年かと考えており」と書いているのは、いずれも同根の気概から発しているものであり、西郷の生き方や死生観をよく表している。

また、福島に書いている「身命なき下拙でありますれば、死することは塵埃のごとく」という言い方には、下級武士の忠義の気骨がよく表れている。いつであれ、必要なとき、死をもって主君や「御国家」に奉仕することが下級武士の職分であり、また特権でもあるのだろう。

先々《さきざき》長く生きることよりも、常に死を眼前に置いて、いかに主君や「御国家」のために死ぬかを思って生きる生き方、あるいは、いかに生きるかよりも、いかに死ぬかを優先して考える死生観とも言える。西郷のこういった生き方は、斉彬がこのあと安政五年七月に死んだ後も、斉彬に仕えた矜持を胸に生涯貫かれていく。

3　君臣水魚

†橋本左内との出会い

西郷が深く感化を受けた藤田東湖は安政二年（一八五五）十月に江戸を襲った大地震であっ

けなく亡くなるが、一方西郷はその年の暮れ、越前福井藩の若い藩士で藩主松平慶永《よしなが》（春嶽）に近侍する橋本左内《さない》に出会う。

左内は西郷の初印象を備忘録に、「芝の上屋敷（島津斉彬の）お庭方」として、

「卯年極月（安政二年十二月）二十七日、原八（水戸藩士原田八兵衛）宅で始めて会す。燕趙悲歌《えんちょうひか》の士なり」[*5]

と書き留めている。

「燕趙悲歌の士」というのは、時世を憤り嘆く人といった意味である。左内はこのとき二十一歳で西郷より六歳年下だが、西郷はその左内に初対面で、そのように見られていたことになる。

もっとも、左内はその四カ月足らずあとの三年四月十九日の日記には、

「西郷はすこぶる君侯（斉彬）に得らる。当藩（越前藩）より（斉彬公に）仰せ遣わされた趣など、これを承っている様子。」

と書いて、西郷が斉彬の信頼を得ている様子を記している。

橋本左内

左内は幼少のころから英才の誉れ高く、十五歳で大坂の緒方洪庵の適塾に入門して蘭学と医学それに自然科学や兵学を学んでいる。西郷とはいくぶん性格や素性《すじょう》を異にするが、西郷はこの若い志士を生涯敬愛し、後年、

「先輩では藤田東湖に服し、同輩では橋本左内を推す。」

と語ったと伝わっている。西郷は東湖からは攘夷論の影響を受け、左内からは開国論の影響を受けている。東湖も左内も江戸で知り合って、ふたりともほんの二年ほどの短い親交で終わるが、西郷にとっては生涯忘れ得ぬ人となる。

†慶喜継嗣擁立運動

この橋本と西郷がこの後、ともに藩主の命で協同したのが徳川慶喜《よしのぶ》を将軍継嗣《けいし》に擁立する運動である。将軍継嗣問題が取り沙汰されたのは、将軍の家定が心身ともに虚弱な上に、世はまさに内憂外患の時世にあったからだ。

慶喜を将軍継嗣に擁立する運動は、水戸家の徳川斉昭と徳川家・家門（徳川家血縁で松平氏を名乗る家）筆頭の越前福井藩主の松平慶永が中心になって進めていた。慶喜は斉昭の実子で「徳川御三卿」（田安・一橋・清水の三家）の一橋家に入ってその家督を継いでいたが、幼いころから聡明で知られ、早くから将軍継嗣の候補に挙がっていた。

しかし、その親藩・外様雄藩連合の「一橋派」に対して、幕閣・譜代大名連合の「南紀派」が血統重視を掲げて家定の従弟《いとこ》に当たる紀州藩主の徳川慶福《よしとみ》を擁立し、その両者が激しく対立した。

慶喜継嗣擁立運動のことが西郷の手紙に最初に出てくるのは、大山正円（後の綱良）からの手紙に返書した安政三年五月四日付のもので、そのなかで次のように書いている。大山は西郷より二歳年長で先に江戸詰めになって活動していたが、このころは国元の鹿児島にもどっていた。

「（徳川斉昭公周辺で極秘に）一橋侯（慶喜）を西上（西の丸――将軍世子）へ引き上げられることに決し、福山公（老中・阿部正弘）もよくよくご理解になり、君公（斉彬）にひたすらお願いする訳です。このことを初めて（斉彬公に）言上した時は、実に難題になり確答はなさいませんでした。

いよいよご許容なさらないとなると、ただ安然としてはおられず、両田（水戸の藤田と戸田）の恩義を親しく受けており、こんな時に寸分なりと報いたく、もしも再三諫争《かんそう》（争ってでもいさめる）申し上げ、なお、お聞き入れられないときは、水戸へ顔向けもできず、とんとそれまでのことと、思いあぐねていました。……。

ところが、思いのほか君公の思し召しよろしく、深くお汲み取り遊ばされ、ありがたい次第で、天にも昇る心地がしました。

天下のため、また我が御国家の難事もいたしやすく、かつ、水戸をお救い下さるにはこれより良策はありません。幕府の一改革もできるでしょうし、神州を扶持《ふち》する（助ける）道、これをもってほかにないことです。」

この手紙で西郷は、慶喜を将軍継嗣に擁立する運動が起き、そのことを水戸の筋より自分から斉彬に話をして、斉彬の協力が得られるようにしてほしいと頼まれ、話をしたところ、初めは「確答はなさいませんでした」が、次には「深くお汲み取り遊ばされ」、「天にも昇る心地がしました」と書いている。

しかし実際には、そのような順序で事が進んだわけではない。斉彬は以前に松平慶永から慶喜擁立の相談を受けていて、その件は十分に承知済みであった。しかし、斉彬は多分、西郷の面前ではそういった気色を表さず、西郷の話に耳を傾けてやったのだろう。西郷の説得ぶりに、ひそかに目を細めていたのかもしれない。

西郷は上で、「両田の恩義を親しく受けており」と書いているように、西郷は前年十月の大地震で亡くなった藤田東湖と戸田忠太夫《ちゅうだゆう》の「両田」から生前に受けた恩義を忘れず、水戸家に報いようと懸命になっているのである。

西郷はまた、慶喜を将軍継嗣にすることができれば、「天下のため」、「我が御国家（薩摩藩）の難事もいたしやすくなり」、かつ、水戸家を救い、幕府の改革もでき、「神州を扶持する道」

にもなると、いいこと尽くめのように書いている。しかし、これは、西郷自身が慶喜の力量や人物などを知っていたからではない。

慶喜はこのときまだ十九歳であったし、西郷は顔を合わせたこともなかったはずだ。斉彬でさえ、慶喜に会ったのはこのあと、鹿児島へ帰国する直前で、それが最初で最後になる。斉彬は会ったときの印象を慶永に、継嗣にしたい人物だが「ご慢心のところを折角ならお慎み」になるよう話されてはいかがかと書き送っている。

慶喜のいかにも自信たっぷりのところが、斉彬にも鼻に付いたようだ。後には、慶喜は、将軍後見職、禁裏御守衛総督そして徳川宗家の家督を継いで将軍にまで登り詰めるが、その時々の役柄で、薩摩藩にとって難物となり、最後には戦争で戦う敵将にもなる。

†主君斉彬への思い

西郷はこの三カ月後の八月五日にも大山からの手紙に返書して、水戸藩が起こしている内紛や幕府との対立の件で、自分が斉彬の使者として水戸藩邸に行ったことを次のように書いている。

「先月（七月）九日君公（斉彬）から密かにお呼びがあって、水戸老公（斉昭）へお手紙をもってご進言されるとのことで、その際、手紙では言えないことを（斉昭側近の家老）安島（帯刀）に申し伝えるようにとのことでした。それは老公へのご諫言《かんげん》（いさめる言葉）の趣《おもむき》のあることで、はなはだ私の身に余り、恐れ入ることでした。

水戸藩は誠に難しいことになり、苦心とはこのことです。武田（耕雲斎）にも会って申し入れたところ落涙に及び感服して、君公（斉彬）ある限りは水戸も闇にはならないだろうと、忠心より発したもので、これもひとえに、君公がお尽くし遊ばされるからのことであって、実にありがたき幸せなことです。

どうして私ごとき者に、このように水戸の人傑が腑腸《ふちょう》（腹の底）を打ち明けたりするものでしょうか。実に、君徳（斉彬公の功徳）のしからしめるところで、恐れ入っています。」

西郷は、斉彬の斉昭公への諫言の趣旨を、家老の安島帯刀に口頭で伝えるとともに武田耕雲斎にも会って伝えたところ、武田が水戸の苦境を話した上で、斉彬公がおられる限りは「水戸も闇にはならないだろうと」、「落涙に及」んだのに感激して、「私のような者に、このように水戸の人傑が腑腸を打ち明けたりする」のは、ただひとえに斉彬公の君徳のおかげだと打ち明けている。

西郷には自分を拾い上げてくれたのは斉彬だという強い思いがあり、常にその鴻恩に報いたいという気持ちを痛いほどに持ち続けている。その気持ちは斉彬が死んだあとも生涯変わることはない。

†再度の上京

斉彬は江戸での参勤を終え、安政四年四月三日に江戸をたち五月二十四日に鹿児島に帰着する。西郷も斉彬に随従して帰藩するが、その途次、京都・大坂・熊本などに寄って、京都では近衛家の人たちと近衛家出入りの清水寺成就院の僧・月照、漢詩人の梁川星巌《やながわせいがん》、頼山陽の息子で儒学者の頼三樹三郎らに会い、大坂では大坂城代の土浦藩主・土屋寅直《とらなお》の側近・大久保要《かなめ》らと会い、熊本では江戸で会っていた熊本藩重臣の津田山三郎、長岡監物《けんもつ》（是容）らと再会し旧交を温める。

西郷にとっては三年四カ月ぶりの帰国になる。出て行ったときは参勤行列のなかの随従藩士の一人に過ぎなかったが、帰藩のときには藩主の近侍になって帰って来たのだから、錦を飾る帰郷であったはずだ。一族挙げての歓待を受けたに違いない。

しかし、帰藩後一カ月ほどの六月下旬には、老中・阿部正弘病没の訃報が鹿児島に届き、斉彬や西郷を驚かせる。幕府の実力者阿部の死去は、親交の深かった斉彬そして薩摩藩にとって大きな痛手になる。

斉彬は阿部の死去による中央政局の成り行きを心配して、再び西郷を江戸に送ることにする。西郷は安政四年十一月一日に鹿児島を立つが、このとき熊本まで大久保正助（利通）を連れて行く。西郷と大久保とは年齢では二歳半ほど西郷が年長だが、大久保は同世代の同志のなかでも、嘉永朋党事件の影響をもろに受けていたため窮乏の度合いも著しく、他の仲間が江戸や京都に出て活躍していたのにくらべて、その機会に恵まれていなかった。おそらく、そういうこともあって、このとき西郷が連れ出したのだろう。熊本で長岡監物らに会わせている。

西郷は熊本で長岡から徳川御三家の尾張藩家老・田宮如雲への紹介状をもらい、また、橋本左内宛の手紙も託されて、途中福岡と下関に立ち寄り、そこから海路をとって安政四年の十二月六日に江戸に着く。

江戸に着いた翌々日の八日に、西郷はさっそく越前福井藩の江戸藩邸に橋本左内を訪ねて、斉彬の松平慶永宛の手紙や長岡の左内宛の手紙を手渡す。斉彬の慶永宛の手紙には、

「吉兵衛（西郷）を遣わしましたので、ご家臣と思召《おぼしめ》して心置きなく召し使われたい。」*6

と書かれていた。以後、西郷と左内は一体のごとくになって慶喜の将軍継嗣擁立運動に邁進する。

第二章　安政五年

1　斉彬逝く

†将軍継嗣擁立運動の敗北

西郷が安政四年（一八五七）の暮れから橋本左内と江戸で慶喜の将軍擁立運動を始めたころ、斉彬もまた鹿児島にいて、そのための運動を公然と始める。十二月二十五日には、幕府からの通商条約調印に関する諮問への答申書のなかで将軍継嗣問題に触れ、この国難のときに当たっては早く徳川慶喜を継嗣に就けるべきだと建言し、また、年が変わった正月二十五日には、左大臣近衛忠熙《ただひろ》と内大臣三条実万《さねつむ》にそれぞれ手紙を送って、慶喜を将軍継嗣にするよう朝廷から内勅を降下すべきだと進言している。

しかし、老中阿部正弘の死は幕府の勢力地図をいっきに塗り替え、将軍継嗣問題でも情勢は徳川慶福《よしとみ》を推す南紀派に有利に働き、彦根藩主井伊直弼《なおすけ》が安政五年四月二十三日に大老に就い

井伊直弼（井伊直安筆）

たころには、南紀派が一橋派をほぼ抑え込む形勢になる。南紀派の首領格の井伊は以前から、朝廷に腹心の彦根藩家臣・長野主膳（義言）を送り込んで、慶福を継嗣に就けるために関白の九条尚忠《ひさただ》らに強く働き掛けをしていた。

そんな情勢のなか、西郷は改めて斉彬の指示を仰ぐことにし、急遽江戸をたって六月初旬に鹿児島にもどり、斉彬の指示と松平慶永ら宛の書状を受け、再び江戸に向けて六月十八日に鹿児島をたつ。

ところが、七月七日に大坂に着いたところで、幕府が勅許を受けないまま日米修好通商条約に調印したこと、ならびに、慶福の将軍継嗣を発表したことを聞き、慶喜将軍継嗣擁立運動で完全に敗北したことを知る。

さらに、西郷は京都にのぼったところで、幕府が七月五日に一橋派有力大名に対して一斉に処分を下したこと、すなわち、前水戸藩主徳川斉昭《なりあき》を蟄居《ちつきょ》謹慎、尾張藩主徳川慶恕《よしくみ》（慶勝）と越前・福井藩主松平慶永を隠居謹慎、水戸藩主徳川慶篤《よしあつ》と一橋家の徳川慶喜を登城停止に処したことを聞く。

有力諸侯へのこの厳しい処分は、本来、徳川宗家の専決事項であるべき将軍継嗣問題に部外の者が首を突っ込み、あまつさえ朝廷を動かして慶喜擁立を謀ろうとしたことに対する幕府の強い不快感を示すものであった。

†衝撃の知らせ

西郷は七月二十七日に京都でさらに、鹿児島からの衝撃的なニュースに接することになる。主君島津斉彬が七月十六日に急死したというのだ。西郷にすれば、つい一ヵ月ほど前に斉彬に会って新たな指示を受けたばかりで、ほとんど信じがたいことであった。

西郷は直ちに鹿児島に帰ると言い張ったようである。帰国して殉死するつもりであったと言われるが、まずはその前に、自身で斉彬の死因を確かめたかったのではないか。西郷の脳裏に、国元の「奸物」の仕業《しわざ》や「奸女」の呪詛が浮かんだとしても何の不思議もない。一橋派の有力大名の処分が発表されていたが、幕府の詮索が進めば島津斉彬にも処分が及ぶことが予想され、その前に、藩の誰かが動いたとしてもおかしくはない。

父で前藩主の斉興による謀殺が噂されたのもこのときであった。斉興は、嫡男斉彬を早くに世子と決めながら、成長して蘭癖（西洋趣味・欧化傾向）のある斉彬の襲封（領地相続）を渋り、できれば斉彬を廃嫡にしたいと思うほどに嫌っていたと言われる。先の「お由羅」の噂話も、近年では、この斉興の斉彬への嫌悪と、当時、薩摩藩の管轄下にあった琉球に来ていたイギリス人を追い払うために斉興が国元の修験者たちに盛んに祈禱をさせていたのが重なって、それが「お由羅」の呪詛に転化されたと見られている。

しかし結局は、月照らが西郷に斉彬の遺志を継ぐべきことを熱心に説諭して、西郷は帰国を思いとどまる。また実際、このとき西郷のまわりで起きていたことは、西郷がその場を去って鹿児島に帰ってしまうことを許すようなものではなかった。

†「密書」を江戸へ

西郷は、月照が左大臣近衛忠熙からもらい受けた「密書」を水戸と尾張の両藩に届けるべく、急遽京都をたって江戸に向かう。

しかし、西郷が江戸に着いてみると、江戸の両藩邸ともにその周辺は、幕府が徳川斉昭らに下した処分と同時に敷いた厳戒体制で、とても部外の者が近づける状態ではなかった。西郷は仕方なく預かってきた密書を返すべく、有村俊斎にそれを託して京都に帰らせる。この間のことは、有村が月照に届けた西郷の八月十一日付の次の手紙でわかる。

「去る八月二日早暁《そうぎょう》に京都を出て、昼夜兼行で急行、ようやく七日の昼時分に江戸のわが藩邸に着きました。……。こうやって隔たってしまうと、なおさら(月照さまが)大丈夫かと、余計な心配ばかりしてしまいます。

さて当地の模様、いよいよ奸勢たくましくなり、尾張藩ではお付き家老の竹腰が大奸物で井・水土（井伊直弼と紀州藩家老・水野土佐守）といっしょになって君公を責め込んで有志の者ことごとく遠ざけ、……、今はまるで囚われの身のような有様です。

水戸藩はさらに今ひとつ厳しく、老公（徳川斉昭）の駒込邸は、自藩の者に替って、水戸分家（高松藩・守山藩・府中藩）の者や竹腰・水土の者が護衛しているような状態です。（中略）

両藩ともにそんなことで、邸中に入り込むようなことはできず、また密かに通じることもできず、残念とも何とも申し難き次第ですが、どうか陽明公（近衛忠煕）にそのように申し上げていただきたく合掌致します。」

西郷はまずは、京都にいる月照の身の心配をしている。おそらく、この直後に京都で始まる志士たちへの弾劾を予想していたのだろう。続いて、江戸の尾張藩邸と水戸藩邸の様子を書いて、両藩邸ともとても近づける状態にはないことを伝えている。

続いて、月照への頼みごとを次のように書いている。

「一、老寡君（前藩主島津斉興）が、当月二十六日に当地を出発される予定ですので、伏見を通過される際に、左府公（左大臣近衛忠熙）よりご勅書をもって、容易ならざる時節柄で、もしや異人等の騒ぎがあっては困るので、かねてよりの旧交を忘れず、ご助力を頼まれるという意向をお申込みいただきたく思います。そうしていただければ人数（兵）を繰り出し、守衛等の都合が至ってしやすくなりますので、よろしくお頼みしておきます。……

老寡君ご出発後には、私も都合を付け、またまた上京して、その節に詳しくご相談しますので、そのおつもりでいて下さい。」

そして、手紙の最後では次のように言う。

「右のようなことで、返す返すも恐れ入る次第ですが、実に致し方のないことで、ご存じの通り、（私は）船を失い、ただ孤島にたたずんでいるようなことでいかんともしがたく、かようなことに至り、なおさら残恨千万のことにございます。」

やはり、主君斉彬を失った衝撃は大きく、西郷は実際このあと、羅針盤を失った船で荒波の海に乗り出すような状態になる。安政五年（一八五八）、斉彬の死は西郷にとって、人生を画する運命の転換点になる。斉彬の行列に加わって江戸に出て五年、明治維新まで十年、西郷満三十歳のときであった。

2　義挙計画

†「戊午の密勅」

西郷が「密書」を授かって京都をたったのは八月二日であったが、その六日後の八月八日には、朝廷から後に「戊午《ぼご》（安政五年）の密勅」と呼ばれて有名になる勅書が水戸藩に下る。「密勅」と言われるのは、天皇が政治向けの意志を発する場合は本来なら、すべて関白を通して大政委任をしている幕府に下すべきところを、関白が何ら関与しないまま、勅命を幕府の頭越しに水戸藩主に下しているからだ。

孝明天皇は幕府に対して再三にわたって攘夷鎖国の意を伝え、またその件については、徳川一門に雄藩を加えて衆議するよう申し入れていた。しかし、幕府はそれらを無視するばかりか、日米修好通商条約を勅許の要請もせずに調印を強行する。孝明天皇は激怒して譲位を口にするまでになり、それを宥《なだ》めるため、左大臣近衛忠熙や前内大臣の三条実万《さねつむ》らが天皇の意を慮《おもんばか》って「戊午の密勅」（以下「密勅」）を発したのである。

「密勅」は朝廷から水戸藩京都留守居《るすい》の鵜飼《うがい》吉左衛門に手わたされ、鵜飼はそれを息子の鵜飼幸吉と日下部《くさかべ》伊三治《いそうじ》に江戸に運ばせ、ふたりは首尾よく八月十六日夜に小石川の水戸藩邸に到着してそれを藩主徳川慶篤に手渡す。*7 おそらく、これより先、西郷が届けようとした「密書」は、この「密勅」とほぼ同内容のものであっただろう。

ここに登場する日下部は、元薩摩藩士・海江田連《むらじ》を父として水戸で生まれ、徳川斉昭に仕えていたが、その後、安政二年に島津斉彬の計らいで薩摩藩士に復帰し、水戸と薩摩の両藩に通じる志士として活躍していた。

日下部は西郷より一回り《ひとまわり》以上年配になり、西郷もこの日下部には一目《いちもく》置いていたようで、安政二年六月二十九日に国元の大山正円（綱良）に送った手紙で日下部のことを、

「先日は日下部伊三次（治）を（主君が）お召し抱《かか》えになり、誠にありがたく大いに力を得て、かれこれ教示を受けています。水戸に罷《まか》りおられたころには決死の儀四度、幕府に捕われること五度、かく大難に処しおりし人物にて、……。」

などと書いて、その傑物ぶりを伝えている。

「密勅」の中身は、徳川御三家の水戸藩に対して、条約調印を実行した幕吏たちの責任を問い、徳川家を「扶助」して国内を整え「外夷へ侮り」を受けないよう周旋せよと命じるものであっ

た。また、その添書《そえしよ》では、その勅命の「御趣意」を徳川一門さらに列藩一同にも伝達するように命じていた。

しかし幕府としては、こういった政治向きの「密勅」が幕府の頭越しに出るようなことを見過ごすわけにはいかない。朝廷から大政委任を受けている幕府としては、幕藩体制のもとで統制下に置いている全国諸藩に示しがつかず、まさしく沽券《こけん》にかかわる問題であった。それに、このようなことを許しておくと、朝廷や公家たちがますます政治づいて、ただでさえ尊王攘夷で勢い付いている京都や朝廷が反幕活動の温床になりかねない。

とりわけ大老井伊直弼は、この「密勅」事件を幕府の屋台骨を揺るがす由々しい問題ととらえて、次々に強硬な措置を取っていく。安政五年九月初旬に京都で摘発が始まり、七日には元・小浜藩士の梅田雲浜《うんぴん》が捕《つか》まり、梁川星巌《やながわせいがん》の自宅からは多数の証拠書類が押収され、これらを皮切りに、京都で鵜飼吉左衛門・幸吉父子が九月十八日に、鷹司家諸太夫《しよだいぶ》の小林良典《よしすけ》が九月二十二日に捕縛され、江戸では日下部伊三治らがほぼ同時期に捕縛されて、以後、一年以上にわたって「安政の大獄」の嵐が吹き荒れる。

†無謀な計画

西郷は江戸で薩摩の同志の有馬新七・堀仲左衛門や水戸藩士らと会合を重ねていたが、「戊午の密勅」が水戸藩に届けられたこと、また同時に水戸藩が、幕府を通さず朝廷から直接に「密勅」が届いたことに困惑して、内紛を起こしているのを聞き、ともかく、いったん京都にもどることにする。

西郷は八月三十日に着京し、さらに有馬も九月七日に京都に帰って来て、[*8]二人は在京の伊地知正治・有村俊斎らと、大老井伊や老中間部詮勝《まなべあきかつ》(九月十七日に入洛)がさらに暴挙に出た場合は東西で同時に義挙することを決め、その計画を練る。有馬はその伝達のため再度江戸に向かうが、この九月十日のころには、すでに西郷の周辺にも捕吏の手が伸び始めていた。西郷は同日、近衛家から月照の身柄の保護を頼まれ、その日の深夜に有村俊斎とともに月照を大坂に移し、自身はまた京都に引き返す。

風雲急を告げるなか、西郷は九月十三日に捕縛される直前の水戸藩京都留守居の鵜飼吉左衛門に会い、また、右大臣の鷹司輔熙《すけひろ》に働きかけるために小林良典にも会っている。十五日には、大坂に行って帰国途中の島津斉興に会い、帯同している兵の一部を禁裏の警護に当てるよう願い出る。

この要請は、先に西郷が江戸から月照に送った手紙に書いていた件で、左大臣・近衛忠煕から申し入れてもらうとともに、西郷自身熱心に斉興に進言して、何とか五十余名ほどの兵を残してもらう。西郷はこの兵をもとから、義挙のために使うつもりであったようだ。そのことは、このとき江戸にいた日下部伊三治と堀仲左衛門の両名宛に送った九月十七日付の次の手紙でわかる。

「老公（島津斉興）の件は実に苦心しました。……。今ひとつと振り切って仕掛けましたところ、老公お聞き通りになって、ご英断なされ、江戸表を出立した守衛人数を大坂お屋敷へ備えられることになり、（中略）

あす間閣（老中の間部）が京都到着予定で、もしや暴発すればすぐさま義兵を挙げるべく、大坂の土屋（大坂城代・土屋寅直）の兵が応じ、尾張も同様になるだろうと考えています。

間・若（老中の間部と京都所司代の酒井若狭守忠義）等の兵は軟弱ゆえに打ち破って、彦城（井伊家の彦根城）を乗り落とすようにしますので、その節は関東で兵を合わせ打ち崩すように、お責め下さるよう頼みます。

一、関東の模様、有馬新七が着府の上は、かならず（義挙の方向に）変わるでしょうから、なにとぞ雷発の向きになれば、早々お知らせくださいますよう。」

ここで西郷が、老中の間部《まなべ》が明日京都に入るが「もしや暴発すればすぐさま義兵を挙げる」と書いているのが、先に有馬らと決めていた義挙計画のことである。

しかし、斉興が残していった兵を、いきなり幕府に楯突《たてつ》く「義兵」としてうまく使えるとは思えない。斉興や藩首脳がそんなことを許すわけはないし、また無論、五十余名ほどの兵力ではどうにもならないはずだ。

自分たちが義挙すれば、西郷は、大坂にいる土浦藩の兵や尾張藩の兵が呼応してくれるだろうと言い、また、間部や京都所司代の兵は「軟弱ゆえに打ち破って、彦城を乗り落とす」などとも書いているが、いずれも自己本位の判断で、確かな根拠があることではない。

大坂にいる土浦藩兵や尾張藩兵と義挙の具体的な相談ができていたとは思えない。事実このころ、土浦藩の藩主・土屋周辺にも「密勅」事件の嫌疑がかかり、土屋は十月七日に江戸参府を命じられ、同月十三日には藩兵全員を連れて大坂を引き上げている。また無論、老中間部や京都所司代の兵が、西郷が言うほど「軟弱」とは思えないし、大老井伊の国元の彦根城がそう簡単に「乗り落と」せるとも思えない。

†京都脱出

京都をたって九月十六日に江戸に着いた有馬は、そこでのことを自身の『都日記』に、
「毎日、越前国福井の藩士橋本左内、三岡石二郎(五)（八郎、後の由利公正）・長州国萩の藩士山県半蔵（宍戸たまき）、土佐の橋詰明平その他四方の有志勤王の人々に会議《はか》って、挙義の策を謀

った。」[*9]

と記している。しかし、上の西郷の手紙の宛名のひとり日下部がこのあと九月二十七日に江戸で捕縛されると無論、事態はがぜん変わる。

ところが、その数日あとには、有馬は『都日記』に、

「堀貞通（堀仲左衛門と考えられる）とともに橋本・山県等の人々と相談した。そうこうしているうちに、越前侯が遂に心を定められ、自ら潜行して都に駆け上がり、朝廷を護衛奉り、奸賊を討つ策を決定された。我が党、雀躍して喜びに堪えず。よって、貞通は東海路を昼夜兼行して都に立ち寄り、……。余は北陸道を潜行して大坂の城代・土屋采女正《うねめのかみ》（寅直）の公用人大久保要……に語らい、……。」[*10]

と書いている。「越前侯」松平慶永が義挙するという報を得て有馬らは「雀躍」し、それを上方や国元に伝えるために有馬と堀は別々に江戸をたつ。

しかし、有馬が大坂に着いてみると、大坂の城代・土屋の側近・大久保要は前述のように、すでに十月十三日に藩主土屋とともに大坂を出ていた。大久保要はこのあと、安政六年十月に永押込みに処せられ、十二月に死去する。

いずれにせよ、西郷が日下部・堀宛で「関東の模様、有馬新七が着府の上は、かならず（義挙の方向に）変わるでしょう」と書いていたような具合にはまったくいっていない。十月二十

三日には橋本左内が江戸で町奉行に呼ばれてその後、謹慎を命じられている。

このとき西郷や有馬らが立てた義挙計画は、大方は勝手な推測や判断によるもので、義憤と激情に駆られた無謀なものであった。もし、実際にそれを実行していたなら、ほとんど自爆的な義挙に終わっていただろう。さいわい義挙どころか、本人たちの身が危うくなって、西郷が上の手紙を書いた翌々日の九月十九日に西郷ら全員が京都を脱出したため、そうはならずに済む。

また、もし脱出が少し遅れて捕《つか》まっていたなら、この九月に捕縛され、拷問を受けて獄死した梅田雲浜や日下部伊三治、あるいは斬首の刑に処せられた鵜飼父子らと同じ運命をたどっていただろう。やはり、斉彬を失った西郷は、羅針盤を失った船同様の事態に陥っていたと言うほかはない。

3 「土中の死骨」

†入水事件

西郷らは大坂に寄って月照をひろい、九月二十四日に大坂を船で出て薩摩に向かう。下関で月照を有村俊斎らに託し、自身は月照の受け入れ準備のために鹿児島に直行する。月照は筑前（福岡藩）に入り、尊皇攘夷派の志士平野国臣《くにおみ》らに付き添われて十一月八日に鹿児島入りをする。

西郷は藩での月照受け入れのために八方手を尽くすが、斉彬の死後、藩の様子は一変していて、ことごとくうまく行かない。藩庁は結局、近衛家から出ている月照保護の依頼も無視して、十一月十五日に月照の「東目筋《ひがしめすじ》送り」を決める。「東目筋送り」というのは薩摩の国境《くにざかい》に連れて行って処分することを意味する。西郷にそんなことができるはずはなく、自分もいっしょに死ぬことを決め、翌十六日に月照とともに錦江湾で入水（投身自殺）を図る。

この入水事件については、家老・新納《にいろ》駿河《するが》が、薩摩藩主相続の申請のために江戸に向かっている島津忠徳（安政六年二月に茂久、さらに慶応四年一月に忠義に改名）に随従している家老首座の島津豊後《ぶんご》に十一月二十九日付で西郷の処置について次のように通知している。

「御小姓《こしょう》組　西郷三助　右の者、入水《じゆすい》いたした節、少々呼吸が通っていたので親類へ引き渡し養生させていたところ追々快気に向かい、……。存命の儀、公儀あたりに伝わっては誠に不容易、……、秘密の取り計らいをして、変名の上、島送りにして、いずれその節、表向きは溺死の筋にしてはいかがか。[*11]」

西郷自身、後に、入水事件のことは一般に伝わっているように話しているので月照とともに投身したのには違いないであろう。この投身自殺は、無論、月照一人を死なすわけにはいかなかったからであるが、同時に西郷自身にとっては、斉彬への殉死の意味合いもあったのではないか。また、斉彬亡きあとの薩摩藩への幻滅もあっただろう。西郷にとっては、そういった意味合いの重なった自殺であったにもかかわらず、それを仕損じてしまったのである。その屈辱と空虚は、西郷にとって言いようのないものであったに違いない。

西郷と同い年の薩摩藩士で、明治中期には帝国大学の歴史学教授になる重野安繹《しげのやすつぐ》が、奄美大島で西郷と再会したときのことを回顧して次のように語っている。西郷と重野は、ともに江戸勤めをしていたころに知り合い、その後また偶然、重野が大島に流罪になっていたところに、西郷が遠島で送られて来て再会する。

「『和尚をひとり死なして、自分ひとり死に損ない生きているのは残念至極だ。武士の剣戟《けんげき》を用いずに、身を投げるなどということは、女子のしそうなことで、まことに天下の人に対しても言い訳が付かない。ただ、和尚は法体（仏門の身）のことであれば、剣戟を用いずして死んだ方がよろしかろうという考えで、投身したけれども、いっそ死ぬのなら、……。』

と言うて、歯をかみ涙を流して拙者に話した。

南洲（西郷）はこのことあってより後は、自分が死に損なって、和尚が気の毒であるという考えが、脳髄に留まっていて、始終死に急ぐ心持があったものと思われる。そのことは後に追々、考え当たることがある。[*12]」

西郷は入水自殺を図ったことについては、月照が法体であったためだと弁明したようである。また重野は、西郷にはこれ以後「始終死に急ぐ心持があったものと思われる。そのことは後に追々、考え当たることがある」と述べている。

西郷は死に損なって一カ月余りあと、十二月十九日に肥後熊本藩家老・長岡監物《けんもつ》に送った手紙で次のように書いている。

「（京都からの帰国途中）拝謁いただいた節はご懇志の段、ありがたく感佩《かんぱい》（感じ入り）致しました。こちらに着いてからはいろいろ混雑に取り紛れ書状も差上げず、はなはだ不敬の至り、ご海恕下さい。

したがって、私事、土中の死骨にて、忍ぶべからず儀を忍んでまかりおる次第を、はや、お聞き届け下さったことでしょう。天地に恥ずかしき儀にございますが、今さらにまかり成っては、皇国のために暫《しばら》く生を貪《むさぼ》りおることにございます。ご笑殺下さい。」

死に損なった自分のことを「土中の死骨」と呼び、「天地に恥ずかしき儀」ながらこのようなことになったからには、今しばらく「皇国」のために「生を貪りおる」つもりだと言う。

†「越侯のご忠誠」

手紙は、次のように続く。

「さて、同藩の堀仲左衛門と申す者がこの節帰って参り、関東の事情を承り、誠に越侯（前越前藩主松平慶永）のご忠誠、感服奉ります。ついては弊国（薩摩藩）の義、いかにも残念の至りですが、すべて瓦解して、とても人数など差し出す情勢にはなく、同志の者どもが申し合わせ突出するほかなく決心しております。仲左衛門はまた出足しますので、なにとぞ、お会い下されたく合掌奉ります。詳しいことは彼から直接聞いていただきたく、省略させていただきます。

越藩橋本も捕らわれた由ですが、このたびの儀にとっては、決して崩れることはないとも申し来ております。いずれこの機会を失っては、実に本朝はこれ限りと考えております。仰ぎ願わくは、天下のためにご腹蔵なく堀に仰せ付けられたく、これのみ祈り奉ります。」

堀は先の有馬新七の『都日記』によると十月十三日に江戸を出て京に向かっている。その後どのような経路をたどったかはわからないが、ともかく無事に帰藩して江戸情報を伝えている。西郷らは堀から、越前侯・松平慶永が意を決し朝廷守護と幕政改革のために義挙すると聞き、それを西郷は長岡に「越侯のご忠誠、感服奉ります」と伝えている。

一方、薩摩藩の方は「すべて瓦解して、とても人数など差し出す情勢には」ないとし、それでも自分たちとしては、越前侯義挙の機に合わせて、同志の者だけでも「突出」する決心であることを長岡に伝え、「いずれこの機会を失っては、実に本朝はこれ限りと考えて」いると言い、堀に会ってくれるように頼んでいる。この「突出」というのは、藩の命や意志に背《そむ》いてでも断固行動を起こすことを意味して、多くは脱藩して義挙することを指す。

松平慶永（春嶽）

しかし、西郷が「誠に越侯のご忠誠、感服奉ります」と書いている慶永の義挙というのは、実際には、反幕派の志士たちのあいだに広まった希望的観測による単なる風聞に過ぎなかった。隠居謹慎の処分を受けた慶永は、その通達があった

安政五年七月五日の翌六日には直ちに家臣団一同に対して、

「親藩家門の身として将軍家のためを考えて努力したが、こうなっては慎んで幕命に従うまで。一同、心違え致さずその職分を励め。」

とする主旨の訓告を発し、[*13]慶永自身は直ちに謹慎の生活に入り、十一月にはそのために急普《ふ》請《しん》した霊岸島（隅田川河口）の別邸に移り、その後二年五カ月ほどにわたってそこで謹慎・蟄居を続けている。

江戸詰めの家臣団の前で上のような訓告を発し、しかも、慶永本人が国元の越前ではなく江戸で蟄居しながら、江戸で越前侯の義挙の噂が立つというのはいささか不可解である。しかし、噂というものは、タイミングよく、もっともらしく立てられれば、それを聞く側の願望や思惑も働いて、それなりに信じられていくもののようだ。堀や有馬らもその噂を真《ま》に受け、また西郷自身も、八月に近衛忠煕の密書を江戸に運んだときにそれに近い話を聞いていたのだろう、堀の話を直ちに信じている。もっとも、堀や有馬にとっては、それは単なる噂話ではない。有馬の『都日記』からは、そのことを橋本左内などから直接聞いているように読めるからだ。しかし、その辺の正確なところはわからない。

当時は、情報が信じられるものかどうかについて確認を取ることは、特に遠隔地では容易ではなく、そのためどうしても、少々あやふやな情報でも、自分たちの予測や予断で行動を決めねばならなかった。西郷らも実際、少々あやふやな情報でも、わりあい簡単にそれを信じて行動を起こしている。先の京都での義挙計画やこの突出計画がそのことをよく物語っている。

4 突出計画

†盟中への応答書

上で「同志の者どもが申し合わせ突出するほかなく」とあるように、突出計画が練《ね》られていた。西郷に代わって、同志のまとめ役になっていた大久保が、山川港（薩摩半島の南端にある外洋船の港）で「潮待ち」（船の天候待ち）をしていた西郷のもとに伊地知正治を送り、その計画について の質問状を届けている。

その質問状に応えて西郷は、安政六年（一八五九）の「正月二日夜認《したた》め」たとする応答書を伊地知に渡すが、その前書きで質問に応じる心境を次のよう書いている。

「大義の一挙（突出計画）についてご策問の趣意、十分に承知できますが、小生は土中の死骨にて、武運に拙《つたな》く、今、大義をあとにして島に逃れる身、たとえるなら敗軍の降参兵のようなもので、たってお断りすべきところではありますが、数にもならないとは言え、先君公（斉彬）の朝廷ご尊奉のお志を親しく承知している身、いかにしても天朝の御為、忍ぶべからずのところを忍び、ともかく、道の絶え果てるところまでは尽くすべき愚存でありますれば、汚顔を顧みず、拙考するところを申し上げます。ご親察され、ご用捨願います。」

ここでも「小生は土中の死骨にて」と言い、「敗軍の降参兵のようなもの」だと言う。西郷の恥辱を耐え忍ぶ気持がよく表れている。とは言え、今ここに生きていて、「先君公の朝廷ご尊奉のお志を親しく承知している身」、「汚顔を顧みず、拙考するところを」述べるとして、大久保の質問の順に次のように答えている。

「一、堀（仲左衛門）より肥後（熊本）藩の決心一左右《いっそう》（一報）があったとき云々の件。

思いますのに、いよいよ（肥後藩が）決心したとしても、越（越前藩）へ一往の返事を承《う》け届けず事を挙げても決してうまくいかず、越と事を合わせて繰り出すべきと考えます。それのみならず、筑（筑前）・因（因幡）・長（長州）の一左右も必ず見合わせるべきと考えます。

ついては、事を挙げる機会が十分調えば、かねて覚悟のことですので、ご突出願います。その節に遅疑することがあっては忠義の人にあらず。しかし、機会を見合わさずして、ただただ死を遂げさえ致したなら忠臣と心得るようであれば、それは甚だもって悪しきことです。是非ご潜居（雌伏）下さるよう合掌します。

一、堀がもしや幕吏の手にかかった節の盟中の憤激云々の件。

思いますのに、盟中の人が難に掛かったとしても、無謀の大難を引き出す儀は有志のすべきことではないでしょう。大小の弁別を分けないことになります。人により、なるほど残念の至りではありますが、堀も何のために奔走しているのでしょうか。その志をお汲み取り下されるべく、彼は死を決して天朝の御為に尽くそうとしているのではないでしょうか。そうであるなら、その志を受けてこそ、盟中の盟たる大本と考えます。（中略）

一、三藩（水戸・尾張・越前）へ（幕府から再度の）暴命があった場合云々の件。

思いますのに、（幕府が）三藩へ暴命を発したなら、いよいよ破裂すべきときです。そのときは（三藩の藩主が）死を賜うもののほかはなく、その節は必ず彼の方からも応援を申し込んでくるはずです。事が速やかに進めば、そのことも間に合わないかもしれません。しかし、盟中は三藩と死生をともにすべきです。

何となならば、先君公は（三藩と）共に天下の大事をご相談なされ朝廷の御為に尽くされたのであり、同じく決心すべきだと思うからです。三藩が動き立ったなら、共に動き立つべきです。

一、（幕府が）堂上方《とうしょうがた》に恐れ多くも難を掛けた場合云々の件。

思いますのに、堂上方に手を掛けたなら、きっと勤王の諸藩が空見することはないはずですから、必ず粗忽《そこつ》に動き立つようなことをせずに、諸藩と合体して是非ともご難をお救いすべきことが肝要です。……。

一、陽明殿に（近衛忠煕に西郷の）添え書を付ける件。

一同のご評議もあって、もし意見がまとまらず異議があっては、（小生がここで前もって書くのは）かえってよろしくないので、伊地知へ考え付いたことをとくと話しておきましたのでご談合ください。捨文《すてぶみ》（脱藩届書）の件も同断（上と同じ）ですので、そのようにご納得下さい。

一、諸藩の有志で見当になる人云々の件。

水戸　武田修理（耕雲斎）、安島《あじま》弥太郎（帯刀）

越前　橋本左内、中根靭負《ゆきえ》（雪江）

肥後　長岡監物

長州　増田弾正《だんじょう》（益田親施）

土浦　大久保要

尾張　田宮弥太郎（如雲）」

全項目を通じて、慎重さを求め軽挙妄動を戒め、かつ、決起すべきときには断固突出すべきことを説いている。ただし突出に当たっては、諸藩の同志との連携が不可欠で、たとえ肥後が決心しても、なお越前と連絡を取り合い「事を合わせて繰り出すべき」で、さらには筑前・因幡・長州とも連絡を取り合うことが肝要だと言う。

堀が幕吏につかまったときはどうするかの質問に対しては、その場合も「無謀の大難を引き出す儀は有志の為すこと」ではないとして、堀は「死を決して天朝の御為に尽くそうとしている」のであって、「その志を受けてこそ、盟中の盟たる大本」だと応じている。

そして、三藩に対して幕府がさらなる理不尽な罰を加えるようなことがあったなら、そのときこそは「盟中は三藩と死生をともにすべきです」とし、それはひとえに「先君公は（三藩と）共に天下の大事をご相談なされ朝廷の御為に尽くされた」からだと言う。「先君公」斉彬の考えが、西郷の思考と行動の規準になっていることがうかがえる。

†沈着冷静と直情径行

ここで西郷が見せている突出への慎重な態度は、これよりほんの少し前に自身が京都で計画した義挙や、長岡監物に書いた「越侯」の義挙を信じ込んでの突出の企図にくらべると雲泥の差がある。どうして、短時間のうちに、これほどの違いが生じたのか信じがたいほどだ。

この違いは、自分が置かれている立場の違いによって生じていると見るほかはない。今回の突出計画は、自分はもとよりそれに加わることができず、数日後には、突出がどうなったかさえ知ることのできない遠隔の地に送られている。それ故に、自身が義挙計画の中心にいた京都のときなどと違って、ただ一途に客観的で冷静な思考と判断をして、上掲のような回答になったと思われる。いずれにしても、西郷のこの応答書は明晰にして格調が高く、西郷渾身の作だと言える。

しかし、これをもって、西郷が一皮剝《む》け、指導者として一歩成長したと見るのは早計である。このあとも、西郷から義憤に駆られた奮発や直情径行気味の行動がなくなるわけではない。以後も、西郷の行動には、沈着冷静と思われる面と直情径行と思われる面の両方が併存する。

なお、上の応答書の最後で、大久保の質問に応えて、西郷が諸藩で頼りにできる有志八名を挙げているが、そのなかで、このときから明治維新まで、あと十年を生き延びたのは中根靭負と田宮弥太郎の二人である。あとの六人は、長岡監物が安政六年に病死したほか、いずれも安政の大獄やその後の戦乱で死んでいる。

第三章　南嶼遠島

1　大島三年

†愛加那をめとる

西郷は砂糖運搬船に乗せられて安政六年（一八五九）一月十日に山川港を出帆し十二日に奄美大島の龍郷《たつごう》村に着く。その一ヵ月後の二月十三日付で、税所《さいしょ》喜三左衛門（篤）・大久保正助（利通）宛に手紙を送り、その文頭の尚々《なおなお》書きで、

「着島より三十日にもなりますが、一日晴天という日はなく雨がちです。まったく雨の激しい所ということですが、誠にひどいものです。島のよめじょたちの美しきこと、京・大坂にもかなう者はいそうにない。垢《あか》の化粧一寸ばかり、手の甲より先は入墨をしていて、あらよう。」

と書き、また本文でも、

「誠にけとう（毛唐）人には困り入っています。やはり、はぶ（毒蛇）性で食い取ろうとするよ

うな様子です。しかしながら、至極ご丁寧なことで、とうがらしの下にいるような塩梅《あんばい》で痛み入る次第です。」

などと書いている。

気持ちが荒《すさ》んでいるところに、気候や文化の違いが追い打ちをかけたようで、島の生活に馴《な》染《じ》めぬ様子がうかがえる。

もっとも、かつて藩の郡方書役《こおりかたかきやく》として長く農政に携わってきた西郷らしく、島民の苦しい生活ぶりを見て、

「島の体、誠に忍び難き次第です。松前の蝦夷人（アイヌ人）さばきよりも、もっとはなはだしい次第で、苦中の苦、実にこれほどのことがあるのかと考えて、驚き入る次第です。」

と、自藩の苛政《かせい》を批判している。

また尚々書きで、鹿児島を離れる前に、病床に就いていた福島矢三太に会いに行かなかったことを気に病み、

「正助様に申し上げます。矢三太はいかがの塩梅でしょうか。（遠島になることを）手紙で書き残しておくべきだったのかもしれませんが、かえって気掛かりになると考え、わざと残さずに来ました。今に思えば、夜にでもそっと行って会っておくべきだったと残懐の至りです。ますます衰えているんでしょうね。よき模様もあったなら、よろしくお伝え置き下さい。あ

まりに無情のことですが、私はもう会うことはできないことでしょう。」

と書いている。親友を思い遣る気持ちがよく表れている。

大島で生活を初めて十カ月ほどの六年十一月に、西郷は龍郷村の愛加那《あいかな》をめとる。この結婚について、一般には、村の長《おさ》たちが西郷に不自由をさせないように愛加那に身の回りの世話をさせるようになったと言われている。しかし、鹿児島県立図書館の名瀬分館長として大島に長く住んだ作家の島尾敏雄氏は橋川文三氏との対談で、

「西郷だって、最初はやはり、島のことを知らないし、もちろん、島の人は西郷がどんな人間か知りません。島の人たちの目には、西郷はからだの大きな一人の流罪人としか、映らなかったと思います。

しかも、はなはだ荒れている、狭い島の社会では具合が悪いんです。そこで、酒に酔っぱらわせておいて、家の中に一人の娘を人身供養のような形で入れてしまった。けっきょく西郷は、その責任を取って愛加那と暮らすようになった、というわけです。[*14]」

と語っている。

愛加那

†「内諭」降下の知らせ

島に来て十一カ月ほどの同年十二月に、大久保から藩の情勢変化を伝える重要な手紙が届く。藩主島津茂久《もちひさ》から直々に自分たち同志のグループに、藩主を助けるよう「内諭」が下ったという次のものだ。

「先月（十一月）五日、太守様（藩主）より御直筆をもってご内諭があり、その次第は、当今の時勢をご嘆慨され、昨年来、貴兄を初め、その後同志突出の事実をお聞きになって、いろいろ訳があってのこと。谷村（愛之助、藩主側近）から大〇（大山正円・綱良）へ下された書き取りは、『方今、時世、穏やかならず、万一、事変到来の節は、順聖院《じゅんしょういん》（島津斉彬）様のご趣意を継いで、御国家（薩摩藩）をもって天朝を御奉護、精忠を抽《ぬき》んでられるべき思召しに付き、おのおの国家の柱石となって我等の不肖を輔《たす》けてくれるよう頼む。』という思召しで、これにご実名・ご花押《かおう》を据えて、『精忠士の面々中へ』との宛名になっています。

よって一同有り難く拝承、連名・血判をもって御請書《うけしょ》を差し上げた次第です。この挙に及んだのも、畢竟《ひっきょう》（つまるところ）、貴兄のご趣意があって、私ども一同決心したことですので、この段、（貴兄の名を）ご連名致しました。[*15]」

「同志突出の事実」が藩主の耳に届き、「事変到来の節は」前藩主島津斉彬の「ご趣意を継いで、御国家をもって天朝を御奉護」するので、「おのおの国家の柱石となって我等の不肖を輔けてくれるよう頼む」という藩主直筆の「内諭」が下ったと伝えている。

この「内諭」は、このとき十九歳の藩主茂久の実父・島津久光の指示によって出されたものだ。久光は、若年の藩主茂久の後見役を務めていた父の島津斉興《なりおき》（茂久の祖父）がこの安政六年の九月に死んだのを機に、藩の人事を刷新して自らの権力基盤を築こうとしていた。その際、行動力のある「精忠士の面々」を自らの陣営に取り込む必要があったのであろう。

一方、大久保らは自分たちの志《こころざし》や活動が藩主父子に認められ、いよいよ藩の体制のもとで働けるようになったことを喜び、「一同有り難く拝承、連名・血判をもって御請書を差し上げ」、その際に西郷の名前も載せたと伝えている。

なお、ここで同志グループへの宛名が「精忠士の面々」となっていることから、[*16]諸書でこのグループのことを「精忠組（派）」や「誠忠組（派）」と呼んでいるが、大久保ら自身が自分たちのグループをそう呼んだことはない。大久保が遺した日記や手紙などではそれを言うときは常に「盟中」であり、西郷も同様である。この名は、もとは藩主や久光らが彼ら面々に「精忠」や「誠忠」を期待して、そう呼んだのではないか。

なお、上掲の手紙は、大久保が自分の日記の安政六年十二月の条に控えとして遺しているものを原本にしたもので、西郷が受け取った手紙そのものではない。西郷はもともと、手紙をきちんと遺す習慣は持っていなかったようで、今日にのこっている来簡と往簡の数を比較すると、西郷のもとにのこった来簡数は、西郷が書いて相手のもとでのこった往簡数よりもかなり少ない。

もっとも、上の手紙がのこっていないのは、西郷が大島から安政六年六月七日付で大久保らに送った手紙で、

「当地にては、いかようのことがあるかわかりませんので、ご書面は三日ほど拝誦《はいしょう》した上でさっそく焼却していますので、ご懸念のないようにして下さい。」

と書いているように、自身で焼却したものと思われる。安政の大獄が始まったころ、幕吏に押収された手紙から多くの同志が芋づる式に捕縛されており、西郷はその苦《にが》い経験からそのようにしているのだろう。

†斬奸計画

上で大久保が「同志突出」と書いているものは、西郷が遠島前に関与していた突出計画とは違い、その後に新たに計画されたものだ。それは水戸藩士とともに大老井伊直弼《なおすけ》らの誅殺を目論むもので、そのことは、その計画が練られていたころ、江戸にいた樺山三円（資之）が安政六年六月二十一日の日記に、

「今日、堀仲左衛門と同道で水府（水戸）の金子孫（孫二郎）・高橋（多一郎）そのほかの有志と取り合い、井伊を除く密談し、夜に入って船から帰る。[*17]」

とあることからもわかる。この計画には、「盟中」では、このとき江戸にいた樺山三円、堀仲左衛門、有村雄助・次左衛門兄弟らと、国元にいた大久保利通、有村俊斎（前記有村兄弟の長兄）・有馬新七らが直接かかわっていた。

九月四日には大久保と有村俊斎が連名で、江戸の堀・有村雄助宛に次のように書いている。

「期日が定まってご沙汰が達した上は、盟中直ちに突出致し、順聖公ご趣意を継ぎ奉って、天朝を守護奉ること、皆々一日を待ち兼ねていますので、いずれの筋、井伊・間部《まなべ》の首を御地にてよろしく願い奉ります。もはや、いちいちご返答には及びません。この後なおまた、ご計策願います。[*18]」

そしてまた、大久保は突出する際に、藩主に差し出す、

「私ども今般、天朝の御危急を救い奉るべく大禁を犯し、一同は国命（藩命）を待たず、今晩、王地へ志し発足致します。実に不敬の罪、恐懼に耐え難いのですが、……」

で始まる、「盟中」四十数名の脱藩・義挙決行書を用意してもいた。[*19] 彼らは完全に突出態勢を取っていたことになる。


ところが、大久保・有村が上の手紙を江戸に向けて発送した直後に、江戸から有村雄助・堀仲左衛門連名で安政六年「八月二十三日認《したた》む」の岩下・大久保・有馬ら同志七名連名宛の手紙が国元に届き、水戸側で話し合いがもつれていることを縷々《るる》説明した上で、

「義挙一発のところは万々相違ないことですので、……、暫時お控えご潜居（雌伏）下されたく、[*20]……。」

とする通知が届く。


そのため、突出は一時見合わせ状態になるが、「盟中」たちの逸《はや》る気持ちは容易に収まらず、まったくの「潜居」というわけにはいかなかったようだ。そのため、藩上層部に様子が伝わり、結果として十一月五日付の上記の「精忠士の面々」への「内諭」の降下となった。

藩としては、大老井伊の殺害に自藩の者が加わるようなことになっては大変で、まずは、その突出を差し止め、併せて「精忠組」の取り込みを図る「内諭」を発したのであろう。

†「豚同様」

さて、西郷は上記の大久保の手紙を十二月中には受けていたが、それへの返書はかなり遅れて、以後に来た他の手紙への返書も兼ねて安政七年（万延元年）の二月二十八日付で、「大税有吉」宛に次のように書いている。「大税有吉」は、大久保・税所・有村・吉井の四人のイニシャルを取ったものだが、何か意味ありげである。西郷は元来、風刺趣味の持ち主でもあった。

「永久丸・恵泰丸・順恵丸三便の芳簡《ほうかん》有り難く拝見しました。……。天下の形勢、漸々《ぜんぜん》衰弱の体、実に慨嘆の至りです。橋本まで死刑（安政六年十月七日斬首）に遭ったこと意外、悲憤千万耐え難い時世です。堀にも、ちと目角《めかど》（嫌疑）が立っている様子で、残恨のことです。この先生、江戸を逃れては何の策もでき兼ねたはずと思うのですが。

この一カ年の間、豚同様に過ごしているので、何とか姿を替え、走り出たく一日三秋の思いでお呼び返しの時機を待っていますが、……、野生（私）が出ていけば、またまたどんな癇癪《かんしやく》を起こすかも計り知れず、幸い孤島に流罪中のことで、黙って留め置こうと、猶予不断の輩《やから》が考えているのではないかと苦察しているようなことです。

先生方は国事はもちろん、朝廷の大難についてもご建白され、よほどご忠誠を尽くされたこと、実に感心の至りで、天下国家のため有り難いことです。そんななか、容易ではないはずの御直書《じきしょ》まで得られた件、夢々このような時宜に及ぶとは思いもしなかったところ、何ともありがたいことで、ただただこの死骨さえ落涙する次第です。畢竟、諸君のご精忠ご感応の賜物と飛び上るほどです。

御国家の柱石になれとのご文言、恐れ入ることにございます。御請書に、野生の名前までお書きいただいたこと、過分のことで痛み入っております。ここに至り何よりありがたいことは、主上（藩主）が確固として渉り（前藩主斉彬の遺志を継ぐ）なされるとのことです。本朝の大幸と敬仰《けいぎょう》このことにございます。（中略）

野生のお呼び返しがないのは、どこで拒まれているのでしょうか、残情このことです。はや捨て切っている命、何のため生きながらえましょうか。息のある限りは微忠を献じるつもりのみで、このように罷《まか》りおる次第です。……。自分が帰れば、いよいよ事を起こすに違いないということで、一日なりとも引き伸ばしにしている策か、何分お知らせください。」

橋本左内が斬罪に遭ったことを聞いて衝撃を受け、「悲憤千万耐え難い時世」と書いている。しかし、それに続いて、堀にも嫌疑が掛けられていると聞いたことについては、「残恨のことです」としながらも、わざわざそれに続けて「この先生、江戸を逃れては何の策もでき兼ねたはず」と付け加えている。

堀は西郷より一つ年長で、江戸での活動も西郷より早く、西郷が安政元年に江戸に出て以来、同志として付き合い、西郷が京都から安政五年九月に日下部・堀宛に送った手紙からもわかるように、ともに死線をくぐり抜けてきた仲間のはずだが、西郷は遠島後は堀に対して冷ややかな態度を取り続ける。

上で西郷が「この先生、江戸を逃れては」云々と書いているのは、安政七年（万延元年）正月五日に堀が高崎五六（猪太郎）とともに江戸から帰藩したときのことを指すようだ。西郷が島にいて、そのことを誰からどのように聞いたかはわからないが、確かにこのとき、堀と高崎の二人は、久光によって帰藩を命じられている。おそらく久光は、自藩の者が水戸藩士とつながっているのを危惧して、それを聞き出すためにも両名を帰国させたのだろう。

西郷が「先生」と言うのは、大方は、少し皮肉っぽい言い方をするときである。堀を指して「この先生」と書いているのがそうであるし、また、少し下にある「大税有吉」を指す「先生方」も同様で、それには、彼らの活動をほめる一方で、自分が島に留め置かれて何もできないやや屈折した感情が込められている。

藩主から下った「内諭」に対しても、ほめ言葉をいろいろと並べている割には、必ずしも心底から喜んでいるようには思えない。そのことは、大久保から「内諭」降下の知らせを受けたのに対して、その返事を二ヵ月以上もたって、この手紙で他のものといっしょに書いていることからも推察できる。もっとも、それに「順聖院様のご趣意を継いで」と記されていることについては、西郷は「本朝の大幸と敬仰このこと」として率直に喜んでいるようである。

このような西郷の感情も、やはり、「一日三秋の思いでお呼び返しの時機を待」ちながら、いっこうにそれが叶えられない不満から発しているのであろう。呼び返しがないのは、誰が拒んでいるのかなどと問い質《ただ》し、また、島に留め置かれて何もできない自分を「豚同様」や「この豚」と自虐的に呼んでいる。

†斬奸の実行と国元側の違約

見合わされていた斬奸計画はいよいよ、安政七年（万延元年、一八六〇）三月三日、脱藩した水戸浪士に在府の薩摩藩士・有村雄助・次左衛門兄弟が加わって実行され、井伊の首を挙げることに成功する。いわゆる桜田門外の変である。

薩摩側で計画段階の江戸での共謀に加わった者には、有村兄弟のほか堀・高崎・樺山・田中謙助（直之進）・山口三斎らがいたが、実行に加わったのは、結局は有村兄弟のみであった。弟の次左衛門は井伊の首級を取る立役者になるが、自身も深傷を負ったために現場近くで自らを処し、兄の雄助は金子孫二郎らと直ちに江戸を離れ京都に向かう。

ところが、雄助らはその途次、伊勢の四日市で薩摩藩の追手によって捕えられて、雄助は鹿児島に護送され、金子らは伏見奉行所に引き渡される。薩摩藩は雄助を幕府より先に自藩で捕えて、自らの手で処分しようとしたのである。

有村雄助は三月二十三日に鹿児島に護送され、その日のうちに切腹を命じられ、一方、金子らはこのあと江戸に送られ斬罪に処せられる。雄助が切腹した同日、大坂では、薩摩藩兵の上京を待っていた水戸藩の高橋多一郎・庄左衛門父子が、幕吏に追い詰められて四天王寺境内で空しく自決する。計画では、斬奸が達成され次第、薩摩藩から「京地の守護」のために兵が送られることになっていた。

しかし、薩摩藩国元側からは「盟中」の「突出」も藩兵の出動もなく、結果としては江戸の斬奸実行側に対して裏切る形になる。大久保ら「盟中」と島津久光とあいだで交わされた出兵の約束が履行されなかったためと見られるが、その出兵の条件等、交わされた約束の内容がどのようなものであったかはよくわからない。

大久保は有村雄助が鹿児島に護送されてきた日、雄助より大老襲撃からこの二十三日までの顚末《てんまつ》を聞き、それを日記に留めた上で、雄助の最期を、

「東方を拝し、父祖の廟に拝礼し、盟中一同に長別を告げ、従容《しょうよう》、迫らずして臨終に及ぶ（行年二十六）。ああ天か命か、一同愁傷憤激、言うべきもあらず。」*21

と記している。「一同愁傷憤激」とあるが、「盟中一同」個々の胸の内はどのようなものであったのだろうか。「一同愁傷」には違いなかったであろうが、大久保、有村俊斎、有馬、堀・高崎、樺山・田中ら、その胸中はまた、それぞれに異なるものがあったに違いない。

桜田門外の変の一年後になる文久元年三月四日、西郷は税所・大久保宛に、

「昨日（三月三日）は斬姦の一回忌で、早天より焼酎を呑み終日酔っていました。」

と書き送っている。本来なら、「斬姦の一回忌」というよりは「斬姦の一周年」ではないだろうか。また、「終日酔って」いたという言い方にも、やや複雑な心境が読み取れる。国元が大変なとき、自分だけが島で取り残されて暮らしているのが我慢ならないのであろう。もっとも西郷が、桜田門外の変について、どの程度詳しく聞いていたかはわからない。西郷は後の手紙で高橋多一郎が生きているかのように書いており、少なくとも、高橋親子が薩摩藩兵の上京を待ちながら自決したことは聞かされていなかったようだ。

なお、この手紙で西郷は、文頭に置いた尚々書きで、

「野生は不埒な次第で、正月二日に男子を設けました。お笑いください。」

と書いている。満三十三歳にして初めての男子（菊次郎）を設けて嬉しかったはずだが、「不埒な次第」などと書いている。西郷はこのとき、妻子のために田畑を買い新居の普請もしてい

る。しかし、これについても複雑な気分だったようで、「私はとんと島人になり切り、心を苦しめるばかりです」と言う。

普請していた新居が完成して、文久元年の十一月二十日に家族そろって転居するが、皮肉なことに、その翌二十一日に西郷のもとに召還状が届く。三人で新たな生活を始めようとしていた矢先のことで、愛加那は生後一年に満たない赤子をかかえて、その運命を怨んだに違いない。愛加那は「島刀自《しまとじ》」と呼ばれる現地妻で、鹿児島について行くことはできない。

2 再遠島

†「誠忠派」への誹謗

西郷は鹿児島にもどり藩命を受け活動するが、二カ月足らずで、またまた遠島になる。その間の経緯については、西郷が再遠島で最初に送られた徳之島から、前回の大島遠島中に世話になった大島見聞役の役人木場伝内《こばでんない》に送った手紙で知ることができる。木場は西郷より十歳ほど年長だが、西郷と同じ日置《ひおき》島津家の島津下総《しもうさ》系の藩士であったこともあって、遠島中の西郷の面倒《めんどう》をよく見て、互いに気の許せる仲になっていた。手紙を読みながら、再遠島になったいきさつを見ていく。この木場宛の手紙は西郷が書いた多数の手紙のなかでも最も長文のものである。いくつかの段落に分けて見ていく。

「当月（七月）十一日付の（大島からの）ご丁寧なお手紙、同二十三日朝に届きありがたく拝読しました。実になつかしく、繰り返し巻き返し読みました。私がこのようになったことは決して申し上げないつもりでおりましたが、どんなご疑惑をお持ちかとも計りがたく、ご安心なりかねないでしょうから、よんどころなく委細申し上げます。どうか、ご一読のあと、丙丁童子《へいていどうじ》にお与え（焼却）下るように。

大島で考えていたのとは雲泥の違いで、鹿児島御城下はすべて割拠の勢いになって、とんと致しようのない状態で、しばらくのあいだ観察をしておりました。形勢は、少年が国事をもてあそんでいるような姿で、事々物々無暗なことばかりが多く、（藩）政府はもちろんのこと、諸役所の者も一同に疑い惑うばかりで、為すところを知らない勢いになって、……。君子のつもりのようですが、為すところ至って賤《いや》しい手のみが見え、君子の所業などまったくありません。

いわゆる誠忠派と唱えている人々は、これまで小さくなっていた者が急に勢い付いたのに調子に乗って、ひとことで言えば世の中に酔っぱらっている塩梅、あるいは逆上している模様で、口に勤王とさえ唱えれば、忠良のものと心得、……。国家（薩摩）の大体さえはっきりできず、日本の大体はことということもまったく存知せず、幕（幕府）の形勢も知らず、諸国の事情はさらにわきまえることなく、ただ天下のことに尽くそうというのでは、実に目暗蛇《めくら》におじずで、どうしようもないことです。」

この手紙も木場が焼却しなかったために、貴重な史料として今日にのこったことになる。西郷は鹿児島に帰ると、藩はいくつもの勢力に分かれてばらばらになり、また、無謀なことばかりが多く、「とんと致しようのない状態」になっていたと言う。なかでも特に、「いわゆる誠忠派と唱えている人々」の盲進・蒙昧《もうまい》を難じている。筆者は先に大久保や西郷ら自身が自分たち同志のことを「誠忠派」と呼んだことはないと書いたが、この西郷の記述からも西郷自身に自分が「誠忠派」である認識がなかったことがわかる。もっとも、「誠忠派と唱えている人々」はいたことになる。

上で「鹿児島御城下はすべて割拠の勢い」と書いているのは、島津久光の率兵上京・出府（以下、率兵東上と呼ぶ）の件で藩内が割れていたことを指す。一月十六日にはすでに、久光が東上のために二月二十五日に兵を率いて鹿児島を発駕することが発表されていたが、藩内では以前から、久光の率兵東上の計画を立てそれを推進している久光側近と、それを危険な賭けと見て反対する島津下総《しもうさ》の一派が対立し、さらに、推進派でも、今や久光側近になっている大久保・堀らと、久光の率兵東上を機会に朝幕の奸臣を成敗して朝権回復を目論む有馬新七・田中謙助ら「盟中」激派が競合し衝突を起こしてもいた。

†「御大策」への反駁

島津下総は斉彬のもとで首席家老を務めた日置島津家の頭領で、斉彬死後、斉彬の父斉興《なりおき》が新藩主・島津茂久後見役になった際に罷免されていたが、安政六年九月にその斉興が死に、久光が実権を握る過程で再び同年十一月に首席家老に復帰していた。ところが、今回の久光の率兵東上計画に反対したため、またまたその職を解かれていたのである。

西郷の大島からの呼びもどしには、この下総の力添えがあった。西郷自身、大島で召還通知を受ける前の安政六年暮れに、大島の代官・吉田七郎に送った手紙で、

「世のなか不思議なものです。左殿（島津下総）ご復帰の由、申し来て、ひとえに祝い奉っていることです。いずれ、お分かりになるでしょう。来春には赦免帰国になるのではないかと、これのみ待っているようなことです。」

と書いている。

木場宛の手紙は続いて、西郷が久光側近から呼び出されて相談を受けた話に移る。

「久光公の江戸参府について御大策と申す一件がありました。これは三、四人の者だけでごく内密に練られたもののとのことでした。鹿児島にもどってすぐに小松（帯刀）の家に会していると承り、大久保同件で参ったところ、中山尚之助も来ており、四人の席で御大策のことを承りました。

今回は京師（京都）までのことで、一橋（慶喜）と越前（松平慶永）をそれぞれ（将軍）御後見、御政事相談役にするという勅諚を申し下されるというので、詳しく承ったところ、私としてはとんと返答さえでき兼ね、ずいぶんの御大策も取るところのないものに思えました。

私の方から、勅諚をお下しになるのには、手づるというものがなくては、とてもできるものではなく、……よくよく地盤を整えた上でないと無理だと、問い質しますと、まったく手が付けられておらず……。」

西郷は大島から帰還して鹿児島に文久二年（一八六二）二月十二日に着くが、さっそくその翌日に大久保とともに小松邸に行き、中山を加えて「四人の席で御大策の」相談を受ける。

この「御大策」というのは、西郷が上で書いているように、慶喜を将軍後見職に、松平慶永を政事総裁職に就けようとするもので、まずは、朝廷からそのための勅諚を授かるというものであった。この策は以前、斉彬が死去する直前に取り掛かったことがあるもので、それを久光が今回、「順聖院様のご趣意を継いで」実行するという形を取るものであった。

以前に斉彬がそれに取り掛かったことは、そのころ江戸藩邸詰めをしていた堀がたびたび越前福井藩の橋本左内に会い、その間の安政五年（一八五八）六月二十七日に橋本に、「独木公（慶喜）を御後見に、越前公（慶永）を御補佐と申すところ、列侯様方ご建策上奏を相談されたく、そうなれば、彦根・上田を打倒し、正路に帰る儀、調うべし。」[*22]

と書いた手紙がのこっていることからもわかる。おそらく西郷も、この策については、五年の六月に鹿児島に帰ったときに斉彬から直接聞いていたはずで、そのとき西郷は、斉彬から松平慶永宛の書状を託されて江戸に向かっている。斉彬が亡くなったのはその一カ月後であった。

「御大策」に関わっていたのは、島津久光の側近の小松・中山・大久保・堀の四人であった。久光は前年の文久元年五月に小松帯刀を側役《そばやく》（家老に継ぐ執政官）に、また中山尚之介を小納戸《こなんど》（藩政に参予する藩主側近）に登用し、さらに十月には堀と大久保を「誠忠士の面々」から抜擢して小納戸に就けていた。

その彼らがここに来て「御大策」を実行しようとしたのは、これまで江戸・京都で活動経験のない島津久光を斉彬の後継者として中央政界に送り出し、改めて薩摩藩の存在と久光の名を天下に知らしめるためである。久光自身も、桜田門外の変以後、幕権の衰退に乗じて長州藩など雄藩が朝廷と幕府のあいだを取りもって国事周旋に動き出すなか、それに遅れてはならぬと中央政界進出への機会を狙っていた。

この策に対して西郷は「ずいぶんの御大策も取るところのないものに思え」などと、批判的で冷淡な見方をしている。かつて斉彬のもとで、京都・江戸で朝廷工作や幕府関係者との折衝に当たってきた西郷としては、策はまったく準備不足で無鉄砲なものに映ったようだ。

おそらく西郷は、この会合に出る前に、島津下総が反対していることをかなり詳しく聞いていたと思われる。西郷は大島から帰還する際、船が鹿児島に着く前に薩摩半島の西南端の枕崎港に着いており（このとき、暴風雨に遭って到着が遅れてもいる）、そこで、五十キロほどの陸路を枕崎に先にやって来ていた弟・吉二郎や同志の者と会っている。おそらくこのとき、彼らから藩内情勢をかなり詳しく聞いていたはずであり、また、鹿児島に着いたその日に、西郷自身が島津下総を訪ねたか、あるいは下総の弟・桂久武に会って話を聞いていた可能性もある。西郷が「御大策」に対していきなり批判的な態度を取っているのには、そういったことも関係していたのではないか。

†側近四人による準備

西郷は上の最後で「問い質しますと、まったく手が付けられておらず」と書いているが、それは、西郷がここに至るまでの準備情況を久光側近から聞かされていなかったからで、実際には、すでに相当の時間と労力をかけて内々に準備は進められていた。
堀は前年十月に小納戸に任命されるとすぐに江戸に行き、中山は前年の年末に京都へ上り、それぞれ江戸と京都で「御大策」を実行するための下準備をし、さらにそのあと、大久保がこの年の文久二年一月に京都に上って詰めの朝廷工作をしている。*23 大久保のその工作で、ちょうど西郷が鹿児島に帰着したころの二月中旬には、権大納言・近衛忠房から島津茂久・久光父子宛に次の手紙が届いている。

「入覧後、急速々々火中々々頼み入ります。
一蔵（大久保）より承ったご趣意、ごもっともです。とかく不穏な時節、ご参府（江戸出府）にて何とぞ天朝の御為、徳川家の御為、誠忠のほどしかるべき哉に存じられます。
修理大夫（茂久）殿
和泉（久光）との へ」*24

これによってともかく、朝廷関係者から上京・出府の許可が出たわけで、久光の出兵東上の足掛かりはできていたことになる。西郷が二月十三日に小松邸で「御大策」の話を聞いたのは、ちょうど大久保が京都で宮廷工作を終えて帰国した直後に当たる。大久保も西郷に詳しいことは何も話していなかったことになる。

このあとさらに三月二十日には、堀が江戸から京都にもどって、近衛忠房や大原重徳《しげとみ》・岩倉具視《ともみ》ら朝廷関係者に会って、久光の入京と出府の打ち合わせをしている。

堀はこの前、赴任した江戸で、藩主茂久の江戸参府を幕府に延期してもらうために、十二月七日に江戸の薩摩藩邸を自焼させるという大胆な謀略を実行している。それは、江戸藩邸の焼失を理由に、幕府から茂久の参勤猶予の了承をもらい、その後に久光の出府を願い出るという「御大策」実行の大前提になるものであった。

この藩邸自焼という自作自演の謀略はうまく行き、結果として幕府から、茂久の参勤延期を引き出したばかりか、藩邸造営費の貸与を受け、さらにそれに対する返礼として久光が出府したいとする願いに許諾を受ける。無論、こういった謀略が堀ひとりの考えでできるわけはないが、それにしても、これを江戸で実行した堀の豪胆と策士振りは相当なものだ。

†久光との面謁

続いて西郷は、久光公に謁見したことを次のように書いている。

島津久光

「今やろうとされていることは、先の斉彬公がされたお跡を踏もうとされているものですが、その時からは時態も変わっており、順聖公と同じようには行きにくく、江戸に行かれてもご登城も難しく、諸侯がたとのお交わりもまだできておられず、一体に成され方を変えないと、見込みが付きません。

いずれ大藩の諸侯がたと同論になられた上で合従連衡して、その勢いをもって成されない限りはうまくいかず、……。

もし、合従連衡の策ができないのであれば、固く（自国を）お守りになられるのが相応の処置ではないでしょうか。是非、ご病気を理由にご参府をお断りになって、なお行き詰ってしまえば、割拠（自国強化）という腹積もりであられたくと、私の考えを残らず申し上げたところ、二月二十五日のご出発が延期となって三月十六日になりました。」

西郷が久光に向かって「地五郎（地ゴロ——田舎者）」と呼んだという話がのこっているが、[*25]それはこの謁見のときのことである。西郷自身が上のように話したと書いているのだから、「地五郎」と言ったかどうかは別にしても、西郷が久光に対してかなり横柄な態度を取ったのは間違いない。なお、西郷は「私の考えを残らず申し上げたところ」、「出発が延期」になったと書いているが、実際には、延期のわけはもっと別のところにあったようだ。*26

†「止むを得ず出足」

手紙はさらに次のように続く。

「実に仕方ないことになって、一日出勤しただけで、足の痛みにて引き入り、それより湯治に出て、どんなことがあっても出仕せず隠遁のつもりでいたのですが、諸国より有志の者どもがまるで自分の国元のようにやってきたようで、そのことを湯治から帰って知り、また、大久保がやってきて実に心配して、いよいよ変が生じそうだと聞かされ、止むを得ず出足したような次第です。」

久光の率兵東上については、文久二年の一月十六日という早い時期に告示されていたため、藩外にも広く伝わり、諸国ではそれが久光の尊王のための義挙のようにとらえられ、そのため、各地の尊王攘夷の志士たちが色めき立ち次々と薩摩にやって来るようになっていた。実際、西国の尊攘激派で名の通った筑前の平野国臣、久留米の真木和泉、長州の来原《くりはら》良蔵、肥後の宮部《みやべ》鼎蔵《ていぞう》、豊後《ぶんご》岡藩の小河一敏《おごうかずとし》らが次々にやって来ている。

西郷は「どんなことがあっても出仕せず隠遁のつもり」であったが、「止むを得ず出足」することにしたと言う。これからすれば、西郷はこのとき、久光の「御大策」よりも、むしろ「有志の者ども」のことの方が気になって「出足」したことになる。

久光出発六日前の三月十日には、次のような訓令が藩内に布告される。

「各国有志と唱えている者ども、尊王攘夷を名として、慷慨激烈の説をもって四方に交わりを結び、不用意な企てを致しているかに聞く。当国でも右の者どもと私《ひそか》にあい交わり、……。浪人軽率の所業に同意致しては、当国の被害は勿論、皇国一統の騒乱を醸出し……、不忠不幸この上ない。……。勘弁《かんべん》ならぬ族《やから》があっては天下国家のため許せないこと故、遠慮なく罪科を申付ける。」*27

西郷を遠島先からこの時期に呼びもどすことになったのは、もともと「御大策」そのものよりも、この尊攘激派の鎮撫にあったとも考えられる。そういう仕事ができるのは、西郷を置いてほかにいないからだ。とりわけ、大久保はそう思っていたのではないか。

しかし、上のような訓令が出ているなかで、そのような仕事をするのは至難の業《わざ》になる。激派を宥《なだ》めるためにはそれこそ、その彼らの懐《ふところ》に入らねばならず、その様子を誰かが見れば、それは容易に「浪人軽率の所業に同意」しているように見えるからだ。

†「大咎め」

西郷は久光の出発より一足先、三月十三日に村田新八を連れて鹿児島を出発するが、案の定《じょう》、たちまちにして、西郷が他藩の浪士たちと親しく交わっていると久光に伝わり、久光の勘気を買い罰せられてしまう。その経緯を西郷は木場に次のように伝えている。

「村田新八同道で下関まで行く考えで出発しました。もっとも、他国へ出るのは、大監察方が大いに難しいということで、下関まで行きそこで久光公の行列に加われとのご内達がありました。

ところが、途中の飯塚で森山新蔵が差し立てた飛脚に会い、早く下関まで急げということで、三月二十二日に下関の白石正一郎方に着き、そこに豊後岡藩（小河一敏ら）の二十人が集まっていてそっと面会し、その者たちはすぐさま大坂に向かって出船していきました。新蔵も船を手配して出船しようとしていたところだったので、一封を書き残して、その日の暮れに出船して同二十六日に大坂に着いたところ、宿屋に泊るわけにもいかず、新蔵の案内で加藤十兵衛方へ泊り潜匿したような次第です。大坂に出たところ、諸方の浪人らすべて、堀の計らいで大坂薩摩屋敷に潜んでいました。

下関で筑前の浪人平野次郎（国臣）と申す者に会いましたが、平野はこれより前、月照和尚の供をしてお国元へ参り臨終のときも同じくいっしょにいた者で、それより方々《ほうぼう》へ徘徊して周旋に奔走、勤王のために尽力し、艱難辛苦を経てきた人物です。平野は至極決心しておりましたので、また互いに死を共に致そうという我等になり、いずれ決策が立ったならば共に戦死しましょうと申しておきました。

もちろん皆死地に就いた兵にて、生国を捨て父母妻子と離れ、泉公（久光公）に御大志があらせられる段、それを慕って出かけて来ている者で、このように言っては自慢のようになりますが、すべて私を当てにして来ているので、私が死地に入らなくては死地の兵を救うことはできません。

諸方の有志は大坂でも、すべて私より引き締めておいていたところ、有村俊斎が阿久根よりごくごく急に京都に行って、またまた早々、久光公の行列まで引き返していきました。そのとき平野と川下りでいっしょになり、私の決心を平野が俊斎に話した由で、それを俊斎がすぐさま久光公に申し上げたところ、至極ご立腹になって、このようなことになりました。

……。右の俊斎の口上のことがあって大咎《おおとが》めになってしまったのです。その咎めの趣きは四カ条で、
（一）浪人どもと組んで策を立てたこと。
（二）若者どもの尻押しをしたこと。
（三）（久光公の）ご滞京を図ったこと（江戸出府の邪魔立てをしたこと）。
（四）下関より大坂に飛び出したこと。
です。いっこうに腑に落ちません。」

平野国臣

西郷は村田と共に下関まで行き、豪商・白石正一郎宅で小河一敏・平野国臣ら多くの志士に会う。白石の日記によると、[*28]このころ長州の久坂玄瑞らもたびたび白石宅に投宿しており、また、西郷はここで長州藩士・山田亦介と会っているので、彼を通じて久坂とも接触していた可能性もある。[*29]初対面の小河は西郷の印象を、
「一敏も初めて三右衛門（大島三右衛門――西郷の変名）に面会するに、勇威たくましく、胆略世に勝れたるさま、かかる人がこの世にあるとは思わなかった。[*30]」

と記している。おそらく、上で書いているように、西郷自身が「死地に」入っていたために、小河らの目には「かかる人がこの世に」云々のように映ったのだろう。

西郷は上で「右の俊斎の口上のことがあって大咎めに」なったと書いているが、この有村俊斎と西郷とは青年時代からの同志で、近いところでは、安政五年九月にはともに京都で義挙計画を立て、またその直後には、ともに月照を連れて薩摩に逃げ帰った仲でもあった。

有村はこのとき、久光から上方に参集する浪士たちの動静を探るよう命じられ、京・大坂に出向き、その報告を姫路に到着していた久光に四月七日にしている。なお、同時期、堀も下って来て、京都の情勢や上方での浪士たちの集結状況を久光に報告している。

西郷は結局、鹿児島を出て一ヵ月足らずの四月十日に大坂で、久光の命を受けた薩摩藩の捕吏に拘束され、翌十一日には村田新八・森山新蔵とともに船で鹿児島に護送される。

†堀仲左衛門を誹謗

上に続いて、西郷はこの手紙で、堀を次のように非難している。

「堀と久々ぶりに伏見において面会したところ、昔とは変わって、ただ智術をもって仕事をしているので、ひどく面責致しました。……。大事をやるについては、ただ誠心をもって尽くさなくては決して成らず、たとえ仕損じても誠心さえ立てておれば、感慨して立つ人も出てくるもので、智術にては決してうまく行くものではない。（堀が）長州の永井（長井）雅楽《うた》と申す大奸物と腹を合わせ共同しているので、そのことをひどく責めました。もし永井と同論いたすのなら、永井については長州の有志どもへ刺殺すべきと申し入れているので、そのときはこちらでも、汝（堀）を亭主ぶり（刺殺の対象）にすべく二《に》才衆《せんし》（若衆）へ打つべしと申したのです。このことも、今になって思えば、大邪魔になったはずです。」

西郷は遠島になったあと三年五カ月ぶりに堀に会い、堀が昔とはずいぶん変わっているのを見て、「ただ智術をもって仕事をしている」と「ひどく面責」し、「ただ誠心をもって尽く」すべきことを説いたと言う。この「智術」と「誠心」を対立させる論法は西郷がよくするもので、西郷も無論「智術」を使うが、「智術」よりは「誠心」にはるかに重きを置く。

その堀の「智術」で、ここで西郷が特に憤慨しているのは、堀が「長州の永井雅楽と申す大奸物と腹を合わせ共同している」ことである。堀は前年十月に出府して江戸にいたときに長井と交流して、長井が提唱する「航海遠略策」に賛同していたようだ。長井はこのときその「航海遠略策」を長州藩の藩論とし、公武合体を唱えて国事周旋に奔走していた。

「航海遠略策」というのは、異人斬りや外国人排斥といった短絡的な攘夷を退《しりぞ》け、むしろ開国して外国との通商を盛んにしてまずは国力を付け、その上で列国に対峙するというもので、現実的で進取的な策と見られ、破約攘夷の「小攘夷論」に対して「大攘夷論」とも呼ばれ、幕閣や公卿のあいだで支持する者が少なくなかった。

堀と長井は同時期に江戸を出て、それぞれ三月二十日前後に京都入りをしている。堀は京都で朝廷関係者に会い久光の入京および江戸出府について相談し、また、上方に集まって来ている尊攘激派の藩士や浪人たちの対策にも当たっていたので、もしかするとこの時期、堀と長井は長州藩の久坂玄瑞らの動きについても情報の交換をしていたのかもしれない。

長州藩内では、長井を支持する者と排撃する者とのあいだで激しい対立があり、久坂玄瑞・桂小五郎（木戸孝允）らの尊攘激派は長井排斥を強硬に主張し、久坂は京都で藩首脳に長井の弾劾書を提出して長井要撃を企ててもいる。

西郷が上で、「永井については長州の有志どもへ刺殺すべきと申し入れている」と言っているのは、久坂らのそのことと関連しているのだろう。長井はこの排斥運動のために、六月に失脚して帰藩を命じられ、その後、藩を混乱させた責任を取らされて、翌文久三年二月に割腹・自害している。

西郷が上で、堀を「二才衆へ打つべしと申したのです」と書いているが、これは、堀を若い者の前で、言うなら、つるし上げたことを意味する。西郷は上役の者をその下にいる者や一般民の面前で叱《しか》り飛ばすことをよくやったようだ。大島遠島中も、島民の前で役人に叱責を加えることがあったと伝わっている。西郷にすれば権威を振りかざす者に切諌《せっかん》を加えているつもりなのだろうが、やられる方にすれば耐え難いことだ。今や久光の側近にもなっている堀が、西郷に強い恨みを抱いたことは想像に難くない。

†「相手を取る性質」

重野安繹は西郷のそのようなところを回顧して、次のように語っている。

「西郷はとかく相手を取る性質がある。これは西郷の悪いところである。自分にもそれは悪いということを言っていた。そうして、その相手をひどく憎む塩梅がある西郷という人は一体大度量のある人物ではない。人は豪傑肌であるけれども、度量が大きいとは言えない。いわば度量が偏狭である。……。やはり敵を持つ性質である。」*31

西郷は人物好悪が激しく、例えば、親友や親族への手紙の上だが、市来四郎を「山師」と呼び、大山綱良を「始終逃げを取り、盗犬の如く」、五代友厚を「利のみの人間」、大隈重信を

「詐欺《さぎ》、何とも申され難く」などと形容し、津田出《いずる》については裏切られたこともあって「まったく山師の親玉……。ひたすら金を貪る始末。沙汰の限り」と断じ、また、井上馨には面と向かって「三井の番頭さん」と呼んだと伝わっている。

当然ながら、そのように見られる方も、西郷を嫌うことになる。市来四郎は西郷とほぼ同年（一歳年下）で、ともに斉彬と久光の両君に仕えた島津家臣だが、西郷とはもとから相性《あいしょう》が悪かったようで、西郷のことを『丁丑擾乱記』で、

「性質粗暴。利財に疎《うと》く、事業を執るに短なり。……。ひとたび憎視するときは、積年孤視して容慮なく、……。議論なく、動ずるに腕力をもってせんとする僻あり。旧君の恩義を重んぜず、人を貶《おとし》めるも少なからず、豪傑と言うべき風采なし。*32」

と酷評している。

†寺田屋事件

さて、木場宛の手紙にもどろう。西郷が四月十日に大坂で村田・森山とともに拘束された後のことになるが、文久二年（一八六二）四月二十三日に京都の伏見で有名な寺田屋事件が起きる。この事件にも、西郷は堀がかかわっていたとして、次のように言う。

「浪人どもをお屋敷（薩摩藩大坂藩邸）で引き受けるという件は、泉公はご承諾なさらないところ、堀が自分がお受け合いしますと返答申し上げ、それで久光公はご安心になられたとの由。それなのに、伏見の混雑（寺田屋事件）到来したことについては、どんな申訳が立ちましょうか。奸人の舌頭《ぜっとう》恐るべきものです。」

内容はよくはわからないが、寺田屋に集まった浪士たちが捕縛されたのも堀の仕業《しわざ》だと言っているようである。

寺田屋にはこの日、有馬新七を首領格とする、かつての「盟中」の同志と、真木和泉・小河一敏一派ら尊攘激派の諸藩の浪士たち総計五十名ほどが集結していた。彼らは、久光の率兵上京に合わせて、関白九条尚忠《ひさただ》と京都所司代酒井忠義《ただあき》の誅殺を目論んでいた。

しかし、久光は入京してすぐに朝廷から過激派浪士鎮撫の命を受けていたので、有馬ら自藩の者や諸藩浪士らが寺田屋に集結しているのを聞くと、直ちに、奈良原繁・大山綱良・道島五郎兵衛らに鎮撫を命じる。駆け付けた奈良原らと有馬らとのあいだで問答はあったものの、結局は乱闘になって双方に死者が出る。「盟中」側では、有馬新七・橋口壮介ら六名が現場で斬殺され、田中謙助と森山新五左衛門（新蔵の息子）の二名は重傷を負い、翌日負傷した身で切腹させせられる。

また、寺田屋にいた他藩浪士の真木和泉父子、小河一敏、吉村寅太郎や田中河内介《かわちのすけ》父子ら二十名ほどは薩摩藩の捕吏に拘束され、そのうち、所属のはっきりしている真木らはそれぞれの藩に引き渡されるが、それのはっきりしない田中父子や千葉郁太郎ら五名は薩摩に護送される船中で殺害される。なお、このとき寺田屋に集結していて、乱闘には加わらなかった篠原国幹・西郷従道・大山巌・永山弥一郎ら二十一名は国元に送還されて謹慎の処分を受ける。

この事件で久光が取った自国藩士の斬殺も顧みない果敢な処置は、朝廷が下した命に久光が厳格に応えたものとして、朝廷から高い評価を受け、孝明天皇はこれを機会に久光に信頼を寄せるようになる。

†久光江戸出府への論評

西郷はこのあと木場宛の手紙で、久光の江戸出府について次のように書いている。

「いよいよ勅旨の通りに事が整えば、御国家（薩摩）においても御大幸、泉公も御大功にて、この上もない御事になります。幕役人はなかなか、一通りのすれ者で、手も付き掛けるのが難しいだけでなく、いまだ（久光公は）幕情に不案内ですので、ちょっとした事にお乗りになられ、そうなると相手は直ちにつけ込んできますので、一藩の力で平押しに押しても、弱体化している幕であっても、ちょっと難しく、こちら方の勢いや取り扱い次第で、勅旨が立つか立たぬかの分かれ道になります。

幕府にとってよほど難しい申し立てだという評判です。いかが成るのでしょうか。今ごろはもうわかっているはずですが、遠海のことゆえ、まったく伝わってきません。残情このことです。」

西郷はここで、久光の江戸での仕事は「ちょっと難しく」うまくいかないのではないかと予想しているが、実際には、久光は江戸でも、幕府に慶喜の将軍後見職ならびに松平慶永の政事総裁職の就任を約束させて、上々の仕事をする。上の西郷の言葉を借りれば、結果としては「御国家においても御大幸、泉公も御大功」となる。

率兵上京という鳴り物入りで始まった久光の京都と江戸での活躍は、久光の名を一躍天下にとどろかすことになる。「御大策」は確かに久光と彼の側近たちによる冒険的な企てではあったが、結果からすると、西郷が鹿児島で出足前に示したそれに対する厳しい評定はほぼ全面的に間違っていたことになる。

†落胆と悟り

西郷の木場宛の長文の手紙は、次のように書いて終わる。

「大島にいましたときは、今日は今日はと待っておりましたので、癇癪《かんしゃく》も起こり、一日が苦しいものでしたが、このたびは徳之島より二度と出ることはないとあきらめていますので、何の苦もなく安心なものです。もしや乱になれば、その節はまかり登るべきでしょうが、平常であれば、たとえご赦免をこうむっても、島に留まる願いを出すつもりです。

骨肉同様の人々さえ、ただ事の真意も問わずに罪に落とし、また朋友もことごとく殺され、何を頼みにすべきでしょうか。

老祖母がひとりおり、これればかりが気掛かりでしたが、……、その祖母も私が大島から帰ってから亡くなりましたので、何も心置くことはありません。とても我々ぐらいでは補い立つ世上ではありませんので、馬鹿らしき忠義立ては取り止めました。お見限り下さるよう。」

ここで西郷が言う「骨肉同様の人々」というのは無論、有村俊斎や堀仲左衛門を指し、「朋友もことごとく殺され」というのは、西郷が薩摩に連れ帰りながら死なせてしまった月照、安政の大獄で獄中死した日下部伊三治《いそうじ》や刑死した橋本左内、大老井伊の襲撃に加わって薩摩藩によって切腹させられた有村雄助、寺田屋事件で上意討ちに遭った有馬新七・田中謙助ら、また、自分とともに護送されながら息子の切腹を聞いて自害した森山新蔵の人たちを指すのだろう。西郷が鹿児島を「止むを得ず出足」し、下関から久光の命《めい》を破り直ちに京坂にのぼったのは、平野国臣ら諸藩の志士や有馬新七ら薩摩藩の「盟中」激派を早く抑えねばならないと思ったからである。何も、久光の命や大久保の期待に応えるためだけではなかった。おそらく西郷にとって、平野や有馬らこそが「誠心」の持ち主であり、通じ合える「朋友」であったのではないか。

改めてその「朋友」たち、月照・左内・日下部・有馬たちの死を思うとき、西郷は彼らがことごとく、国（藩や天朝・皇国日本）のために「誠心」を尽くしながら、その国によって殺された、その厳然たる事実を悟らねばならなかったはずである。

そして、その事実は、この世の不条理として、あるいは天は必ずしも正義や誠心に味方するものではないという観念になって、西郷の心中に深く刻み込まれることになったと思われる。西郷はしばしば天理や天道を説き、その道を歩むべしと言うが、西郷自身、そうすればそれで物事がうまく行くと思っていたわけではない。むしろ、「誠心」であろうとする者、あるいは正義を貫こうとする者は殺される、という逆説的な観念に行き着いていたのではなかろうか。

西郷が身にまとっている悲しみや一種投機的な行動主義は、そのようなところから発していると思えてならない。

この木場宛の手紙の最後には、「馬鹿らしき忠義立ては取り止めました。お見限り下さるよう」とも書いている。誠心を尽したつもりが再度の遠島となり、村田新八を同じ流罪人にし、森山新蔵を死なせてしまった。やはり、それらによる落胆は大きかったのであろう。

3 沖永良部島

†「学者にもなりそう」

沖永良部島《おきのえらぶじま》から西郷が送った手紙でのこっている最初のものは、島に着いて七ヵ月余りたって大島の得藤長《とくとうちょう》に書いた文久三年（一八六三）三月二十一日付の次の手紙である。

「昨冬はお手紙いただき、遠方へお心がけ下さり、かたじけなくお礼申し上げます。……。

私は異議なく消光（日を送る）いたし、この島でも詰役人がしごく丁寧で仕合せの至りです。囲い入りになっていますので、脇から見ればよほど窮屈に見えるようですが、拙者にはかえってよろしく、俗事に紛れることもなく、余念なく学問一辺にて、今通りに行けば学者にもなりそうな塩梅です。まずはご安心下さるよう。

さて、拙者にもまたまた、赦免帰国の模様があるなどの話がありますが、いつも通りの毎年の嘘ばかりで、その手のことかと考えています。もしや、ほんとうのことであったとして、赦免があればさっそく隠居して、そこもと(大島)へもどる考えですので、そのようにご納得下さい。……。

菊次郎などのこと、始終ご丁寧にしていただいている由、いよいよありがたくお礼を申し上げます。徳之島に(家族が)来たときには拙者を見知りしておらず、他人の塩梅にて別れました。このたびは重罪の遠島の故か、歳を取ったためか、いささか気弱くなって、子供たちのことが思い出されてどうにもなりません。ご推察ください。全体強気の生れ付きと思っていましたが、おかしなものでございます。」

「いささか気弱くなって、子供たちのことが思い出されて」ならないと書き、もし「赦免があればさっそく隠居して、そこもとへもどる」とも言う。また、「囲い入り」の暮らしをしていて、「今通りに行けば学者にもなりそうな塩梅」だとも言う。

この「学者にも」というのには、この沖永良部島で川口雪篷《せつぽう》(量次郎)という人物に出会ったことが関係している。川口は陽明学を修め、書や詩の名手でもあり、西郷はこの川口から本を借りて読んだり、ふたりで写本をして島民に配ったりもしている。西郷が書や詩を本格的に習ったのも、この川口からだとされている。川口は島津久光の文庫係として仕えていたが、久光秘蔵の書を売り飛ばした罪でこの島に流されていた。

†英国艦隊鹿児島砲撃の報届く

「囲い入り」も、島役人の計らいで解けていたころ、西郷は九月中旬に、イギリス艦隊が鹿児島に攻め込んだという衝撃的なニュースを聞く。後に「薩英戦争」と呼ばれる主に砲撃合戦で、実際には七月二日から四日にかけて起きたものだが、沖永良部島の西郷のもとには二カ月以上もたって届いたことになる。十月中旬になってようやく薩摩藩がイギリス艦隊を追い払ったと聞いて落ち着きを取り戻すが、その間の一カ月ほど西郷は激しく動揺し、詳しい情報を得ようと北の徳之島や南の琉球に向けて手紙を送ったり、船の建造に取り掛かったりもしている。十一月十七日付で大島の得藤長に次のように書いている。

「野生（私）も、かような軍《いくさ》の世の中となっては、もしかすると、ご赦免などが届いて、まかり登ることもあるかもしれないと、詰役の人たちが言われるので、どのようになっているのか、この冬の下り船が届ける通達を待っているようなことです。もう、どのようなことがあっても、大和《やまと》（本土）にはまかり登らない考えではあったのですが、このような軍の世間になれば、また登りたくなりました。名残の狂言に軍までしてみたく思い返し、右のようなことです。」

戦争や国の危難を聞くと、やはり血が騒いで、いてもたってもおられなくなるようだ。またまた、赦免の通知を今か今かと待つようになっている。同月二十日には、喜界島に流されている村田新八に次のように書いている。

「天下の所論、どのようになりますやら。一度戦声が響けば、必ず内乱が始まるでしょう。割拠（各藩の自国主義）の姿になるのは必至と考えています。幕威は日々に衰えていると伺われますので、必ず覇業を起こす邪心を抱く諸侯も出てくるでしょう。

いずれ、夷人と結ぶ者が出て、その列強国は結んだ者をもって内を痛め、鋒《ほこさき》をくじいて衰えを待ち、事を計られ、どれほどの国衰にもなろうことやら。恐るべき世上になります。京師（京）の模様も紛々の様子と伺われ、慨嘆このことです。お互い努めて正気《せいき》を養うべき時節とわきまえます。」

八カ月ほど前に書いていた「赦免があればさっそく隠居して、そこもと（大島）へもどる考え」などはすっかり吹っ飛んでしまって、互いに「正気を養うべき時節」と言う。まったく旧《もと》の木阿弥である。このような西郷の隠居願望と活動願望は繰り返し現れ、これ以後も、それらによって実際に進退が繰り返される。

†召還

元治元年（一八六四）二月二十一日、小納戸頭取に出世していた吉井友実が西郷従道とともに藩船・胡蝶丸に乗って西郷を迎えに来る。従道は寺田屋事件で同志とともに謹慎処分を受けていたが、「薩英戦争」のときに華々しい活躍をして完全に復権していた。

西郷らは二月二十八日に鹿児島に帰着するが、休む暇もなく京都に向かう。三月四日に山川港で潮待ちをしている船中から、西郷は沖永良部島で世話になった土持政照《つちもちまさてる》に次のように書いている。

「そこもとを出帆して大島の龍郷《たつごう》に翌九ツ時分に安着し、皆々大喜びのことで蘇生の思いがする仕合せ、ご遠察下さい。四日の滞在でしたが、愚妄《ぐしよう》の喜び、情義においてこれまたご憐察下さい。そして二十六日朝出帆して喜界島に寄り船して（村田新八を拾い）二十八日に安着しました。親類の喜びお察しください。」

沖永良部島を二月二十二日にたったあと最初大島に寄って、そこで妻子と再会して四日ほど家族四人水入らずで過ごす。この手紙では、西郷はめずらしく愛加那のことを書き、「愚妾の喜び、情義においてこれまたご憐察下さい」と言う。愛加那にすれば、西郷放免による突然の再会でかわいい子供を主人に会わせることができて、それ以上の喜びはなかったであろう。

しかしこのときが、愛加那が西郷に会う最後になる。菊次郎は明治二年に八歳のとき、また、菊草は明治九年に十四歳のとき、それぞれ鹿児島に引き取られていく。愛加那は子供たちとも別れ、龍郷村でひとり暮らして、明治三十五年に六十六歳で死去する。

第四章　国事周旋

1　出京

†孝明天皇の久光呼び寄せ

孝明天皇は文久三年（一八六三）四月二十二日付の手紙で中川宮に、久光が前回（文久三年三月の二度目の上京）は滞京四日という短期間で帰国してしまったのに不満を述べた上で、久光に再度の上京を促すよう、次のように書いている。

「血気の堂上《とうしょう》、このままにては万事にただただ我意を募らせ、……、なにとぞこの上は、一廉《ひとかど》の御智謀にて、実々《まことまこと》薩州を招き寄せ、予を始め三郎（島津久光）と一致して、暴論の堂上、キト目があくように致さねば、とてもならず、日々夜々心配している。」*33

中川宮（朝彦親王）

このころ公家たちは、将軍家茂《いえもち》が四月二十日に攘夷決行の期限を五月十日とする奉答をしたことで満悦の様子であったが、反面、それによって朝廷内の攘夷運動がいっそう活気づき、天皇の言葉を借りれば、攘夷よりもまずは「暴論の堂上、キト目が開くように致さねば、とてもならず」の情勢になっていた。天皇はそれをするために武威の誉《ほま》れ高い久光の呼び寄せが必要だというのである。

なお、このように天皇が久光の呼び出しを中川宮に頼んでいるのは、彼がこの時期、京都における久光の名代のような役《やく》を果たしていたからだ。実際そのため、このころ京都では、中川宮は「薩州之宮」とも呼ばれていた。*34

中川宮は孝明天皇の父・仁孝天皇の猶子《ゆうし》で、孝明天皇の信任が厚く、幕末期には朝廷政治家として重きをなしていた。しかし、浮き沈みも激しく、そのたびに改名し、青蓮院宮《しょうれんいんのみや》、朝彦親王、尹宮《いんのみや》、賀陽宮《かやのみや》などとも名乗っている。本書ではほぼ統一的に中川宮の呼称を使う。

†八月十八日の政変

しかし久光の方は、この時期、朝廷からいくら頼まれても、国元を離れるわけにはいかなかった。前年に江戸からの帰京の途中、生麦《なまむぎ》事件を起こしていたため、イギリス艦隊による報復が予想されていたからだ。実際、七月初旬に「薩英戦争」が起きて、二日ほどの砲撃戦でイギリス艦隊は引き揚げるものの、薩摩藩は砲台を破壊され虎の子の蒸気船三隻も失うことになる。

この「薩英戦争」のほか、文久三年の春から夏にかけて西国と京都で、日本の政治情勢を揺るがすいくつかの事件が続いている。五月十日には長州藩が幕府の決めた攘夷決行期限に合わせて下関海峡を通過するアメリカ商船その他を砲撃し、五月二十日には京都で攘夷急進派の公家の頭目・姉小路公知《あねがこうじきんとも》が暗殺され、さらに京都で「八月十八日の政変」が起き、攘夷急進派公家の三条実美らと、その後ろ盾《だて》になっていた長州勢が京都から一掃される（「七卿落ち」）。

この八月十八日の政変は、薩摩藩の京都藩邸詰め藩士・高崎正風《まさかぜ》（佐太郎）が中川宮の了承を得て、近衛忠熙《ただひろ》・忠房父子に働き掛け、京都守護職松平容保《かたもり》配下の会津藩士・秋月悌次郎らと共謀して起こしたものである。

孝明天皇は、政変の成功を喜び、中川宮に次のように書き送っている。

「元来、攘夷は皇国の一大事、何とも苦心堪え難い。さりながら三条（実美）初め暴烈の処置、深く心痛の次第、……、浪士輩と申し合わせ、勝手次第の処置……。実に取り退けたいこと、かねがね各々へ申し聞かせていたところ、去る十八日に至り、望み通りに忌むべき輩《やから》取り退け、深く深く悦に入っている。」[*35]

久光の上京はなかったものの、薩摩藩首謀と思われる画策によって、孝明天皇の望む「暴論の堂上、キト目が開くように致さねば」は叶ったことになる。しかし、政変が成功して、朝廷や京都に攘夷急進派がいなくなったわけでも、また無論、攘夷の火が消えたわけでもない。天皇自身が最も先鋭な攘夷論者であるし、公家の大半も同様である。それに、将軍令に応じてどの藩よりも先に、というよりはただ一藩、期限に合わせて攘夷を実行した長州藩の人気は高く、その長州藩が京から放逐されたことで、各方面から長州藩への同情が集まる。また、八月十八日の政変の首謀者や内情が世間にも伝わってくると、薩摩と会津は「薩賊会奸」と呼ばれて嫌われ、中川宮や近衛父子は「奸臣」と見られて尊攘激派から陰湿な攻撃にさらされる。

†久光の上京と退京

そんななか、朝廷からの再三の要請に応じて、久光がようやく千七百余もの兵を伴って文久三年十月三日に入洛する。久光のこの三度目の上京の目的は、朝廷と幕府のあいだを取りもって、攘夷問題や長州処分問題などで挙国一致の国是（国家の基本方針）を定めることであった。

朝廷が有力諸侯に上洛を命じ、また、久光と前越前藩主松平慶永・前宇和島藩主伊達宗城《むねなり》・熊本藩主細川慶順《よしゆき》らが互いに連絡を取り合い、そろって上京する。

久光は朝廷の信頼を背景に、朝議に幕府関係者ならびに有力大名を加えて緊急に対外政策と長州処分に関する評議を行うことを提唱し、朝廷はそれを受け入れて直ちに、在京中の松平慶永・伊達宗城・山内容堂・島津久光らの諸侯と将軍後見職の慶喜と京都守護職の松平容保の六名を「朝廷参預」に命じる。ここに初めて、朝議に有力大名が参加する公武連合の公議機関が設置されたことになる。併せて、「朝廷参預」に任命された武家たちによる「参預会議」も二条城を会議所にして設置される。

徳川慶喜

ところが、その「参預会議」は元治元年の一月と二月に数回開かれているうちに紛糾を起こし、結局は二ヵ月ほどであっけなく分解してしまう。慶喜が幕府の攘夷実行措置として、できそうもない横浜鎖港を主張したのに対して、久光ら諸侯の「参預」が反発する一方、慶喜は久光の朝廷操作に不信の念を顕わにして、結局は収拾がつかなくなったためである。

『徳川慶喜公伝』によると、二月十六日に中川宮邸であった慶喜・慶永・久光・宗城と中川宮の五人の酒席で、慶喜が酔

っぱらって、

「この三人は天下の大愚物・天下の大奸物であるのに、どうして宮はご信用遊ばれるか。大隅守（久光）へはお台所（家計）お任せなされているにより、余儀なくご随従にもなるのでしょうが、[*36]……。」

といった暴言を吐いたと言う。

二月十九日には再度上洛していた将軍家茂が横浜鎖港方針の奉答書を朝廷に差し出し、さらに慶喜が鎖港実行を約束して天皇の歓心を買い、朝廷を幕府側に引きもどすことに成功する。慶喜は孝明天皇の信頼を取りもどし、逆に久光らは天皇から開国論者と見られて信用を失う。

しかしこの横浜鎖港は、実際にはとてもできることではなく、幕府自身、この八月に起きた四カ国連合艦隊による下関攻撃で長州藩が完敗したのを機に、各国の駐日公使に正式に横浜鎖港方針の撤回を通告している。

久光ら諸侯は、幕府のそのようなやり方に幻滅し、また、朝廷の相変わらずの腑甲斐《ふがい》なさにも失望して、「朝廷参預」を辞任して四月中には帰国の途に着く。久光は三月六日に参預辞退と官位返上の意志を中川宮と近衛忠熙に伝え、その日の日記に、

「公武（朝廷・幕府）ともにご因循きわまりなく、とても十分のことも整えがたい模様。ただ無益に滞留しても、疲弊重なり、後来の尽力もできがたいのは必定につき、このたびは引き取る

べし。[*37]」

と記している。

孝明天皇は有力諸侯を幕府に協力させるために京都に呼び寄せたものの、ここにきてまたその方針を転換して、幕府への大政委任を確認し、久光ら諸侯が京都を去ったあとの元治元年四月二十日には、将軍家茂に「庶政」を「幕府へ一切御委任」とする勅諚を授ける。

†「心持ち悪そうに思われた」

少し前置きが長くなったが、西郷が村田新八とともに三月十四日に京都に着いたのは、このような時期で、久光はすでに帰国の準備に取り掛かっていた。

着京後一ヵ月ほどして、西郷は国元の桂久武に京都の様子を伝える次の手紙を送っている。桂は日置《ひおき》島津家の三男（長兄は島津下総、次兄は嘉永朋党事件で自決した赤山靭負）で、西郷とは大島で、西郷が日置島津家系の藩士であったこともあって特に懇意になり、互いに胸襟《きょうきん》を開いて話せる仲になっていた。

最初に、旧知の者や久光に会ったときのことを西郷は次のように書いている。

「大坂や伏見あたりより有志の方々に面会、昔日に替らず交わったところ、どうも心持ち悪そうに思われたようなことです。……。（久光との面会は）よほど心配されたことかと思われ、どんなにか狂言を話すかもしれずと胸を焦《こ》がされたのではないでしょうか。おかしなことでございます。しごくおとなしくしていましたところ、あまり程《ほど》よいのが過ぎてご機嫌取りとなり、たびたびのお役替え（昇進）にて、どうもはじまらぬことでございます。ご笑察下さい。」

旧知の者に再会したものの、「心持ち悪そうに思われたよう」だと言う。都合五年ものあいだ遠島生活を送ってきた直後のことだから、そのように見られても不思議はない。実際に本人の風采《ふうさい》が以前と変っていたとも考えられる。回顧談になるが、熊本藩家老・長岡監物の子息で、後に明治天皇の侍従長を務めた米田虎雄が、西郷のことを回想して、

「もっとも今の人は知るまいが、あの上野にある銅像や世間によくある西郷の肥満した肖像は、あれは島に流されて帰った以後の風采で、西郷は島へ流されるまでは、ごく痩せぎすな人であった。」*38

と語っている。これからすると、三十歳までの西郷は、いま私たちが肖像画等で知る西郷とはいささか違っていたことになる。何せ五年ものあいだ、風土・食事等の違う南の島で、以前とはまったく違う生活をしていたのだから、体形が変ったとしても不思議はない。それに、西

郷は世間では死んだことになっているのだから、西郷に会った人から「心持ち悪そうに思われた」としても、これまた何の不思議もない。名前もどんどん変えさせられて、このころは大島吉之助と名乗っていた。

久光との二年ぶりの再会については、前回のこともあって今回は「しごくおとなしくして」いたら、「ご機嫌取りとなり、たびたびのお役替え」もあって、いささか締まりのないことになったと書いている。

†慶喜の「禍心」

手紙は続いて京都の政局の話に移る。

「京師（京都）の形勢を観察しますのに、朝廷においては確固たる基本が立たず、ただ今日の様子によって処置を付けているようなもので、幕府においては詐謀《さぼう》勝ちでいかんとも為すべきすべがなく嘆息の次第です。また、五六の侯盟会（「参預会議」のこと）の御方々も幕府の離間の策に陥り瓦解して、とんと致し方ない訳です。

独木侯（慶喜）、誠に不思議な具合で、禍心が芽生えている模様に伺えます。尹宮《いんのみや》（中川宮）も昔日に変わり頼りない次第で、嘆くべき第一のことです。おいおい着府（帰鹿）の方々よりお聞きになるでしょう。いずれ変乱を待つほかはありません。」

慶喜については、「禍心が芽生えている模様」と書いている。どういう「禍心」なのか、この手紙ではわからないが、久光らとともに「朝廷参預」になっていた伊達宗城は、慶喜について『在京日記』の元治元年三月二十二日の条で、

「主上（天皇）の咽喉元《のどもと》の要地よりついに天下に号令する勢い」[*39]

と書いている。おそらく、西郷も同様のことを思っていたのだろう。

慶喜は三月二十五日に将軍後見職を退いて、新たに設けられた禁裏御守衛総督と摂海防衛指揮の職に就いている。京都には治安や警護を担当する京都所司代と京都守護職がすでにあったが、さらにその上に、禁裏御守衛総督と摂海防衛指揮の機関を設けて、慶喜がそれらを統括する座に就くことになる。

これらの機関の新設は、公家が「天誅」を加えられたり脅迫されたりする事件が頻発し、また、外国艦隊の摂海終結が噂《うわさ》される時節になって、朝廷からの要望もあってのことだろうが、無論、それだけで設置されたわけではない。

慶喜の狙いは、幕府の権力が衰え、相対的に朝廷の権威が高まるなか、朝廷と直接結び付く幕府機関を京都に設置してそれを支配することにあった。伊達宗城が「主上の咽喉元の要地よ

り」「天下に号令する」というのは、まさしくそのことを指す。

それに、慶喜がこれまで務めてきた将軍後見職も、将軍家茂はこのときすでに十八歳になっていて、近いうちに退かねばならないことは必至であった。慶喜としては、自らの政治生命を保つためには、上のような職に就くことが何としても必要であった。慶喜にとっては、いずれの面でも絶妙のタイミングであったのである。

禁裏御守衛総督に就いた慶喜は、京都守護職の会津藩主松平容保とその実弟の京都所司代・桑名藩主松平定敬《さだあき》とともに朝廷との結びつきを強めて、京都にあって中央政治を動かしていくことになる。西郷が慶喜の「禍心」と呼んだものは、そのような慶喜の狙いを指す。この京都に生まれた公武抱合政権を今日では「一会桑《いっかいそう》政権」と呼んでいる。

†慶喜への落胆

かつて西郷は、主君斉彬のもとで慶喜の将軍継嗣擁立運動を始めたころ、安政三年五月に大山綱良宛の手紙で、慶喜が将軍継嗣に就けば、「天下のため、また我が御国家（薩摩藩）の難事もいたしやすく」云々と、まるでいいこと尽くめのように書いていた。その慶喜将軍継嗣運動を橋本左内らと命がけでやり、それがもとで左内は斬刑に処せられ、月照も死に、自分は死に損なって遠島になった。

その運動に失敗したあとも、薩摩藩による慶喜擁立はなお続けられ、久光が藩挙げての率兵東上の大仕事をして、慶喜を将軍後見職に就けることに成功する。久光のもとで働いた大久保は、慶喜の将軍後見職が決まった日、文久二年七月六日の日記に、

「数十年苦心、焦思したこと、今さら夢のような心持ち。皇国の大慶、言語に尽くしがたい次第なり。」

と記している。この「数十年苦心」には、斉彬のもとでの西郷らの苦労、そしてその後、西郷や日下部伊三治・橋本左内らがたどった過酷な運命、さらにその後の久光や大久保らの苦労が含まれている。

このような経緯からして、元治元年春に西郷や久光・大久保らが抱いた慶喜への落胆は、いかばかりのものであったか想像に難《かた》くない。落胆というよりは、遺恨を遺すものであったに違いない。西郷は上の最後で「いずれ変乱を待つほかはありません」とも書いている。

†「長城に入って身を顧みず」

西郷の桂久武宛の手紙は次のように続く。

「先月（三月）下旬、長州の大臣（家老井原主計）と御末家（支藩の岩国領主吉川経幹）が着坂と聞こ

え、すぐさま大坂長州の邸に参って説破したく、一同に申し述べたところ皆々もっともということで決まっておりました。

しかし、ひとまず（久光公の）お耳に入れてから定めるべきだということになり、お待ちし、お目見えすることになり、詳しく申し述べたのですが、殊勝のことながら今回はまず見合わせるように達しがあり、控えることになりました。

長薩の間隔（不仲）も畢竟、幕府の離間策に陥ったものと思われます。とても、説得するのは難しいことで、（私が行っても）承諾せず、そのまま帰し難く、殺すことになれば、長州は人心を失うことになるはずで、……。

その節、一詩を綴りました。ご一笑下さい。

小松帯刀

誓って長城に入って身を顧みず
ただ皇国を愁《うれ》えて和親を説く
たとえ首を投げうって真卿《しんけい》の血となるも
これより多年賊人を駭《おどろ》かさん

是非、長州に入って殺されたいと願っていたところ、今になって無になったような次第です。」

西郷は薩長間の不和を解消するために、自分が大坂の長州藩邸に乗り込んで、重役たちと談判したい旨を久光に申し入れたが、久光からは、「殊勝ながら今回はまず見合わせるように」と言われたと言う。自分が行っても、うまくいかず、殺されるかもしれないが、その場合はそれで、「長州は人心を失うことになる」とも言う。西郷得意の行動パターンである。

しかし、一ヵ月ほど前に何年もの幽閉の地から帰って来たばかりの西郷に、この時期のこじれた薩長関係や政治情勢が十分に飲み込めているとはとても思えない。情勢や情報によるよりも、自分の信念にもとづく行動なのだろうが、やはり、いくぶん突飛な言動と言える。久光は「殊勝ながら」とやんわり拒否している。

2 禁門の変

久光は六ヵ月半にもわたる京都滞在に見切りをつけて、元治元年（一八六四）四月十八日に大久保利通らを伴って京都をあとにする。あとは家老の小松帯刀を筆頭に、西郷・伊地知正治・吉井友実らが協力して京都の政局に対処していくことになる。

雄藩諸侯が次々に帰国して行ったあと、京都の治安はいっそう悪化し、西郷は五月十二日付の大久保宛の手紙で次のように報じている。

「堂上方において例の驚怖のご病症が起こり、暴客の恐れ甚だしく、次第に暴論が行われそうな勢いです。陽明家（近衛家）では、……両御殿（忠煕と忠房の両邸）へ毎晩、兵士人数を差し出しています。尹宮《いんのみや》（中川宮）においては、なおさら御恐れも、また悪評も甚だしいものがあります。」

六月五日には池田屋事件が起きる。京都守護職の配下にあった新撰組が、池田屋に集まった長州・土佐・肥後などの藩士や浪士たちを急襲して多数を殺傷した事件である。このとき、桂小五郎（木戸孝允）も現場近くにいたが、包囲をかいくぐって逃げ延びている。

六月八日の大久保宛の手紙で、西郷は事件後の様子を、

「この末、いかが成り行きになるのか、長州もただただこのまま止まり居るとは考えにくく、大破となるか、または大挙して発起するかでしょう。」

と伝え、さらに六月二十五日には、いよいよ長州藩兵が京都周辺まで進出してきたことを知らせ、薩摩藩の対応の仕方について次のように伝えている。

「このたびの戦争はまったく長州と会津の私闘ですので、無名の軍を動かす場合ではなく、誠にご遺策（久光の残していった指図）の通り、禁闕御守護一筋に守るほか余念はありませんので、そのようにお含み下さい。いずれ長人は、内には外夷の襲来（外国艦隊の報復攻撃）を待ち、外では出軍の次第で、実に死地に陥っての窮闘ですので、おそらくは破れ立つと思われます。」

†かつての同志の死

元治元年七月十八日夜、いよいよ長州兵が山崎方面から京都に侵入して戦闘が始まる。この戦いは今日「禁門の変」や「蛤《はまぐり》御門《ごもん》の変」などと呼ばれて、御所周辺での局地戦を印象付ける呼称になっているが、実際には、山崎のほか伏見と嵯峨方面からも「会津討伐」を掲げて長州兵が侵入して各所で市街戦となり、戦禍も京都の広範囲に及んでいる。西郷はその様子を七月二十日付の大久保宛の手紙で次のように速報している。

「一昨夜より人数（長州兵）が繰り出し、中立売《なかだちうり》より攻め登り未明より戦争が始まり、諸藩が固めている場所を打ち破り公卿御門まで攻め入ったところ、この御方様（薩摩兵）の一手をもって打ち破り、追撃して退け、烏丸通《からすまどおり》より一手押し出し、大砲をもって互いに撃ち合い、また室町《むろまち》よりも一手繰り出し攻撃したところ、ほどなく退散し鷹司家内へ逃げ込み、砲戦があって、またまた崩し難く、この御方より砲隊ならびに二組の兵隊をもって、打ち挫《くじ》いて火攻めにしたところ、たまりかねて早々退去したとの由。」

薩摩藩兵の活躍ぶりを伝えている。しかしまた、この戦争では、西郷がかつて同志や有志と呼んだ志士たちが、敵方で多数死んでいる。長州藩士の来島又兵衛らが最初の市街戦で戦死し、久坂玄瑞・寺島忠三郎・入江九一らは「鷹司家内に逃げ込み」行き場を失って自決する。また、久留米藩浪士の真木和泉らは山城国天王山で十六名の同志とともに自刃し、それに、（但馬の国・生野で挙兵して捕まり）六角獄舎に入れられていた平野国臣は、逃亡の恐れがあるとして、三十数名の囚人とともに殺害されている。

西郷はこれら、かつての同志の死をどう思ったのだろうか。特に平野の死は、西郷にとって胸のつまる思いであったに違いない。平野は西郷が月照を連れて九州に帰ったときに助けてくれた同志であり、下関で再会したときには「いずれ決策が立ったならば共に戦死しましょうと申して」別れた人物であった。上の七月二十日の手紙の時点では平野や真木らの死まではまだ知らなかっただろうが、すぐに知ることになったに違いない。

このあとだいぶたってからだが、元治二年（慶応元年）三月に大島の得藤長と沖永良部島の

土持政照に送った手紙では、

「昨年は京都で戦争（「禁門の変」）があり、ご案内のように軍好《いくさず》きのことではありますが、現事のこととなると実に難儀なもので、またとは望みたくないものです。」

と書いている。西郷ももとから「軍好き」であったわけではないだろうが、武士の職分としてそういう言い方をしているのであろう。とは言え、このあとも、西郷は慶応末年には討幕の戦争を指揮し、また、明治十年には西南の地で戦争を起こして死ぬことになる。戦いから逃れられない運命にあったようだ。

†長州征討を急ぐ

長州勢が敗退して、朝廷内でも長州派の公家たちへの粛清があり、有栖川宮熾仁《たるひと》親王（後に新政府総裁や東征大総督に就く）ほかの処分が発表され、同時に、長州藩主毛利敬親《たかちか》・広封《ひろあつ》父子の官位剝奪が発表され、長州追討の詔勅が下る。

西郷もこのころには長州追討に熱をあげ、八月朔日《さくじつ》（一日）付の大久保宛の手紙では、

「長崎で異人の軍艦借入れの手段はないものでしょうか、二艘ぐらいも調えば攻め破るのにはよほど良いと思います。何分ご勘考下さるよう。こちらでも幕人どもへ申し入れてみるつもりです。」

と、国内戦で外国列強の力を借りるのは嫌っているはずの西郷が、長州をやっつけるのに外国軍艦の借入れを申し入れている。西郷が長州征討を急ぎ、かつ厳しい処分を考えていたことは、次の手紙でも明らかである。手紙は、宛名と日付を欠いているが、大久保宛に九月七日に書いたものであることは、その内容等からわかる。

「長州ご征討の儀については、一日なりとご延引の訳はなく、速やかにお手を付けておられれば、異人の一挙（外国艦隊による下関砲撃）も空しいものになっていたと思われますが、このような異難（「異人の一挙」）が先になり残心です。

長州ではこの両変（禁門の変と下関砲撃）でよほど勢いもくじけ、段々歎訴《たんそ》いたす手段もあるでしょうが、畢竟、狡猾な長州人であれば、どんなはかりごとをしてくるかも知れず、益田等三人の家老打ち洩らした故に、ただ今は（長州支藩の徳山藩に）お預かりになっているとはいえ、きっとこれをもってしばらく動静をうかがっているに違いなく、是非兵力をもって迫り、その上で降伏を乞うてくれれば、わずかに領地を与え、東国辺へ国替えまでは仰せ付けられなくては、ゆく先、御国（薩摩）に災害をもたらし、行く手をはばむことになりかねません。」

西郷は長州征討の実行が遅れているのに不満で、外国艦隊による下関砲撃を受けたのも、征討の開始が遅れたためで、「残心」だと言う。それでもなお、速やかに「是非兵力をもって迫」るべきで、「その上で降伏を乞うてくれば、わずかに領地を与え、東国辺へ国替え」させるのがよく、そうしておかないと「ゆく先、御国（薩摩）に災害をもたら」すことにもなるとも言う。これらからして、西郷が長州に対して心底厳罰を考えていたことはまず間違いない。

ところが、このあとで見るように、実際の征長では、西郷は戦争を避けて長州に対して寛大な処置を取ることになる。そのため、歴史家の多くが、西郷が上で書いていることは、西郷の真意ではなく長州嫌いの久光の気持ちを忖度《そんたく》したものだとしたり、西郷の処置の取り方としてよく言われる〝当初強硬―後《のち》寛大〟（初め厳しい処置を言うが、実際には寛大な措置で事を収めるやり方）の行動パターンの事例の一つだとしたりする。しかし、それらは言わばあと付けの解釈であろう。上で示している西郷の長州への強硬な態度は、この九月七日の時点では、彼の本心であったと考えられる。

このころ西郷が書く大久保宛の手紙は、そのほとんどが京都の政情や薩摩藩京都藩邸あるいは自分が取っている措置を、国元の大久保に伝えるとともに、藩主父子に報告するものでもあった。手紙の多くには、その冒頭に、

「ご両殿（藩主茂久と父・久光）様ますますご機嫌よく遊ばされ恐悦のことと存じます。」

といったご機嫌伺《うかがい》の言葉が書かれている。しかし、上の九月七日の手紙には、そういった

藩主父子のご機嫌伺の言葉はない。また、その手紙では、国元より朝廷に差し出すよう指示があった藩主名の「御建言」を自分の判断で差し出さないことにしたことを書き、続いて、

「不調法の筋は私がいくえにも蒙ります（責任を負います）ので、御差し出ししないことに決定しました。その辺のところ、よろしくお取り成し下さい。」

と、大久保に尽力を求めている。これらからして、この手紙は藩主父子に見せるものではなく、大久保に書いた私信であり、したがってまた、長州に対して強硬な措置を書いているところも、久光に配慮したものではなく、西郷自身のこのときの考えを述べたものと見てよい。

勝海舟

†勝との会見

上の手紙を書いた四日後の元治元年九月十一日に、西郷は在坂中の幕府軍艦奉行・勝海舟に会う。そのときのことを、九月十六日付の大久保宛の手紙で伝え、そのなかでまず、勝に会うことになったいきさつを次のように書いている。

「ご両殿様ますますご機嫌よくしておられ恐悦に存じます。陳《のぶ》れば、ご当地の（征長の）形勢はかばかしくありません。越前侯（藩主松平茂昭）が去る六日に（征長副総督に就くことを内諾して）ご着京になり、……。越前から勝安房守《あわのかみ》（海舟）殿に相談を持ち掛けられ、……、（勝に会うことになって）吉井と私が下坂し、越藩より両人差し遣わされ、越侯の直書を差し出され、（薩と越）両藩より（勝に）段々に攻めかかったところ、幕府の内情も打ち明けられ、誠に手の付けられないほどの形勢になっているとのこと。」

『海舟日記』九月十一日の条に、

「薩人大島吉之助、吉井中助、越人青山小三郎、来訪。征長の御議紛々、決せず、……。よろしき論あらば聞かむ云々。」

とある。西郷らは長州征討のことで勝から意見を聞くために、「越侯の直書を」を持って勝を訪ねている。この手紙では、その結果についてはあまり多くを書いていないが、このあとで書いている勝へのほれ込みようからして、おそらく、西郷はその件を含む勝の広範囲にわたる意見に相当影響を受けたと想像できる。西郷がこの前に大久保宛の手紙で書いていた長州に対する強硬論を、この勝との会談で変えたとしても不思議はない。

勝に会ったことの報告は次のように続く。

「勝氏に初めて面会しましたところ、実に驚き入った人物で、最初は打ちたたくつもりで行ったのですが、とんと頭を下げました。どれだけか知略があるやも知れぬ塩梅に見受けました。まずは英雄肌合いの人で、佐久間象山より事の出来では一層も越えているようです。学問と見識においては佐久間抜群のことですが、現時に臨んではこの勝先生と、ひどく惚れ申した。
　摂海へ異人が迫ったときの策を尋ねたところ、いかにも明策がありました。ただ今は異人も通常は幕吏を軽侮しているので、幕吏の談判ではとても受け難く、いずれこの節、明賢の諸侯四、五人もご会盟になり、異艦を打ち破るだけの兵力をもって、横浜ならびに長崎の両港を開き、摂海のところは筋を立てて談判になり、きちんとした条約を結べば皇国の恥にはならず、異人はかえって条理に服し、このさき天下の大政も立ち、国是も定まる機会になるとの議論で、実に感服した次第です。いよいよ左様の方向になってくるなら、明賢侯のお揃《そろ》いになるまでは、受け合って異人は引き留め置くとの説です。」

　上の中段にある「摂海へ異人が迫ったときの策」というのは、ちょうどこのころ、英米仏蘭・四国連合艦隊による長州砲撃後の講和が成立し、続いてその艦隊が条約勅許と兵庫開港を求めて摂海に来るのではないかと噂され、そうなった場合の対応策を西郷らが勝に尋ねている件である。なお、この連合艦隊の摂海集結はこのときはなかったが、ちょうどこの一年後の慶応元年九月に起きる。

勝は幕閣の一人でありながら、幕府のやっていることに批判的で、むしろ、「明賢の諸侯」の「会盟」による指導力に期待するといった話に、西郷もすっかり感心したようである。勝とは馬が合ったらしく、初対面ながら「ひどく惚れ申した」と書いている。勝（一八二三年三月十二日生）はこのとき満四十一歳で西郷（一八二八年一月二十三日生）より五歳年長になる。

3 長州征討

†征長総督府参謀

天皇から元治元年七月二十三日に幕府に征長の詔勅が下っていたものの、幕府や諸藩それぞれに事情や思惑があり、なかなかそのための態勢が取れずにいた。それでも、九月初めには越前福井藩主松平茂昭《もちあき》が征討副総督に就くことが決まり、続いて、同月二十一日には尾張の前藩主徳川慶勝《よしかつ》が征長総督に就いて、十月二十二日に大坂城で二十三藩の代表者による軍議が開かれ、薩摩藩からは小松の指示で西郷と吉井が出席する。

その場で、総勢十五万の兵を十一月十一日までに小倉や萩などの各攻め口に着陣させ、十一月十八日をもって総攻撃にかかることが決まる。軍議があった翌々日に、西郷は総督の慶勝から呼び出されていろいろと相談を受け、これ以後、総督府参謀として実質上征討の指揮を取ることになる。

その慶勝との会談のことを、西郷は翌十月二十五日付で大坂から京都の小松帯刀に次のように報告している。

「打ち明けて考えを聞きたいとのことでしたので、吉川《きつかわ》（長州藩支藩の岩国領主吉川家）辺《あた》りの内情の次第を詳しく申し説き、採られるべき策略についても申し上げました。敵方（長州）は両端に分かれ、暴党と正党から成っており誠に天の賜物と申すべきで、……、両立の者たちを一つにして、ともに死地に追い込むのは誠に無策と申すべきで、実にまずい次第です。

そこで、謝罪の筋を立てて帰順する者もことごとく賊人とするのでは、ご征伐の本意とは言えず、正当に帰順できるようお扱いになられてこそ、ご征伐の本旨だということを理を尽くし申し説いたところ、……。一張《ひとはり》尽力してくれるよう、分けても頼むとのことでした。」

†「長人をもって長人を」

西郷がここで総督の慶勝に進言している「策略」は、小松・西郷・吉井ら薩摩藩在京指導部がすでに長州藩支藩の岩国領主の吉川経幹《つねまさ》(監物)らと接触した上で立てていたもので、本格的な内戦になるような戦争は避けようとするものであった。

この方針は、西郷が九月十九日付の大久保宛の手紙ですでに、

「攻めかかる日がわかれば、すぐさま私が芸(広島)に飛び込み、吉川・徳山辺りのところの引き離し策を講じたく、内輪はよほど混雑の様子なので、暴人の処置を長人に付けさせる道もあるだろうと考えている。」

と書いているところに見られる。

この西郷の考えは、先述のように、この十二日前の九月七日に同じ大久保に、「是非兵力をもって迫り、その上で降伏を乞うてくれれば」云々と、書いていたものとは明らかに違う。やはり、それら二つの手紙の間であった九月十一日の勝海舟との会見が影響して、西郷は考えを変えたと推察できる。

九月十九日付に続いて、十月八日付の大久保宛でも、

「是非、長人をもって長人を処置するよう、致させたいものです。」

と書いているので、この考えが、このあと十月二十四日に総督徳川慶勝に進言した前記の策の基本になっていると考えられる。

小松・西郷ら薩摩藩在京指導部は、このころには、幕府は朝廷から長州追討令が下っているのをよいことにして、これを機会に長州を打ちのめし、それをもって幕府の威信を取りもどそうとしていると見るようになっていた。つまり西郷らは、長州よりも、この幕府の底意の方が危険だと見て、ここで幕府を図に乗せれば、いずれその鉾先《ほこさき》が薩摩にも向きかねないと考えるようになっていたのである。

西郷は吉井友実と税所《さいしょ》篤を伴って十一月三日に芸州（広島）に入って、吉川経幹と交渉してかねての相談通り、「禁門の変」の首謀者、益田親施《ちかのぶ》（弾正）・福原越後・国司《くにし》信濃《しなの》の三家老の切腹と四人の参謀の斬首を実行させる。三家老の首級《くび》を大総督府に差し出させ、併せて長州藩から服罪の意が伝えられ、同月十四日に広島で首級実検があって、長州藩の「禁門の変」への謝罪は済んだことになる。

西郷はこのあと十二月十一日にやはり吉井と税所を伴い敵地の下関に乗り込み、山県狂介（有朋）ら奇兵隊の諸隊長と会い、諸隊を説得して彼らの暴発を抑え、また、筑前藩士月形洗蔵《せんぞう》の協力を得て、三条実美ら五卿（「七卿落ち」したうち錦小路頼徳は病死、沢宣嘉は脱走して別行動）を長州から福岡へ移転させることに合意を得る。

この下関入りは「薩賊会奸」と呼んで薩摩を激しく憎悪する長州の、それもその最激派の懐《ふところ》に入るもので、周囲は強く反対するが、西郷は、もし長州が自分たちを殺せば長州は窮地に陥り、解決は容易になるとしてその地に赴く。例の行動パターンである。

このとき、五卿の警護に当たっていた土佐浪士・中岡慎太郎は、西郷に初めて会った印象を、慶応元年冬の執筆と思われる『時勢論』のなかで、

「実に知行合一の人物なり。これすなわち洛西第一の英雄である。[*40]」

と記している。

†「芋の銘は大島とか」

しかし、西郷や征討総督徳川慶勝らが進める征長策は、幕府や副総督を擁する越前福井藩や肥後藩などからは手ぬるいと見られ、不満がくすぶる。禁裏守衛総督の慶喜は十二月十二日付の肥後藩・長岡護美《もりよし》（藩主細川慶順の弟）宛の手紙で次のように書いている。

「総督の英気は至って薄く、芋に酔うのは酒よりも甚だしいとの説、芋の銘《めい》は大島とか申す由。……。風聞にて知るところでは、益田はじめ三首級、吉川方へさし返したとのこと。いかなる深い訳があって、このような取り計らいをしたのか、凡人には総督の底意がわかりかねます。

ご承知ならお洩らし下さい。七卿のこともいろいろと風聞がありますが、どのようになっているのでしょうか。[*41]」

征長総督徳川慶勝の薄い「英気」への不満を述べ、それは「大島とか申す」銘柄の芋焼酎に酔っているからだろうと皮肉っている。無論この「大島」が、かつて自分を将軍継嗣にするために走り回った西郷吉之助であることは十分承知しているのである。

なお、西郷はこの元治元年十月に、「禁門の変」の功により薩摩藩側役《そばやく》に昇進して、名前も大島姓から西郷姓にもどすことが許されている。おそらく、もうこのころには、誰の目にも大島吉之助と称している人物が、かつて江戸・京都で活躍し、その後、死んだことになっている西郷吉之助であることはわかっていたのだろう。

三条実美ら五卿の扱いがなお未解決ながらも、総督府は元治元年末の十二月二十八日に総勢十五万人とされる征討軍の解兵を宣言する。一戦の戦火も交えることなく、「禁門の変」の戦争指揮者の断罪をもって、ともかく長州処分を果たし、征討軍の解散に漕ぎ着けたのだから、そのために死力を尽くした西郷の名は天下に響く。

†幕命の拒否

西郷は翌元治二年（慶応元年）一月十五日に鹿児島に帰着し、同月二十八日には家老座付書役・岩山八郎太の娘イトと結婚する。

西郷はこのあと十日ほどで二月六日には再び鹿児島をたち、大宰府に行って福岡藩に移していた五卿待遇問題の処理に当たり、そのまま京都に向かい三月十一日に着京する。

西郷はそこで、幕府から薩摩藩に、「天狗党の乱」で流罪となった者のうちの薩摩藩分担分を受け取るよう命じる通告書が届いているのを知り、さっそく次のような回答書を幕府に差し出している。

「常野《じょうや》（常陸・下野）の浮浪輩（天狗党の輩）、越前国で降参した者ども数百人を斬罪に処せられ、その余りの軽卒三十五人を弊国へ流罪にされるということで、同所敦賀湊へ迎い船を差し回すよう仰せ渡され、国元へ掛け合いに及びましたが、古来より、降人を苛酷にお扱いになった儀、未だかつて聞いたことがありません。（中略）

弊国においては、……、お断り申し上げるよう、分けて申してきましたので、何とぞお聞き成し下されたくお願い奉ります。以上。」

降伏した者への残忍な扱いに抗議した上で、流罪人の受け取りを拒否している。

この「天狗党の乱」では、武田耕雲斎・藤田小四郎ら八百二十八名が加賀藩に集団投降しながら、残酷な扱いを受け、三百五十二名もが斬首の刑に処せられる。武田は西郷が江戸で斉彬のもとで働いていたころ、水戸藩邸で会って感激をした人物の一人であり、また藤田小四郎は、西郷が師と仰いだ東湖の実子であった。今は立場や考えを異にしているとは言え、西郷は彼らの無念と無残な死に切歯したに違いない。

このとき同じく京都にいた大久保利通は、三月十一日の日記に、

「去る（二月）四日に武田はじめ二十七人ことごとく刎首《ふんしゅ》。七日までに七百余人すべて死刑に処し殺し尽したとのこと。その取扱い過酷をきわめ、衣服を剝ぎ取り赤身（裸）にして束飯（握飯）で、獣類のごとくの由。……。実に聞くに堪えざる次第なり。これをもって幕滅亡の表（れ）と察せられる。」

と記している。

イト（糸）

4 長州との和議

†「徳川氏の衰運この時」

長州征討軍の解兵で一段落はしたものの、幕府は征長総督府が進めた長州征討とその処分に強い不満を残していた。また、一方の長州藩も、元治二年（慶応元年）三月十七日に藩是《はんぜ》をこれまでの「破約攘夷」から「武備恭順」に改め、「禁門の変」の処分には「恭順」するが、さらなる処分や制裁は断固拒否するとして「武備」に努める。

長州では、激烈な内紛後、高杉晋作らの自称「正義派」が「俗論党」を圧倒して、高杉のほか木戸孝允や広沢真臣《まさおみ》らが藩政を動かすようになる。木戸は「禁門の変」のあと、一時京都に潜伏していたが、その後但馬《たじま》の出石《いずし》に逃れて身を隠し、慶応元年四月ごろに下関に帰国していた。

幕府は長州にさらに制裁を加えようと、長州藩家老等の上洛を再三にわたって命じるが、長州藩はいっこうに応じようとしない。それどころか、もっぱら「武備」に努めていると見た幕府は遂に長州再征（「第二次長州征討」）を宣言し、慶応元年四月十九日には、将軍家茂が五月十六日をもって江戸を進発するとの布告を出す。しかし、それでもなお、長州藩側は支藩藩主の呼び出しにすら応じず、開戦必至の雲行きになる。

そのようななか、小松と西郷は長州再征討になったときの藩の方針を決めておくため、四月二十二日に京都をたって帰国の途につく。このとき、坂本龍馬と彼の仲間たちを鹿児島に連れて帰る。龍馬らはこのころ、勝海舟が軍艦奉行を罷免されて神戸海軍操練所も廃止になったため行き場を失っていた。それを小松と勝が相談をして、薩摩藩が引き取ることにしたのである。

この帰国の途中、西郷は大坂から四月二十五日付で、五卿を太宰府天満宮に移すのに働いてくれた筑前福岡藩士の月形洗蔵に、

「近来関東においては、再長征の儀を促していると聞かれます。このたびは幕府一手をもって打つべしとの趣意に聞かれます。もちろん、弊藩などはどのように軍兵を募っても、私戦に差し向くべき道理はなく、断然と断ち切るつもりに決定いたしております。」

と書き送っている。藩議にかけて決定を見る前のことであるが、月形を通じて、五卿や長州側に薩摩藩が取る態度を伝えようとしているのであろう。

西郷は帰藩後、将軍家茂が江戸を進発するとの情報を得て、閏五月五日に小松に次のように書いている。

「いよいよ発足の様子、自ら禍を迎えるようなもの、幕威を張るどころではなく、これより天下の動乱となり、徳川氏の衰運この時と存じます。三年も浪速《なにわ》城にまかりおるとはまた、何という迂説《うせつ》でしょうか。一年も難しいでしょう。何もさて置き、この節の進発、天下のため雀躍、このことにございます。」

西郷にすれば、身を賭して戦争を回避し長州処分を済ませたのに、この時期に将軍が進発するなど、よほど愚策に思えたのだろう。「徳川氏の衰運この時」と言う。大久保はこれより先、幕府の水戸天狗党に対する処分を聞いて、日記に「これをもって幕滅亡の表(れ)」と記していた。西郷と大久保はともに、慶応元年前半期には「徳川氏」の衰亡を口にするようになっていたことになる。

†「武備」への協力

帰藩した小松・西郷は一足先に帰藩していた大久保ならびに在藩の重臣らと藩議を開き、幕府から長州再征への出兵要請があっても薩摩藩は拒否することを決め、併せて長州藩との和議に向けて舵を取ることを決める。この長州藩との和議には、土佐藩浪士の坂本龍馬と中岡慎太郎とが仲に立って働く。

両藩の和睦をいっきに進めるきっかけになったのは、長州藩が坂本・中岡を通して薩摩藩に洋式武器・艦船の購入の希望を伝えたのに対して、薩摩藩がそれらを自藩名義で購入して長州藩に譲り渡すことで、それに応じたことである。幕府の厳しい監視下にあって、薩摩藩が長州藩のために武器・艦船の取得に手を貸したのだから、これ以上に薩摩が長州に対して支援の意志を持っていることを示すものはない。

この過程で、長州藩では井上馨と伊藤博文が木戸の指示のもとに動いている。井上は長崎に来ていた小松に同行して八月初めに鹿児島に入り、大久保ら薩摩藩重臣に会い、その後、八月二十日にはグラバー商会から薩摩藩名義で購入した武器弾薬を、薩摩船二隻を使って三田尻に運び入れている。

この薩摩藩の協力に対し、長州藩主父子が慶応元年九月八日付で薩摩藩主父子に次の礼状を送っている。

「このたび貴国にまかり出ました家来の者より、ご様子委細承知致し、万端氷解に及びました。貴国においては、勤王のご正義を確守の由、実にもって欽慕の至りです。皇国の御為、この上なく、陰ながら欣躍ご依頼いたします。……。

尚々、先日は家来の者、貴国へまかり出た節は、かれこれご懇切に成し下され、ありがたきことです。今後も、しかるべくご依頼いたします。[*42]」

†「非議の勅命」

ちょうどこのころ、英・仏・米・蘭の四国連合艦隊が慶応元年九月十六日に摂海（大坂湾）に集結して、将軍家茂が大坂城に滞在しているのを機に、幕府と朝廷の両方を同時に威圧する行動に出る。いわゆる砲艦外交で、具体的には、調印済みの安政の五カ国通商条約への天皇の勅許と兵庫の先期開港（開港時期を「ロンドン覚書」で決められたものより早く、慶応元年十一月十五日からにせよとするもの）を迫ったのである。

そんななか、朝廷では、四国連合が突き付けている問題と長州再征問題とを議題にして連日朝議が開かれる。慶喜は朝議で「（条約の）勅許なきときは、外夷は京都に殺到するも計り難し」[*43]などと脅して条約勅許を奏請する一方、もし、長州再征の勅許が下らない場合は、自分と容保《かたもり》、定敬《さだあき》の三人はその職を辞するほかはないと申し立てる。禁裏御守衛総督・京都守護職・京都所司代の三職に辞められては、御所と京都の安全は保てない。三職辞職の言辞は、とりわけ外国艦隊が摂海に居座るなか、孝明天皇と公卿たちにとっては脅迫に等しい。

一方、大久保はこの間、中川宮や近衛忠房それに関白二条斉敬《なりゆき》らのあいだを入説《にゅうぜい》して回り、懸命に長州再征の勅許降下の阻止に努める。そのため、決まっていた長州再征への勅許が再評議に付される場面もあったが、しかしそれも結局は、その朝議の冒頭で慶喜が公卿たちを激しく責め立て、審議するまでには至らなかった。その模様を松平慶永の側近・中根雪江は次のように記している。

「一橋、大いに激怒して、……、匹夫《ひっぷ》（いやしい身分の男）の議を聞かれるため、猥《みだ》りに……朝議を動かされるがごときは実に天下の至変と云うべし。かくのごとしでは、大樹（将軍家茂）始め一同職を辞するほかなしと申し放たれると、殿下（関白二条斉敬）ことのほか迷惑せられ、遂に（長州再征の勅許の）奏請を容れられることに決まり、爾後《じご》、大久保の評判はなはだよろしからず。[*44]」

慶応元年九月二十一日の朝議で最終的に長州再征の勅許が下る。後に有名になる大久保の言辞、「非議の勅命は勅命に非《あら》ず」が発せられたのはこのときであった。この翌々日、九月二十三日付の西郷宛の書状でそれを書いている。その部分のみを引き出すと、次のようである。なお、この書状は、単に西郷宛に書いたものではなく、藩主父子に差し出す報告書として帰藩する西郷に託したもので、全体はかなり長文である。

「(長州)追討の名義いずれにありましょうか、もし、朝廷がこれを許されれば、非議の勅命にて、朝廷の大事を思う列藩は一人も奉《ほう》じますまい。至当の筋を得、天下万民がもっともと奉ってこそ、勅命と申すべきであれば、非議の勅命は勅命に非ず故[*45]、……。」

長州藩が罪を認め、すでに三家老の首級を差し出し四人の参謀の斬首を実行して服罪しているのを、さらに「追討」せよと命じるのは「非議」だというのである。

この西郷宛の書状で、大久保はまた中川宮に対して、

「もし行われないときには、今日限りの朝廷と存じ奉ると申して退出した。」

とも書いている。大久保は勅命も朝廷も認められないと、申し立てたことになる。この大久保の発言については、中川宮自身も九月二十二日の日記に、

「朝廷これカキリト、何とも恐れ入る次第[*46]。」

と書き留めている。

†条約の勅許

このあと薩摩藩在京指導部は、急いで雄藩諸侯の合同会議を呼び掛けるために行動を起こす。大久保は福井の松平慶永のもとへ、吉井は宇和島の伊達宗城のもとへ、そして、西郷は帰藩し

て藩主父子に情況を説明し久光の上京を求めるために、それぞれ京都をたつ。

西郷らが京都を離れたあと（大久保は十月三日に福井より帰京）、朝廷では通商条約への勅許と兵庫先期開港の件が評議され、慶応元年（一八六五）十月五日の朝議で、これまで「無勅」とされてきた通商条約に勅許が下り、兵庫先期開港については、兵庫が禁裏のある畿内にあるとの理由で許可を与えずそのままとなる。四国連合側は、安政五年（一八五八）以来懸案の通商条約に勅許が下ったことにひとまず満足して、連合艦隊を摂海から引き上げさせる。

通商条約勅許の評議について、慶喜の伝記『徳川慶喜公伝』は、

「公（慶喜）はなお懇《ねんご》ろに開港の利害を説き、『今ご許容されないには、国難たちどころにおこるべし』とて、おどしつ、すかしつ、弁論を尽くされ、[*47]……。」

と記している。

しかしさすがに、こうした慶喜のやり方には、公卿たちも相当に嫌悪感を持ったようで、中《なか》御門経之《みかどつねゆき》は十月七日付で義弟の岩倉具視に送った手紙で、

「一会（慶喜と容保）の心底、実に禽獣《きんじゅう》の至りと嘆息のほかはありません。……。一会の肉食《にくく》うべしと思う。……。何とぞ、一会の首級早く打ち取るべき手段致すべきなどと祈っています。薩（薩摩）が落胆しているのはもっともに思います。……。一会があい迫り、驚かす故に、よんどころなき次第になったと、あくまで言いふらしたいものと思っています。[*48]」

と書いている。これに対して岩倉もまた、同日、その中御門経之に返書して、

「一昨夜の所業、一会、肉を食うほかのない次第。幕（幕府）の積もる罪、もはや数える算がありません。」[*49]

と応答している。

†「非議の勅命」の情宣

西郷は藩主父子に雄藩諸侯による合同会議を進言するため、先の大久保の「非議の勅命」の言葉のある報告書を持って帰国の途につく。そのとき坂本龍馬が周防上関《すおうかみのせき》まで同道し、坂本はそこから大久保の報告書を長州に届けるために三田尻に向かう。

西郷は十月四日に鹿児島に着き、大久保の報告書を渡して久光の上京を求めるが、鹿児島にも条約勅許と外国艦隊の引き上げの報が届いたこともあって、久光の上京は成らなかった。代りに家老・小松帯刀が上京することになり、西郷は小松とともに精鋭の兵百名を率いて鹿児島をたち十月二十五日に着京する。

一方、坂本は十月四日に三田尻で長州藩の広沢真臣に会い、大久保の報告書を手渡す。[*50]

それにある、

「（長州）追討の名義いずれにありましょうか、もし、朝廷がこれを許されれば、非議の勅命に

て、朝廷の大事を思う列藩は一人も奉じますまい。」

といった言葉は、長州藩主父子やこの書状を見た誰をも感動させたに違いない。長州藩は永年ひたすら朝廷尊崇を掲げて力を尽くしながら朝敵にまでされ、藩の誰にとってもその無念さは言いようのないものであった。それが、ここに来てようやく、薩摩藩が朝廷と幕府に対して一矢《いっし》を報いてくれたのだから、その感激は一入《ひとしお》のものであったに違いない。

†薩長提携

慶応二年一月初旬に木戸孝允が京都薩摩藩邸に入り、薩長の提携についての話し合いが始まる。しかし、双方に事情やメンツがあって話はなかなか前に進まない。それでも、一月二十日に坂本龍馬が仲介に入ってようやく話し合いは前に進み、翌二十一日(または二十二日)に薩長盟約が結ばれる。これによって、薩摩藩は今後いかなる事態になっても長州藩の復権のために尽力し、それに邪魔をする勢力には断固対峙して、皇威回復に尽くすことで合意が成立する。

岩倉は前年十月七日付の中御門経之への返書で、「薩長を柱石にして一新、大に朝権を立てさせられたく思う」と書いていたが、この提携によって、いよいよその期待も現実味を帯びてくる。諸卿のあいだでも、従前からの長州シンパで、かつて天皇の処分を受けたこともある山《やま》階宮晃親王《しなのみやあきら》・正親町《おおぎまち》三条実愛《さねなる》・中山忠能《ただやす》らが岩倉具視の誘導で反幕の姿勢を強めて行く。

この盟約で重要な役割を果たした坂本が一月二十三日の夜半、寺田屋で伏見奉行見廻り組の襲撃に遭う。このとき、坂本の護衛役を務めていた長州藩士・三吉《みよし》慎蔵の機敏な行動もあって坂本らは助かるが、そのときのことを、三吉は日記に、

「急に京師西郷大人のもとに報ず。吉井幸輔（友実）乗馬で走り付けて尋問する。つぶさに事情を語る。また、西郷大人より兵士一小隊と医師一人を差し添え、坂本氏の治療手当、……実にこの仕向けの厚きこと言語に尽くし難し。（中略）

坂本一同ならびに妾（お龍）付き添い、京師薩邸に西郷大人の宿所に至る。大人出迎え直《じき》に居間に座し事情を語る。拙者は初めての面会なれど、その懇情親子の如し。」*51

と記している。

このあと西郷は二月末に、小松・吉井、それにこのとき薩長提携の件で久光の指示を受けて京都に来ていた桂久武らとともに鹿児島に帰る。その一行には、坂本龍馬と連合《つれあ》いの「お龍《りょう》」、それに中岡慎太郎と三吉慎蔵（この二人は下関で下船）も加わっていた。龍馬と「お龍」はこのとき薩摩で、後に「日本最初の新婚旅行」などと呼ばれる、湯治《とうじ》を兼ねた温泉巡りの旅をしている。

†大久保建白への賛辞

西郷の今回の帰藩は「割拠」に備えて、藩の富国強兵を図り戦争に耐えられる国づくりをすることであった。そのため、在藩期間はいつになく長く、十月下旬に京都にもどるまで七カ月半に及ぶ。この間に西郷は、西欧視察から帰国した五代友厚《ともあつ》の力を借りて機械紡績の技術などを導入して産業改革を図るとともに、イギリス式軍隊編成を採用して軍事改革を進める。

この西郷の在藩期間中に、長州再征の開戦と停戦があった。幕府から薩摩藩にも出兵命令があったが、既定の方針通り藩庁はそれを拒否する。このとき上方にいた大久保が四月十四日に老中・板倉勝静《かつきよ》を訪ね、謝絶の建白書を提出する。板倉は再征は勅命によるものだとして受け取りを拒否するが、大久保の再三の申し入れに板倉もついに折れ、建白書を受理する。西郷はそのことを鹿児島で聞いて、五月二十九日付で大久保に次のように書いている。

「閣老（老中・板倉勝静）へ建白書をご持参されご討論の段、つねながら貴兄の持ち前とは申しながらも雄々《おお》しいご議論、実に両殿（茂久・久光）様ご満足遊ばされ、よほど大久保よくやったと思《おぼ》し召《め》しでです。我等も、ともにありがたく、雀躍まさしくこのことです。ご建白の書面と言い、ご議論と言い、いずれも秀逸、誠に天下の耳目を集めることになります。御国家の美事、後世の青史（歴史）に正著まちがいありません。」

大久保に最大級の賛辞を送っている。幕府であろうと朝廷であろうと、いつもながら権力に毅然として立ち向かう大久保の「雄々しい」姿を称賛し、その手柄は「後世の青史に」遺るとその快挙を称えている。

†パークスとの会談

ちょうど長州再征の戦争が始まったころ（開戦は六月七日）、英国公使ハリー・パークスが薩摩藩の招待で、英国東洋艦隊司令長官キング提督とともにグラバー商会のグラバーらを伴い、プリンセス・ロイヤル号ほか二隻で来航する。三年前にはこの地で戦火を交えた両者であったが、パークスらは六月十六日から二十一日まで滞在して、今回は友好ムードのうちに互いに親善を図る。

しかしまた、長州と幕府との戦争最中とあって、この時期の英国公使の鹿児島訪問は、幕府ならびにそれとの関係を深めるフランスの両者を強く牽制するものであった。幕府はこのころ、生糸貿易をフランスに独占させて利益を挙げさせる一方、フランスから技術や資金の援助、それに軍事改革の指導などを受けていた。

西郷は六月十八日に藩代表として、ロイヤル号船上でパークスと会見し、その模様を在京の家老岩下方平に、

「(パークスが言うのに)大君(征夷大将軍のこと)などと唱えているのは叶うものではない。日本において両君がある姿で、外国では決してないこと。いずれは国王唯一の体におさめなくては済むまいとのこと故、とんと日本人、外国人に対して面目ないことと申しておきました。」

と伝えている。西郷も「いずれ国王」は天皇のみにし、「大君」などと呼ばれる、天皇に並び立つような存在はなくさねばならないと考えていたのだろう。

長州再征の失敗

長州再征の戦争(「幕長戦争」、長州側では「四境戦争」)は慶応二年六月七日に、幕府の軍艦が周防《すおう》大島を砲撃して始まり、続いて芸州口・石州口・小倉口(合わせて「四境」)でも戦闘の火ぶたが切られる。

長州軍は開戦時には圧倒的な数の敵兵と絶え間のない艦砲射撃で退却を余儀なくされるが、その後は善戦して、途中からは戦況をひっくり返し、七月十八日には浜田城を攻め落とし、続いて八月一日には小倉城も落とす。

二万人を超える徳川直属軍に三十一藩の諸藩兵を加えて総勢十数万とも言われる幕府軍に対

し、家臣軍団と奇兵隊から成るただ一藩の長州軍が戦いを優勢に進めたのだから、いかに長州軍の士気が高く、逆に幕府軍のそれが低いかがわかる。おそらく諸藩の軍にすれば、長州に対して特に怨みがあるわけではなく、また、長州処分は先の三家老の首級差し出しで済んでいるという気分もあって、戦意は盛り上がらなかったのであろう。しかも、この幕府軍の劣勢に追討ちをかけるように、七月二十日には将軍徳川家茂が大坂城で急逝する。

慶喜は七月二十八日に、家茂の死を世間に伏せたまま、将軍に代る名代として自らの出陣を朝廷に奏請して翌二十九日には勅許を授かる。徳川宗家を継いで征夷大将軍に就く前に、戦果を挙げておきかったのだろう。このとき、孝明天皇は勅許を与えるとともに、慶喜に剣《つるぎ》を授け、石清水八幡宮など七社・七寺の社寺に戦争勝利の祈禱を命じてもいる。

慶喜は旗本らを招集し自らの出陣を宣言するが、その直後に小倉城陥落の報が京に届き、八月十三日には出陣中止を発表する。幕府は八月二十日には家茂の薨去《こうきよ》を公表し、喪の期間の兵事を控えるとの理由で戦況不利の情勢を紛らわし、ともかく、徳川慶喜の徳川宗家相続を発表する。もっとも、このときは、慶喜は将軍就任については辞退している。

慶喜は出陣中止を発表したあと、八月十八日に勝海舟に停戦交渉に当たるよう長州出張を命じる。勝は最初固辞するが、結局は行かざるを得なくなり、広島に出向いて厳島《いつくしま》で長州藩代表の広沢真臣・井上馨らと交渉して九月二日に停戦を成立させる。

停戦と言っても、小倉口など「四境」で幕府軍はことごとく敗退しており、幕府側の無様《ぶざま》は誰の目にも明らかだ。将軍家茂が大坂まで進発し大軍をもって再征討を仕掛けたものの、長州一藩の兵力にすら勝つことができず、幕府の権威は地に墜ち、同時に、その征長に勅許を与え祈禱もした孝明天皇の威信にも傷がつく。

第五章　討幕へ

1　四侯会議の失敗

†開催の呼び掛け

小松と西郷は慶応二年（一八六六）十月十五日に鹿児島をたち二十六日に着京する。京都は朝幕ともに混迷の情勢で、そんななか孝明天皇が征夷大将軍の不在を嫌い、徳川慶喜に早期就任を勧告する。慶喜はそれを受け、十二月五日に征夷大将軍の宣下を受け、併せて正二位《しょうにい》権大《ごんだい》納言《なごん》（翌三年九月に内大臣）にも叙せられる。

ところが、突然にも、その孝明天皇がこの直後、十二月二十五日に崩御（享年三十五）する。死因は疱瘡《とうそう》（天然痘）による病死とされ、それが今日では通説になっているが、当時は、疱瘡の異様な容姿に変貌しての死もイメージされたのだろう、怨霊《おんりょう》説や毒殺説が世に広まる。

翌慶応三年一月九日に睦仁《むつひと》親王（満十四歳）が践祚《せんそ》（天皇の位を継承）し、それに伴う大赦によって、蟄居・謹慎等の処分を受けていた王政復古派で薩長寄りの公家たちが次々に復帰し、同時期に、再征長軍の解兵が発表され、三条実美ら五卿の帰京も許される。

このような流動する政治情勢のもと、小松・西郷・大久保は薩摩・越前・土佐・宇和島の雄藩諸侯による「四侯会議」開催の呼び掛けを決め、西郷はそのためにさっそく慶応三年一月二十二日に京都をたって帰藩し、その件を藩議に諮《はか》り、藩議は西郷の申し立て通りの決定をし、久光の上京も決める。

西郷はその結果を受けて、直ちに高知の山内容堂《やまうちようどう》と宇和島の伊達宗城《むねなり》を訪ねて、四侯会議開催の趣旨を説明し、両侯に上京を願い出る。宇和島から鹿児島にもどって、その間のことを大久保に、二月晦日付の手紙で次のように伝えている。

「一同の御会議（藩議）をお願いしたところ、……、皆そろわれて、議論を持ち出したところ、案外と老先生方のご議論盛んなことで、速やかに（久光公の）ご上京の件が決まり大慶のことです。もしこのたび、衆議で決められないか、または（藩主父子の）ご決定がないときは、退身のつもりでしたので、強く申し立てもせずにいましたが、案外のことで、吾輩は飛揚このことです。……。

十三日夜半より出帆し、容堂侯へご使者を勤め、巨細《こさい》申し上げたところ、気味のよいご返答で、生きて再び帰らずとまで仰せられた由、しごくご決心された様子で有り難い次第です。……。宇和島はよほど因循のお説にて、上京されるとはご返答ありましたが、覚束《おぼつか》なく思われます。」

西郷は、四侯会議開催の提案が決定されない場合は、自分は「退身のつもりでした」と言う。四侯会議に相当の期待をかけてもいたのだろう。このあと西郷は、慶応三年三月二十五日に久光の上京に随従して七百余りの兵を率いて鹿児島をたち、四月十二日に入京する。五月には、松平慶永・島津久光・山内容堂・伊達宗城が京都に出そろい四侯会議が開かれる。

これらの諸侯がこのとき直ちに出そろったのは、同時期に幕府からも上洛の要請があったからだ。慶喜は征夷大将軍に就き、それを機会に諸侯を京に招集し、期日が迫っている兵庫開港問題の解決を図ろうとしていた。慶喜はこの三月末には、英仏米蘭の各国代表を大坂城に招いて将軍就任お披露目の式典を開き、自身の外交権のもとで兵庫開港問題等についても処理に当たると宣言していた。この時期、西郷らと慶喜はともに諸侯の会議を開いて、それぞれ自身の側のイニシアチブで局面の打開を図ろうとしていたのである。

山内容堂

†久光への進言

このころ西郷が、久光に四侯会議や将軍慶喜への対応について進言した書状が四通も遺っている。その進言内容は次のようなものである。

「三カ条（長州処置・五卿処遇・兵庫開港の三件）のご難題の処置については、いずれ理と勢いを明らかに察せられ、順序立てて進められなければ、ことごとく瓦解すると思われますので、第一に長州の処置は、……。」

「長州の冤罪《えんざい》をお解きになれば、天下人心が定まるのは出来《しゆつたい》（必然）。……。長州ご処置を先に仰せ立てられるべきです。兵庫開港の件はあとに廻されるのが理勢にかなうことで、……。」

西郷がここで、長州処分の先決を力説しているのは、それの評議過程を通じて、幕府による長州再征の失敗が明らかになるとともに、長州処分でこれまで幕府が取ってきた方針や施策の失敗が明白になると考えているからだ。それらを明らかにした上で、五卿処遇問題や兵庫開港問題の評議をすれば、それらの問題はおのずと解決されると見込んでいるのである。

それに対して、慶喜の方は、兵庫開港の布告期日（条約によって、開港は慶応三年十二月七日で、その半年前のこの年六月七日が布告の期限）が目前に迫っているため、それの決着こそを喫緊の要務としていた。長州処分問題については、この時期、できれば先送りにしたいぐらいの気分であっただろう。

西郷はその慶喜について、久光への書状で、

「大樹公（将軍）は譎詐《けつさ》権謀のお方《かた》故、ご正論をお凌《しの》ぎ（押し伏せ）になるのは明らかで、ご論を引きのがし（言いのがれをし）、裏に廻られるか、またはご改心の姿をもって欺かれるかと存じます。」

などとも進言している。西郷はここで慶喜のことを「譎詐権謀のお方」と言っているが、慶喜を評して「譎詐（偽り欺く）」とする言い方は、このころ西郷らのあいだで常套語のようになっていた。大久保はこれより以前に「一橋は譎詐無限で趣意隠然」[*52]などと書いている。西郷はまた、久光に次のようにも進言している。

「いずれ、天下の政柄（政権）は天朝に帰し奉り、幕府は一大諸侯に下り、諸侯とともに朝廷を補佐し、天下の公議をもって処置を立て、外国の定約においても、（幕府ではなく）朝廷の御処置とされて、天下の公議をもってお扱いになれば、たちまちにして実が上がり、万民初めて愁眉《しゅうび》を開き（安心して）皇国のために力を尽すことを願い、人気振るい起こり挽回の期に

至り、一新致すべきことと、大道をもってご論解あらせられたきことと存じます。」

ここに西郷らの考えていることがよく表れている。徳川家も島津家などと同列に「一大諸侯に下り、諸侯とともに朝廷を補佐して」いくべきだと言う。これについて久光に異論があるはずはない。島津家は今では「外様大名」であるが、関ヶ原の戦い以来の関係からしても両家は対等の関係にある。その島津家の「国父」たる久光が、徳川家が自分たちと同列の「諸侯に下り」と考えるのは当然である。

なお、ここで西郷は「幕府は一大諸侯に下り」と書いているが、この「幕府」は正確には徳川家とすべきところであろう。幕府というのは征夷大将軍を奉じる、その武家政権を指すのであるから、その政権が「一大諸侯に下」るというのはおかしな言い方になる。つまり西郷は、徳川家から征夷大将軍を剝奪して、徳川家を「一大諸侯に下」らせ「天下の政柄は天朝に」返させるべし、と言っているのである。

なお、この当時、すでに本書でも何度か出てきたように、「幕」という言葉もよく使われており、それは大まかには「幕府」を指すと見てよいと思われるが、しかし、これも厳密には幕府一般を指すというよりは、徳川幕府ないしは徳川将軍家のことを指すと考えられる。その点で、後に触れるが、当時よく使われている「討幕」も、多くの場合、幕府あるいは幕府政権そのものを打倒するというよりは、徳川将軍家を討つという意味合いの濃いものであると見られる。

†「一大戯場の観」

四侯会議は数回開かれ、四侯と将軍慶喜との交渉も持たれるが、結局のところこのときもまた、先の「参預会議」のときと同様に諸侯と慶喜間での折り合いがつかず、最終的には長州処分についても兵庫開港についても、決定は五月二十三日の公卿たち中心の朝議に委《ゆだ》ねられる。

そうなることも慶喜の目論見のうちにあったのだろう、朝議は例のごとく長丁場《ながちょうば》になって延々と二十四日まで続くが、結局は、朝議操作に長《た》けた慶喜の思う壺にはまり、長州処分については「寛大の処置」にするという曖昧な決定で収拾が図られ、兵庫開港については条約通りに十二月七日に開港することで決着がつく。

「寛大の処置」では、何も決めていないのと同じである。四侯側が主張した、長州藩主父子の官位復旧や領地削減はしないといったことには一切触れられず、そのため、長州藩はなお罪状を抱えたまま入京も許されない状態に留め置かれる。

この二日にわたる朝議について、四侯会議のメンバーの伊達宗城は『在京日記』の五月二十四日の条に、

伊達宗城

「大樹（将軍慶喜）公、今日の挙動、実に朝廷を軽蔑すること甚だしく、言語に絶する。[*53]」

と記し、松平慶永も両日の朝議を「（慶喜の）一大戯場の観」であったと評している。[*54] また、慶永側近の中根雪江は、慶喜の態度を憂えて、慶喜の側近・原市之進に、

「いろいろ訳あることにせよ、天下かまびすしく討幕の声を鳴らす勢いとなれば、恐れながら幕府のご権柄（政権）もその限りまでにも、[*55]……。」

と忠告の手紙を送っている。

中御門経之などは、義弟の岩倉具視に、

「昨日の件、委細は賢息や賢孫からお聞きの通り、実に言語に絶する次第。何とも悲歎このことです。……。内奸の誅戮《ちゅうりく》は断然、朝敵の名をもって討幕のほかはないものと存じます。[*56]」

と書き送っている。この五カ月ほど後に出る「討幕の密勅」をうかがわせる言動である。

薩摩藩指導部のなかでも特に西郷は、このたびの四侯会議開催に力を入れ、その成り行きを見守っていたが、またもや、将軍慶喜の権力と手練手管によって手痛い敗北を喫する。

以前にも薩摩藩は、元治元年（文久四年）初頭に久光が挙国一致の国是を評議するために立

ち上げた「朝廷参預」による「参預会議」を慶喜にわずか三カ月足らずでつぶされ、また、慶応元年九月の長州再征ならびに通商条約の勅許のときも、大久保の懸命の朝廷工作にもかかわらず、結局は、慶喜の巧みな朝議操作によって敗北を喫していた。

薩摩藩は外様大名であったこともあって、中央政治に関しては一貫して、諸侯や雄藩と連携して朝廷や幕府に働き掛ける方策を取ってきたが、ここに至って西郷・大久保らは、いよいよ、そういった従来のやり方ではどうにもならない、厳しい現実を悟らねばならないことになる。

2 長州との「挙事」

†「挙事」の内容

四侯会議の失敗を受けて、薩摩藩は慶応三年(一八六七)五月二十九日、[*57] 京都藩邸で重臣会議を開く。出席者は城代兼家老の小松帯刀をトップに大目付兼家老事務取扱の関山糺、側役の西郷吉之助・大久保一蔵・田尻務らである。

その会議のことを、出席していた新納嘉藤二《にいろかとうじ》が、

「これより先の策を相談、長(長州)とともに挙事の議、粗定《ほぼさだ》まる。」

と記録している。

ここにある「挙事」がどういうことを指すのか、この記録だけではわからないが、このあと長州藩側が薩摩藩首脳からそのことを伝えられた史料から、その内容を知ることができる。

薩長盟約を結んだ前年の春以来、長州藩士の品川弥二郎が京都薩摩藩邸に潜伏して、京都の情報を国元に知らせ、また、国元と薩摩藩との連絡を取り持つ仕事もしていた。四侯会議の開催に合わせて、さらに山県《やまがた》狂介（有朋）と鳥尾小弥太が、それ以前に来ていた井上聞多（馨）と伊藤俊輔（博文）と入れ替わるようにして入京し、薩摩藩邸に潜伏する。

そして、六月十六日には山県と品川のふたりが島津久光に謁見し、久光から薩摩藩の重大な決意と西郷の長州派遣を伝えられ、さらに同夜、小松ら幹部と会合して意見を交換する。山県と品川は連名で、その会合のことを国元に次のように伝えている。


「西郷・大久保・伊地知列座にて小松曰く、今日主人（島津久光）よりもお話しした通り、幕府の譎詐《けつさ》奸謀《かんぼう》は尋常の尽力にてはとても挽回の機これあるまじく、ついては長薩連合同心戮《りく》力《りょく》して大義を天下に鳴らしたく、……。ついては不日（まもなく）、吉之助を差し出し、御国一定不抜の御廟議もうかがいたいとのこと、……。」[*58]

「尋常の尽力にてはとても挽回の機」なく、「長薩連合同心戮力して大義を天下に鳴らし」とあることから、山県らが聞いていることは、兵力をもって徳川幕府と戦うことであったと見て間違いはない。山県は久光に謁見した際に、久光から六連発の拳銃を授けられたのに感激して、

「向かう仇　あらば撃てよと　賜りし　筒《つつ》の響きや　世にやならさん」

と歌を詠んだと言われている。*59

今日では一般に、当時の幕府を倒そうとする運動を、武力によらないものも含めて「倒幕」と呼んで、歴史上この用語が多用されているが、当時実際に使われていた用語はもっぱら「討幕」で、「倒幕」という用語は見当たらない。慶応三年五、六月に、薩摩側が言い、長州側が聞いた「挙事」は、純粋に兵力にもとづく「討幕」と理解して問題はない。

実際、このあと山県・品川は薩摩船・豊瑞《ほうずい》丸に乗って帰藩し、直ちに復命書を提出するとともに、山県は薩摩との共同作戦案を藩庁に提示して、

「第一、時日を刻し暫時《ざんじ》に浪速城（大坂城）を落とし、山崎・八幡・天保山の砲台を奪う儀、最も緊要かと存じます。第二、……、奸賊一橋（慶喜）を殺戮《さつりく》し、朝廷の鴻基《こうき》あい立てたきことかと存じます。*60」

などの五カ条を建言している。

薩摩藩側でも、黒田清隆は大坂で山県らを送ったあと、そこから六月二十四日付で国元の黒

田嘉右衛門（清綱）に送った手紙で、

「この節、品川弥二郎など帰国の折、村田新八と拙者同伴で下坂いたし、今に滞坂し、とくと花城（大坂城）あたりの動静をうかがっているところ、……。」

と前置きして、

「お国元より人数お差し出しになり、是非花城をお抜き遊ばされたく、そのご英断あるときは、精兵一大隊、六小隊……、大砲四挺、白砲六挺、……、ご用意ありたく。（中略）兵庫港に幕艦・回天丸・黒龍丸の二艘、ほかに買船三四艘ぐらい碇泊の由、是非花城を抜くときには、……同時に不意に襲撃して、……。」*61

などと伝えている。ここで黒田が書いていることは、山県・品川が共同作戦案で挙げている「第一」に完全に符合する。

†久光との考えのずれ

大久保は「六月」付で、国元にいる側役・蓑田伝兵衛宛に次のような出兵準備の指示書を送っている。

「ついに幕府が朝廷を掌握し、邪をもって正を討ち、逆をもって順を伐《うつ》の場合に至っては、案中の勢い故、今いっそう非常のご尽力をなされ遊ばれたい。この上は兵力を備え、声援を張ってご決策の色を顕《あらわ》され、朝廷にお尽くしせずしてはなかなか動き兼ねますので、長州へもお使いを差し立てられる予定です。

ついては、兼ねて、ご模様により太守様（藩主島津茂久）ご出馬仰せ出られて、このたびは自らご上京あらせられるところですが、ひとまず軍艦三艘で一大隊の兵士を差し出され、それが帰帆の上、直にご乗船・ご上京のご用意をされたく、……。

右、一大隊兵士出帆期限の件は長州の模様によって緩急あるので、西郷吉之助自ら差し越し、同人より何分お国元に報知があるはずですのでお待ち合わせ下さい。どのような流説等があっても一歩も動かれないように。[*62]」

久光も六月七日付で藩主茂久に次のような親書を送っている。

「幕府も十分反正せずに、（五月）二十三日・二十四日に参内して夜通し（の朝議で）朝廷に迫り、開港等無理に勅許に成った次第、切歯・歎息の至りです。摂政殿下（二条斉敬）・尹宮（中川宮）・鷹司前関白など、幕の賄賂に目がくらみご失体の儀、恐れ入ります。それ故、下拙（私）は参内も足痛でお断り申し上げました。[*63]」

い。

　これからして、久光が西郷や大久保らと同様に、幕府の狡猾で強引なやり方と、朝廷首脳の腑甲斐《ふがい》なさに憤懣やる方ない気持ちでいることは明らかだ。しかし久光が、長州藩の山県や薩摩藩の黒田が先に書いていたような、具体的な挙兵計画までを知っていたかどうかは定かでない。

　なお、上で久光は、摂政や中川宮らが「賄賂に目がくらみご失体の儀」と書いているが、これは以前に、久光が慶喜から名指しで、「どうして宮（中川宮）はご信用遊ばれるか。大隅守（久光）へはお台所（家計）お任せなされているにより」云々などと誹謗されていたのとまったく同じことだ。朝廷の大官が「賄賂」を受け取るのは常習化していたようだ。

　久光は六月十八日にも茂久に親書を送っていて、その際に、大久保が蓑田宛に送った上掲の出兵準備指示書を別紙として送っているので、大久保が上の出兵準備の指示書を国元に送ることは久光も承知していたことになる。しかし、親書としたその本文では、

「人数（兵隊差出）の儀、申し越してくるでしょうが、この節まではご出張には及びません。きっとご出張の説も起こるでしょうが、必ずお見合わせの方がよろしいと存じます。」*64

と書いており、大久保が上で、「ご乗船・ご上京のご用意をされたく」と、茂久の上京を進言しているのとは違っている。久光が考えていることと、大久保や西郷らが考えていることと

は、必ずしも一致していたわけではない。
もっとも、久光は詳細を知りながら、承諾した形を取らずに、彼らのするようにさせていたとも考えられる。当時の君主は、家臣の言うようにさせておいて、それが仇《あだ》となった場合は、その責任をその者に取らせるやり方をよく取っている。長州の毛利敬親などは、そういうやり方を常套にしていたのであろう、「そうせい侯」などと渾名《あだな》されている。実際、長州では敬親のもとで長井雅楽《うた》、禁門の変を指揮した三家老、またその後には周布《すふ》政之助、椋梨《むくなし》藤太など、藩政の指導者たちが次々に死に追い遣られている。

3 薩土提携

†「薩土密約」

さてこの時期、薩摩藩在京指導部は土佐藩との提携も進めている。慶応三年(一八六七)の五月二十一日に土佐藩参政の乾《いぬい》(板垣)退助や谷干城《たてき》らが、中岡慎太郎の誘導で小松の宿舎を訪ね、小松・西郷・吉井らと会談をする。そのときの模様を、板垣(乾)が後に『無形(板垣)伯旧夢談《きゅうむだん》』で次のように語っている。

「（同志の皆と相談して）それなら、僕が西郷に面会しよう。そして、我が（土佐の）藩論が正に帰さなければ、僕は国に帰って同志を糾合し討幕の義挙に一臂《いっぴ》を添えたいということを、……、西郷に伝えたいと云うと、石川（中岡の変名）は手をたたいて、それは妙計だと喜び、君の志がそのごとく勇壮であるなら、僕（石川）は京にいて弾薬火器の供給をすると云った。

そこで、西郷らとの会見ということになった。私は一夕、谷・毛利（恭助）とともに西郷に小松帯刀の根寓《ねぐら》で会った。……。石川は私の話に継いで、僕は薩摩藩屋敷に人質となって、万が一、乾（板垣）が言に反すれば、僕もまた屠腹して死ぬと云った。西郷は私どもの話を聞き、これは近ごろにない愉快なお話に接した。一議に及ばず。拙者（西郷）は賛成すると快諾した。*65」

板垣が「討幕の義挙」への熱い思いを語り、中岡もそれに賛同するのを聞いて、西郷は「近ごろにない愉快なお話」だと直ちに「快諾した」と言う。谷干城は後にこの会談について、「都合六人で密約ができたが、これは（土佐藩）政府を離れて全く有志間の極密約であった。*66」と語っている。このあと藩代表同士で結ばれる薩土盟約とは別に、両藩有志で交わした「薩土密約」があったことになる。

†薩土盟約

板垣はこのあと山内容堂の帰国に同行して京都をたつが、それと入れ替わるように、土佐藩参政の後藤象二郎らが六月十三日に坂本龍馬とともに長崎から上京して、龍馬の仲介で西郷らと交渉を始める。

このころの土佐藩と薩摩藩との交渉や薩摩藩の内情については、土佐藩士・寺村左膳（道成）の記録からかなりのことがわかる。寺村は山内容堂の側近で容堂の帰国後も京都に留まって、薩土盟約の締結にかかわるとともに薩摩の内情を探索していた。その寺村の日記の六月十八日の条に次のようにある。

「薩藩田中幸介（後の中井弘）は後藤とことのほか懇意の由にて、日々出会するということの人、後藤氏の大議論に同意なり。当時在京していた西郷吉之助等の論議は余りに暴論で、とても行えるものではない。それよりも後藤氏の目的のごとく運ぶべしとの見込み。

西郷吉之助の論は、かれこれ議論するも益なし、早々兵端を開き、幕府を討たんとする見込みなり、ということ。[*67]」

ここにある田中幸介は脱藩経験のある薩摩藩士で、このころイギリス密航から帰国して薩摩藩京都藩邸に出入りしていた。田中は脱藩後土佐に渡った関係で後藤とは古くから懇意で、このころ西郷らの論を、「かれこれ議論するも益なし、早々兵端を開き、幕府を討たんとする」「暴論」と見て、後藤らの論に与《くみ》していたようだ。

この田中の話からすると、薩摩の西郷らと土佐の後藤らとでは、相当に考えが違っていたはずだが、両者が精力的に交渉を進めたのか、六月二十二日に薩土盟約を結んでいる。

この薩土盟約について、西郷は七月七日付の山県・品川両名宛の手紙で次のように書いている。この手紙は、西郷が長州に行けなくなって、その代りを務めた村田新八が持参したものである。

「(貴兄らと) ご堅約しました後、土州の後藤象二郎が長崎表より参り来て、容堂侯のご帰国をはなはだ残念がり、大いに憤発して大論を立て、……、その上、死をもって尽くすべしと盟《ちかい》を立て、弊邸へも談判がありましたので、実に渡りに船を得た心地がして、すぐさま同意致したことです。それゆえ、いろいろ日間《ひまど》取りして(長州訪問が) 遅れてしまい、はなはだあい済まず、……。

後藤より盟約書を認《したた》めこれをもって議論一決致しました。右の書面差し上げますので、とくとご覧ください。後藤も当月三日にここをたち帰国しますので、国論（土佐の藩論）決着の成り行きはいずれ一左右《いっそう》（一報）あるはずですので、分かり次第またまた報告します。……。別紙の後藤よりの書面（盟約書）でご異論のところもありましたら、なにとぞ村田へ仰せ聞かせ下さい。なお、（長州の）御国論のところも差し支えない分はお洩らし下さい。あとのことは細大、村田よりお聞き取り下されたく文略させてもらいます。」

ここで西郷が「後藤より盟約書」と書いて、長州側に渡しているものが薩土盟約書の写しである。八カ条から成る「約定書」のなかから三カ条を引いておく。[*68]

一、……。その要《かなめ》、王政（制）復古、[*69]……。国に二王なし、家に二主なし、政刑一君に帰す。これその大条理。……。

一、天下の大政を議定する全権は朝廷にあり。我が皇国の制度法則一切の万機、京師の議事堂より出《い》ずるを要す。

一、将軍職をもって、天下の万機を掌握する理はない。自今（今より）よろしくその職を辞して、諸侯の列に帰順し、政権を朝廷へ帰すべきは勿論なり。

盟約の要点は、「王政（制）復古」を謳《うた》い、朝廷のもとに「議事堂」を設けて「制度法則一切の万機」を（朝幕二途ではなく）一途より発するようにし、徳川家には政権を朝廷へ返上させ、「将軍職」を辞めさせて「諸侯の列に帰順」させる、ということになろう。

もっとも、上の手紙で西郷が「実に渡りに船を得た心地がして、すぐさま同意致した」と書いているのは、一般には、盟約が結ばれただけではなく、後藤が帰国して「国論決着」の上、直ちに兵を引率して上京すると約束したからだと言われている。しかし、後藤の率兵再上京の約束が、どのようになされたのかはよくわからない。また事実、これ以後に後藤が率兵上京することはなかった。

†率兵約束の真偽

後藤は帰国の前々日に、宇和島藩主・伊達宗城《むねなり》のところに帰国の挨拶に行っているが、宗城はそのときのことを七月一日の日記に次のように記している。

「後藤参。明後日出立の由。……。薩の西郷は目下《もっか》戦いの意気あり。象（象二郎）より重々留め置いたが、この方（宗城）よりも（話が）出れば重々戒めてくれるようにと申すので、承知したと申しておいた。

また云う。会桑ではことのほか気を付けており、もしサツ（薩）の三人小・大・西（小松・大久保・西郷）などへ召し捕る策などを施せば、直《じき》にヤブレてしまう大事と申す故、実々左様なり。」

これによると、後藤は西郷の「戦いの意気」を心配して「重々留め置いた」ことになり、その後藤が西郷に率兵再上京を約束するなどというのは考えにくい。しかし一方、西郷が後藤から実際に「重々留め置」かれたというような形跡はないし、またその後、宗城から「戦いの意気」を戒められたような形跡もない。

これらからすると、後藤は二枚舌を使っていたことになり、西郷は土佐藩兵の上京については、最初から後藤に乗せられていた可能性がある。西郷が後藤の率兵再上京をどうして信じるようになったのかはよくわからない。[*70] しかし、西郷がそれを信じて待っていたことは事実のようだ。後藤が離京した一カ月後の慶応三年八月四日付の桂久武宛の手紙で、西郷は次のように書いている。

後藤象二郎

「土州の憤発、近来国論も定まり、後藤象二郎の大議論も容堂侯がご許容になったことは一左右ありました。……。先月中には是非後藤など上京の筋申し来ていますが、いまだ着かず。決して議論が変わったということではなく、長崎で英国人殺害に遭い、土州人へご不審がある由で、段々難しくなっていると聞いています。」

西郷はここで、後藤の「大議論も容堂侯がご許容に」なって「土州の憤発、近来国論も定ま」ったとしており、後藤の再上京が遅れているのは、英国人水夫殺害事件の容疑が土佐人にかかっているためだと言う。後藤と交わした約束に変化があったとは考えていない。

また、その後、実際に後藤が再上京してきたとき、西郷は最初に大坂で後藤に会っているが、そのときに交わした会話の記録からも、やはり西郷が後藤の率兵再上京を信じて待っていたと見られる。後藤に同行していた寺村左膳が大坂で西郷と会ったときのことを、次のように記している。

「九月三日着坂。左膳・象二郎両人、西郷吉之助の旅宿へ行き面会。その節の応答の大略次の通り。

一、第一、吾が藩の出兵のことを問うたのに付き、国元には用意しているが、未だ発していない。一左右次第で上京のつもりだと答えた。[*71]」

西郷はやはり、後藤に会うなり最初に土佐藩の「出兵のことを問うた」ようだ。土佐側はそれに対して「一左右次第で」兵が呼び寄せられると答えている。

しかし、この答弁は明らかに虚言である。これ以前に容堂はすでに兵を用いることを禁じ、また、土佐藩庁は八月二十日に「御国論（藩是）」を定め、そのなかで徳川慶喜に対して大政奉還を促す建白をすることを決め、同時に兵隊の出動は見合わせることを決めている。[*72]

桂宛の上の手紙で西郷は、後藤の「大議論も容堂侯がご許容になった」と書いているが、これも、西郷が実際にそう聞いていたなら、偽情報をつかまされていたことになる。

後藤もいろいろと複雑な事情をかかえていた。土佐藩大監察で京都探索の命を受けて上京していた佐佐木高行は自著の『保古飛呂比《ほごひろい》』で、高知に帰着した日のことを次のように書いている。

「八月三日、五つごろ高知着。……。今日ちょっと乾（板垣）退助に面会する。乾は大いに不平で、後藤は大政奉還がされれば、即日将軍（慶喜）を関白に申し立てるつもりだと言っている。そのような精神ゆえに、出兵等は深く嫌い、老公によいことを申し上げ出兵のご沙汰は止まった（と板垣は言う）。（中略）

また、後藤にちょっと面会したところ、曰く、自分も実に困却している。兼ねて約束の通り、二大隊の兵は速やかに出す心得のところ、老公の思召しは、大政返上等の周旋をするのに、後ろ楯に兵を用いるようなことは、強迫手段であって不本意千万なり。天下のために公平心をもって周旋するのに、どうして兵を後ろ楯とするか（と言われた）。」*73

後藤は佐佐木に対して「二大隊の兵は速やかに出す心得」だったけれども、容堂公の反対にあったと言ったようだが、それは、伊達宗城の日記にある「西郷は目下戦いの意気あり。象（象二郎）より重々留め置いた」という記述に矛盾する。佐佐木も西郷と同様に、出兵の件では後藤から適当なことを聞かされていた可能性がある。政治家・後藤の腹の内はわからない。

†飛躍の言動

ところで、少し話はもどるが、西郷は七月二十七日に大坂でアーネスト・サトウと会見している。そのときに、英国水夫殺害事件のことが話題になり、それについて西郷は上でも引いた八月四日付の桂久武宛の手紙で次のように書いている。

「ミニストル（英国公使パークス）より言って来ているのは、このたびのようなことが到来すると、このようにまで親睦している（薩英）両国のあいだでも、たちまち瓦解してしまうことになるので、よくよくそのところをくみ取って、壮士たちへも十分に注意してほしいとのことでした。（中略）

もしや御国（薩摩藩）に右のようなことがあったなら、私はご相伴《しょうばん》に割腹して謝らずしては、これまでの親睦は水の泡になってしまうと決着しています。

このたびの土州の談判に加わって、私の首を質物に差出す含みに決めておりましたが、これもせずに済みました。ただ、異人を圧倒すべきことはただ一つ、これにあると兼ねてから考えています。異人は自刃することはできない由ですので、目前にて見事に割腹すれば、少しは胆《きも》を冷やすことだろうと考えています。」

英国人水夫殺害事件が起きたことで、英国側から受けた注意を国元の桂に知らせているのだが、そのなかで西郷は、自分も「このたびの土州の談判に加わって、私の首を質物に差出す含みに決めておりました」と言う。土佐藩の嫌疑が晴れて、そういうことはせずに済んだが、どうやら西郷は、自分自身が異人の前で割腹することを大まじめに考えていたようだ。

いかにも西郷が考えそうなことだが、それにしても、もしほんとうに西郷がこのとき、そんなことを考えていたとすれば、西郷は薩土盟約の履行や長州との「挙事」のことなどを、いったいどの程度真剣に考えていたのか、大いに怪しまれる。土佐藩の水夫殺害嫌疑の処理のために自分が死んでしまったのでは、薩土盟約や長州との「挙事」のことなど何もできないことになる。西郷の言動には、ときおり、こういった飛躍や本末転倒気味のところが見られる。特に、上のように自分の死が何かに使えると思ったときに、その傾向が急に頭をもたげるようだ。

4 挙兵問答

†「三都一時」の挙兵計画

話を薩長間の動きにもどす。西郷の代わりに村田新八が長州へ行ったあと、長州藩の直目付《じきめつけ》の柏村数馬《かずま》と参政の御堀《みほり》耕助が慶応三年八月十一日に入京して薩摩京都藩邸に入る。長州藩としては、薩土盟約が結ばれたあとの成り行きをより正確につかむ必要があったのであろう。

ふたりは直ちに、そのときまだ京都にいた久光への謁見を申し込むが、薩摩側は久光の所労（病気）を理由に断っている。そのあと八月十四日に、柏村・御堀両人は小松・西郷・大久保の三首脳と会談をしてその内容を、国元の藩庁にできるだけ正確に報告するためであろう、柏村が「我（長州藩）」と「彼（薩摩藩）」という質疑応答形式でその模様を記録している。それから、抜粋する。*74

「我　右のように（薩摩側が「弊藩はもはや人事は尽くし、この上は兵力をもって」云々と述べたこと）お聞きするところでは、定めてご秘策もお持ちのことと存じます。これまた帰国の上、（藩主）御父子様へ申し上げたく、できますれば委細をお聞かせいただきたく思います。

彼　薩邸に兵員千人余りおりますので、期を定めてその三分の一は御所の守衛に繰り込み、このとき正義の堂上方が残らず参内され、お詰《つめ》になる。今一分は会津（藩）邸を急襲し、残る一分は堀川辺の幕兵屯所を焼き払う策です。かつ、国元に申しやって兵員三千人を登らせ、これをもって浪速城（大坂城）を抜き、軍艦を破砕させるつもりです。

なお、江戸表には定府《じょうふ》の者そのほか取り合わせ千人ぐらいまかりおり、そのほか水戸藩浪士等同志が所々に潜伏していますので、これをもって甲府城に立て籠もり旗下《きか》（幕府側）の兵隊を京師に繰り込むのを支える（防ぎとめる）つもりで、期を定め三都一時に事を挙げる策略で、もとより勝敗は予期できるものではなく、弊国斃れるときはまた、あとを継ぐ諸侯・藩もあると、それを見詰めて（見込んで）一挙動する心算です。

我　逐一承知しました。右のような事態に立ち至ったときは、自然、（御所が）出火して新帝（天皇）が火除《ひよ》け遊ばされる節は、いずれにご治定（お移りに）なられるのか承りたい。

彼　まず、男山（石清水八幡宮）と治定しています。いずれご混雑にもなるでしょうが、期限前後にお立除《たちよ》け遊ばされるかどうか、取り入ったお話は今日は申し難いところです。」

以前に山県・品川が、小松・西郷らから長州との「挙事」のことを聞いていたが、柏村らは改めて薩摩藩の立てている「秘策」を具体的に聞き出そうとしている。それに対して、小松・西郷らは「三都一時」の挙兵計画を長州藩に告げている。

もっとも、「三都一時に事を挙げる策略」と言っても、それは幕府と全面対決をしようとするものではない。要するに、御所を封鎖してクーデターを起こすもので、天皇の身柄を確保してその動座（御所から他所への移動）もあり得るものだ。

薩摩側も一藩の兵をもって幕府と全面戦争ができるなどとは考えていない。大坂で「浪速城を抜き」と言ったり、幕府方が江戸から「兵隊を京師に繰り込むのを支える」などと言ったりしているのは、いずれも京都でのクーデターを成功させるためのものである。

†「討幕は仕らず」

さらに、長州側の質問に対して薩摩藩側は次のように応えている。

「彼　前にお話申し上げた件、もとより（兵員）少数につき不意に起こさずしては仕損じますので、急挙を専一にして策を立てている故、弊藩でもごく密議にして、君侯以下両三輩のほかは預かり聞いている者はなく、堂上方へも当日に至ってご内通する含みで、遂げられるかどうかは万々覚束ないのですが、打ち破るだけのことは且々《かつがつ》できるかと考えています。弊藩において討幕は仕《つかまつ》らず、事を挙げるのみ[*75]、後に、時宜により討将軍の論旨（史料によって「倫旨」となっているものもあるが、「論旨」も「倫旨」も綸旨の誤字と思われる）は差し出されるでしょう。これはご同志の堂上方よりあらかた（天皇の）ご内意を探索されているとのことです。」

このところの前段の説明からも、上にある「一挙動」が突発的に禁裏御所を封鎖するクーデターを指すことがわかる。そして、そのクーデターは、これまでの経緯やこのあと実際に起きた十二月のクーデターからして、天皇を確保し、政変によって王政復古を果たし、新政権の樹立を目指すものであったと考えられる。

ところで、上の後段部分で薩摩藩側が「弊藩において討幕は仕らず」と言っているところが、本書のこれまでの論述の経緯からしてもいささか問題になる。実際、西郷ら薩摩藩指導部がこう言っているのを取り上げ、近年、数人の歴史学者がこの時点で薩摩藩に討幕の意志はまだなかったと主張している。[*76]

しかし、どうであろうか。「討幕は仕らず」に続いて、「事を挙げるのみ」と言い、さらにそれによって「後に、時宜により討将軍の綸旨（勅書）は差し出されるでしょう」と言っていることからして、薩摩藩がクーデターを実行してそれがうまく行けば、その後に朝廷より「討将軍の綸旨」が下り、それによって諸藩も加わり、「討将軍」すなわち討幕が進むだろうと言っているのではないか。「討将軍」は征夷大将軍を討つという意味になるから、「討幕」すなわち徳川将軍家ないしは徳川幕府を討つことと同義と見て問題はない。

それに、西郷ら薩摩藩指導部はこれまでにも何度も「挙事」のことなど、長州側と徳川幕府を討つ話し合いをしている。長州側は幕府と戦争をして、今も停戦状態にある。その長州藩と共闘しようとしているのに、その薩摩藩に討幕すなわち徳川幕府を討つ意志がないなどとは言えないであろう。

長州藩は今なお入京は許されておらず、御所でのクーデターに参加することができないが、「討将軍の綸旨」が下れば、先頭を切って討幕に加わることになろう。実際、そのことは、このあと四カ月後に現実のものとなる。

†「討幕」の意味合い

西郷ら薩摩側がここで「弊藩において討幕は仕らず」と言っているのは、薩摩藩としては

「討幕」をあまり口にしたくない事情もあったからだ。当時、薩摩藩は各方面から何かにつけ、徳川家を倒して天下の覇権を握ろうとしていると見られていた。土佐藩の寺村左膳の記録によると、薩土盟約の交渉を進めていたころ、後藤が薩摩側に、

「このごろ密《ひそ》かに聞く事あり、貴藩は長州と約して兵を挙げ幕を討つとの意、……。それは理を得るといえども未だその時を得ず、今の時に当たっては真の叡慮（天皇のお考え）より出ないものは私闘の責を逃れ得ない。*77」

と説いたとある。ここにある「幕」という言い方は前述のように、幕府一般というよりは、徳川将軍家ないしは徳川幕府を指すものであろう。西郷らも「幕」との戦いが、徳川幕府を倒して自分たちが天下の覇権を取ろうとする「私闘」や「私戦」と見られやすい事情は重々わかっていた。したがって、「討幕」は言いたくないのである。

また、西郷らが「討幕」を言いたくない理由に、当時この言葉自体が一般的には、否定的な意味合いで使われていたことが考えられる。たとえば、土佐藩の国元では、慶応三年八月二十日に藩主山内豊範《とよのり》名で、

「このごろ猥《みだり》に討幕などと唱える者これあるやに聞く。もっての外のことである。*78」

とする訓告を発し、また、薩摩藩でも、次節で見るように九月に同様の訓告を発している。

「討幕」などというのは、そもそも幕藩体制のもとで存在している大名家や藩にとって危険き

わまりない思想である。藩政府が上のような訓告を出すのは当然である。

大久保利通がこの「六月」付で京都から国元に送った、先の出兵準備の指示書には、その末尾に「どのような流説等があっても一歩も動かれないように」とあったが、それは裏返せば、そのころすでに藩内で、幕府に敵対するような出兵に反対する動きがあったということであろう。

薩摩藩の記録文書『石室秘稿』の七月一日の条には、

「京師（京都）では討幕論がしきりに起こっている由、いかが相成るべきか、有志のあいだで歎息あり。[*79]」

とある。ここにある「有志」は、西郷らの言う有志とは逆で、西郷らから言えば「俗論派」である。

このあと、藩主茂久に代わって弟の島津珍彦《うずひこ》（久光の三男）が率兵上京し、久光は、あとを珍彦に任せ帰国の途に就く。九月十五日に大坂をたち九月二十一日に鹿児島に帰着するが、久光は国元で討幕反対論が喧《かまびす》しくなっているのに驚いたらしく、直ちに家老名で、

「困ったことには、我等の趣意を京師において無名の干戈をもって討幕の挙動を催す儀と心得違いをし、議論区々末々に至っているようである。甚だもって意外千万の至り。[*80]」

とする訓告を布告させている。

先述のように、西郷らが「討幕」という言葉を避けるのには、このような事情もあった。小松・西郷・大久保らは藩内でも必ずしも主流派ではなかった。実際には、反対派を抑え込み、あるいは宥《なだ》めすかし、また脅《おど》し欺《あざむ》きながら、討幕の歩を速めていかねばならなかったのである。

5　「討幕の密勅」

†薩土盟約の解約

後藤象二郎は九月三日に大坂で西郷に会ったあと、改めて九月九日ごろ京都で小松・西郷・大久保と正式の会談をもち、「土佐藩大政奉還建白書」の説明をする。そのときの話し合いを、寺村左膳は次のように記録している。

「……。吉之助が言うのには、兼ねて大条理の建白のことはご同意して、貴兄のご上京をお待ちしていましたが、段々と全体の模様も変になり、ただ今となっては、しょせん建白等でうまく運ぶ見付け（見込み）もなく、弊藩にては兵力をもって尽力致す心得になり、ご返約の段は不都合な筋もあるでしょうがご同意いただけるかと。

　これに対して象二郎は、弊藩にては両君公に決して挙兵のご趣意はなく、建白書をもってどこまでも貫徹するよう申付けられ、愚存も挙兵はご同意致しがたくと種々弁論し、遂に議論合わず、なおまた双方熟考することを申し述べてあい別れた。[*81]」


　この寺村の記録によると、西郷が「返約」を申し入れたのは、もっぱら「兵力をもって尽力」するか、それとも建白をもってするかの違いにあるように読み取れるが、それだけの理由であったわけではない。

　後藤らが新たに携えて来た「土佐藩大政奉還建白書」には、先の薩土盟約にはあった、

「将軍職をもって、天下の万機を掌握する理はない。自今（今より）よろしくその職を辞して、諸侯の列に帰順し、」

　とする、将軍職剝奪条項が完全に欠落していた。それどころか、「建白書」はその第一条で、

「一、天下の大政を議定する全権は朝廷にあり。我が皇国の制度・法制一切万機、必ず京師の議政所より出るべし。」

　と謳うなど、全体として薩土盟約の趣旨を継いでいるものの、最後の第八条ではわざわざ、

「一、……、既往の是非曲直を問わず、一新更始、今後のことを見るを要す。[*82]……。」

と明記して、幕府がこれまでにやって来たことの是非は問わないとしている。

これでは、薩摩藩が土佐藩の建白に同意できるはずはない。薩摩藩はあくまで幕府の「既往の是非曲直を」追及してその過去を弾劾し、次の政権での徳川慶喜の地位に制限を加えようとしているのである。

このあと、両藩の交渉は、お互いに「妨げはせず」、「以後も互いに相談する」ということで、ひとまず物別れに終わる。

†「密勅」の降下

いよいよ土佐藩は慶応三年十月三日に「土佐藩大政奉還建白書」を幕府に提出するが、それとほぼ同時期、小松・西郷・大久保は三者連名で中山忠能《ただやす》・正親町《おおぎまち》三条実愛《さねなる》・中御門《なかみかど》経之《つねゆき》三卿連名宛に差し出す次の嘆願書を「慶応三年丁卯十月」の日付で作成している。

「宝祚《ほうそ》（天皇の位）の存亡にかかわる御大事の時節、……、国家のため干戈をもってその罪を討ち、奸兇を掃攘し、王室恢復の大業を成し遂げたく、……、義挙に及びますので、伏して冀《こいねが》わくは相当の宣旨《せんじ》を降下成し下されるよう、ご執奏ご尽力下されたくお願い奉ります。」

そして十月十四日には、今日「討幕の密勅」と呼ばれる、三卿連名の次の沙汰書が薩摩の島津久光・茂久《もちひさ》父子宛と長州の毛利敬親《たかちか》・広封《ひろあつ》父子宛に下る。

> 「詔《みことのり》す。源慶喜（徳川慶喜）累世《るいせい》の威《い》を藉《か》り、……、しばしば王命を棄絶し、遂には先帝の詔をなめて懼《おそ》れず、万民を溝壑《こうがく》（みぞとたに）落とし入れて顧みず、罪悪至る所、神州まさに傾覆《けいふく》せんとす。
> 万やむを得ざるなり。汝《なんじ》よろしく朕《ちん》の心を体《てい》して、賊臣慶喜を殄戮《てんりく》し（殺し）、もって速やかに回天の偉勲《いくん》を奏して、生霊を山岳の安きに措《お》け。」

慶喜の罪状を述べ、「朕の心を体して、賊臣慶喜を殄戮」せよと命じている。これが、小松ら三名連署の上の嘆願書で「相当の宣旨を降下成し下され」と奏請したものに応えるものであり、また、もう少しさかのぼれば、西郷らが八月十四日に長州の柏村数馬・御堀耕助と交わした挙兵問答で、「時宜により討将軍の綸旨は差し出されるでしょう」と述べていた「討将軍の綸旨」にも相当する。

ただし、実際に降下されたものは、薩長二藩の藩主父子宛に限定的に下っている点で、当初想定されていた、広く公布されるはずの「討将軍の綸旨」とはいくぶん異なる。

この沙汰書は、当時満十四歳の天皇が直接発したものではない。このとき二条斉敬《なりゆき》が摂政に就いていたので、その彼を通じて発せられたものであれば、正真の勅命になるが、そうではないので「偽勅」ということになる。もっとも、この「密勅」には天皇の外祖父の中山忠能の名が入っており、中山が天皇の承諾を得て降下したと想像できるようにはなっている。

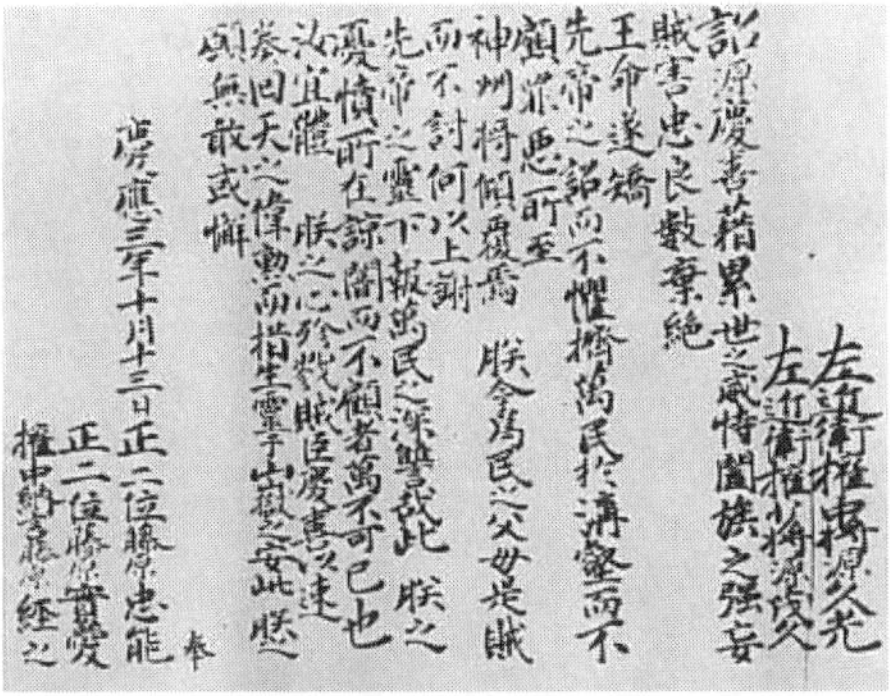
左近衛権中将源久光
左近衛権少将源茂久
詔源慶喜藉累世之威恃闔族之強妄
賊害忠良數棄絶
王命遂矯
先帝之詔而不懼擠萬民於溝壑而不
顧罪惡所至
神州將傾覆焉　朕今爲民之父母是賊
而不討何以上謝
先帝之靈下報萬民之深讐哉此　朕之
憂憤所在諒闇而不顧者萬不可已也
汝宜體　朕之心殄戮賊臣慶喜以速
奏回天之偉勳而措生靈于山嶽之安此　朕之
願無敢或懈
慶應三年十月十三日　正二位藤原忠能　奉
正二位藤原實愛
權中納言藤原經之

「討幕の密勅」

いずれにしても、この沙汰書は薩長両藩の藩主父子宛に発せられた「密勅」であって、公になるものではない。したがって、それが偽勅か真勅であるかは、さほど問題にはならない。要は、それを受け取る側が、それをもって勅命が下ったとして、挙兵の大義名分に使うかどうかである。

勅命ほど立派な大義名分はない。裏を返せば、当時の大義名分というものは、大方はそういうものであった。それ故に、天皇をどちらの側が取るかが決定的に重要になる。そのため、いわゆる「玉《ぎょく》」の取り合い合戦にもなり、それに勝った者は大義名分を発せられる側に立ち、戦争になったときには、自軍を「官軍」と称し、相手方を「賊軍」にすることができる。

6 将軍慶喜の勇断

†「殊の外の運び」

上掲の「討幕の密勅」が薩長の両藩に降下された、まさにその日、将軍慶喜が大政奉還を決める。慶喜は慶応三年十月十三日に、在京の諸侯や諸藩重臣を二条城に招集して、土佐藩と芸州藩から出ている大政奉還建白書の受け入れについて諮問し、翌十月十四日に朝廷に大政奉還を上疏《じょうそ》する。

十三日の二条城への招集には、薩摩藩からは小松帯刀が出席し、退城後、直ちに大久保に次のように書き送っている。

「登営（登城）の都合は、まず殊《こと》の外《ほか》の運びになりました。王政復古の義十分に相立ち、実に意外の事です。明日いよいよ奏聞になる事に決まりました。*83」

小松は慶喜の大政奉還の説明を聞いて、「殊の外の運びになり」王政復古が叶いそうで、「実に意外の事」だと伝えている。

大政奉還の上表は次のようなものだ。

「二百余年、（徳川家）子孫が受け、臣その職を奉ずるといえども、政刑の当を失すること少なからず、今日の形勢に至ったのも、畢竟、徳の薄きことの致すところ、慙懼《ざんく》に耐え難い。

いわんや当今、外国の交際が日に盛んになり、いよいよ朝権一途に出るようにしなければ、綱紀立ち難くなり、従来の旧習を改め、政権を朝廷に帰し奉り、広く天下の公議を尽くして、聖断を仰ぎ*[84]、……。」

徳川慶喜による大政奉還の伝達（「大政奉還図」邨田丹陵筆）

土佐藩が提出した建白書では幕府の「既往の是非曲直を問わず」とあったが、この上表では、慶喜は自らの施政の失敗を認めて「政刑の当を失すること少なからず」云々と自己批判をし、その上で「政権を朝廷に帰し奉り、広く天下の公議を尽くして、聖断を仰」ぐ、そのための新たな公議政体を築くと言う。大政奉還を建白した土佐藩としては十二分に満足できるものであり、薩摩藩にとっても問題のあるものではない。むしろ、慶喜が薩摩藩の意を汲んでそれに応じたとさえ言えそうだ。小松が上記のように言うのももっともだ。

この慶喜の上表に対して、朝廷は許諾できずに受理しないか、もしくは保留にするだろうと見る向きもあったが、実際には翌十五日に天皇の聴許が発表され、同時に奉還後の善後策を評議するため、諸大名に招集の命が下る。この朝廷の素早い対応には、慶喜の依頼に応じて、小松帯刀や後藤象二郎らが朝廷に働き掛けたことが与《あずか》って大きかった。*85

小松は翌十四日にも二条城で慶喜に謁見し、そこで聞き取ったことを大久保に知らせ、大久保はそれを、その日の日記に、

「小大夫（小松）登城。内府公（徳川慶喜）拝謁。なおまた、委曲言上して、左の五カ条を決す。

一、政権返上の議、早々、朝廷は聞き召されること。

二、長防のご処置（長州の復権）を初政（奉還後の最初の朝議）でご沙汰のこと。

三、賢侯お召し（今後を話し合う）。

四、征夷大将軍返上のこと。

五、五卿一条（三条ら五卿の復権）。」

と記している。

「五カ条を決す」だから、小松と慶喜のあいだで上記五カ条の合意があったことになる。実際、五カ条のどれもがこのあと、その通りに進められていく。

およそ、以前の慶喜からは考えにくいほどの大幅譲歩である。おそらく慶喜も、相当に腹をくくって決断したのだろう。また、小松に上のようなことを話していることから、慶喜は薩摩藩が企図している強硬路線との対決を避ける姿勢を示したことにもなる。

この五カ条の全部が果たされれば、薩摩藩としても当初の目的の大半は果たせたことになる。もはや、「賊臣慶喜を殄戮し、もって速やかに回天の偉勲を奏し」といった行動に出る必要はない。それどころか、もしこの時期にそんなことをすれば、それこそ総反発を食うことになろう。

しかし一方、西郷や大久保からすれば、「譎詐《けつさ》」の人と見る慶喜が、何の目算も目当てもなしに、大政奉還や征夷大将軍返上の決断をするとはとても思えなかったはずだ。西郷・大久保はもとより戦争を覚悟していたと思われるが、小松はその点では少し違っていただろう。下級武士の西郷・大久保と上級武士で家老でもある小松とではやはり立場が違う。小松の場合は、薩摩藩の存亡を自らの双肩に担って政局の最前線に立っている。それに、小松は前年末にも慶喜と五卿の復権問題で話し合って合意に達していた間柄でもあり、今回また、その慶喜が自分との面談の上、相当に譲歩してきているとき、そう容易に彼に対峙し幕府と戦争をするわけには行かなかったはずだ。小松と西郷・大久保とのあいだでいくらか考えに違いが生じたとしても何の不思議もない。

†三人そろっての帰藩

十月十六日には、岩倉具視が大久保に、前日十五日の朝議で慶喜の大政奉還の上疏が勅許されたことや諸侯の招集が決まったことを通知したなかで、次のように書いている。

「会（会津）、狂気のごとく憤然。是非薩邸を討つなど段々申している由、万事畢竟は西（西郷）、小（小松）、大（大久保）の三人がいる故なり。土（土佐）は云々、芸（芸州）云々、これらを斃《たお》すべしと種々議論ある由。よって、予（私）案じるのに、明日速やかに帰国されるのがよいと思います。*86」

岩倉は会津藩が薩摩藩邸を襲撃するような勢いになっていると警告を発している。もっとも、岩倉がここで、「三人」に「明日速やかに帰国されるのがよい」と書いているのは、何も西郷らに早く身を隠せと言っているのではない。早く帰国して薩摩藩兵の上京を急ぐよう促しているのである。岩倉は京都での軍事バランスが崩れることを心配している。

大久保が岩倉から上の手紙を受けた翌十月十七日に、小松・西郷・大久保は薩摩藩主父子宛の「討幕の密勅」を携え、そろって京都をたち帰国の途に就く。このとき、長州藩の広沢・品川らも同道で、やはり長州藩主父子宛の「討幕の密勅」を携えて帰国の途に就く。

西郷らは途中、山口に寄って長州藩主父子に会い、二十六日に鹿児島に帰着する。直ちに登城して藩主父子宛の「密勅」を手渡し、翌二十七日に重臣会議を開いて藩主茂久の率兵上京を決定する。やはり「討幕の密勅」の効力は絶大であった。藩内の異論を封じ込み、十一月一日には藩内に次の布達が告示される。

「和漢古今、忠臣と称される者、いずれも社稷《しゃしょく》（祖国）の興廃を顧《かえり》みず、その道を尽くすをもって千載（千年）の亀鑑《きかん》（模範）となったのである。（中略）この上は死力を尽くし、順聖院様（斉彬）、中将様（久光）のご趣意を奉戴《ほうたい》して、上は奉安宸《しん》襟《きん》（天子様のお心を安んじ）、下は万民塗炭《とたん》の苦しみを救い、忠孝の大道を踏み、挽回し鴻業《こうぎょう》（大事業）を遂げたく確断せしめた。*87」

今回の率兵上京は、「社稷の興廃を顧みず」、すなわち薩摩藩の存亡をかけて「道を尽くす」ものになると告げている。実際、藩主自らが兵を率いて上京し事を起こすとなると、それに失敗した場合は、藩は存亡の危機にさらされる。この布達には漲《みなぎ》る気魄《きはく》があり、不退転の決意が示されている。

†藩主出陣と新事態

慶応三年十一月十三日、藩主島津茂久が家老・岩下方平《みちひら》と西郷らを従え三邦《みくに》丸に搭乗し、およそ一千の兵を率いて三隻の艦船で鹿児島を出発する。全員が十七日に三田尻に集結し、十八日には長州藩世子の毛利広封を迎えて、薩長両軍の盛大な交歓会が開かれる。

大久保は藩主や西郷の出発に先立って鹿児島をたって高知に向かい、十二日に後藤象二郎と会って京都に向かう。高知へは小松帯刀が行くことになっていたが、その小松が足の疾患のために歩行困難になり、大久保が代わりを務めることになったのである。

小松は藩主出発前日の十二日、西郷に湯治中の温泉地から、

「進退起居も難しく臥床《がしょう》いたし、……、実に残念の至り、期日御大事のご時節に臨み遅れを取ったこと千歳の遺憾」

と述べ、

「この上はなにとぞ、皇国のため、お手抜きなきご尽力のところ、一心に祈ります。芸土両藩のところもご親睦に成り、少々にても（不都合あっても）お助けあい成るようありたく存じます。……。ご上京の上は、芸土両藩へよろしくご伝達下さるべく頼みます。尽力の件は、過日お話ししました通りですので、ほどよくお談じ下さるよう。」

と伝えている。

小松は帰国前、京都で慶喜と話し合い、また、土佐藩の後藤象二郎とは新政体づくりで協力し合う約束もしていた。小松にとっては、この期に及んで上京できない無念はもちろんのことだが、それ以上に、自分が欠けることによって、とりわけ、自藩と土佐の後藤や幕府総帥の徳川慶喜との協調関係が崩れることに気を揉んでいたに違いない。上の手紙でも、西郷に「芸土両藩」との協調について念を押している。小松にすれば、西郷・大久保だけでは、へたをすると戦争に先走りかねないと心配であったのだろう。

大久保は十一月十五日に京都に着くが、ちょうどその日に、坂本龍馬と中岡慎太郎が龍馬の宿所にしていた近江屋で襲撃に遭い、龍馬は同日夜に、中岡は二日後十七日にそれぞれ絶命する。

龍馬はこのころ後藤象二郎による大政奉還の建白を助け、洛中に潜居してその成り行きを見守っていた。京都守護職・松平容保は大政奉還の強硬な反対論者であったので、おそらくはその配下の者が襲ったのであろう。龍馬や中岡は、警護のある藩邸ではなく、宿屋や民家を宿所とすることが多かったために襲撃に遭いやすかった。

大久保は着京の翌十六日には、岩倉から「討幕の密勅」を一時見合わすよう指示した沙汰書を見せられる。それは中山・正親町・中御門の三卿が十月二十一日付で作成していたものだが、岩倉が、それを国元に知らすと薩長の出兵方針に混乱をきたすとして、交付を差し押さえていた。中身は次のようなものだ。

「去る十四日申し達した(「討幕の密勅」の)条々、その後、かの(徳川)家祖以来、おこなってきた国政を返上し、深い悔悟をもって恐懼《きょうく》の趣きを申し立てたにつき、十四日の条々をしばらく見合わせ、実行否かどうかを勘考、*88……。」

慶喜が大政奉還をして朝廷がそれを聴許しており、三卿としても「賊臣慶喜を殄戮」せよと命じる「討幕の密勅」をそのままにしておくわけにはいかなくなったのであろう。

†征夷大将軍職辞退

徳川慶喜は大政奉還に続いて十月二十四日には、征夷大将軍職辞退の上表を朝廷に提出する。しかし、これについては、さすがに朝廷も直ちに受理することはできず、諸侯が上京して評議するまで「これまで通り心得るべし」と命じている。受理してしまえば、たちどころに、諸大名をたばね、日本や朝廷を外夷から守る軍事統率者がいなくなってしまうからだ。

しかし、慶喜が大政奉還に続いて征夷大将軍の辞退を決断したことは、奉還を建白した土佐藩や芸州藩それに朝廷関係者その他各方面からも大英断として高く評価される。越前藩の記録によると、十一月九日に越前藩京都藩邸を訪れた土佐藩の福岡藤次（孝悌）は、

「このたびの内府公（内大臣徳川慶喜）のご反正（正しい状態に返す）思し召し立ては稀世《きせい》のご英断にて、……。」

と慶喜の英断を称賛し、また尾張藩老公・徳川慶勝も、十一月二十三日に二条城に登城して慶喜に話を聞き、

「これまで疑いが滞っていたのはすべて氷解の次第」

と述べたとある。*89 このような慶喜への高い評価は、小松・西郷・大久保らの留守を預かっていた薩摩藩京都藩邸首脳の吉井友実・伊地知正治・関山糺らにも共通に見られるものであった。伊地知正治は「十一月」付で国元に意見書を送り次のように進言している。

「徳川前日の重罪を悔悟し、時勢の沿革を観察して政権を奉還し、朝廷に将軍職を辞退したにつき、今は難事を追責されては不公平と存じますので、朝廷が将軍辞職をお聞き入れになり、徳川内大臣を諸侯の上席に召し置かれるようあるべきではないでしょうか[*90]。」

この伊地知の意見書は、ひとり伊地知のものではなく、西郷ら留守中の京都藩邸首脳部を代表するものであった。しかし、西郷・大久保らからすれば、これまで一貫して徳川家を島津家等と同格の一大名にすることを目標に戦ってきており、伊地知の意見をにわかに認めるわけにはいかなかったはずだ。それにしても、常に西郷・大久保らとともに活動してきたはずの伊地知や吉井でさえ、上のように言うのだから、慶喜による大政奉還に続く将軍職返上がいかにインパクトの大きなものであったかがうかがえる。

しかしまた、慶喜が上表通りに大政奉還を素直に実行するかどうかを怪しむ向きも当初からあった。また、いったん奉還しても、再委任があるのを見込んで奉還に踏み切っていると見る向きもあった。実際、朝廷は奉還を許諾してはいるものの、朝廷にその担当能力があるわけではない。行政府があるわけでも人材がいるわけでもないし、全国統治の後《うし》ろ楯《だて》になる軍事力があるわけでもない。朝廷は大政奉還を許した上で、有力諸侯を招集し、朝廷中心の新体制を築こうとしているに過ぎない。

慶喜の方もその辺のところを重々承知した上で、奉還に踏み切っているのである。いずれ朝廷も、幕府が持つ全国統治能力を頼りにせざるを得なくなるのを見込み、それらを通して、徳川家や自分の復権は十分に可能だと踏んでいるのである。それに、政権を朝廷に返上しても、その朝廷を動かし、そのもとで国政を運営していく自信は、慶喜自身が誰よりも強く持っていたに違いない。

第六章　戊辰戦争

1　率兵上京

†遅れる容堂の上京

朝廷から諸侯たちに招集がかかっていたが、彼らの京都参集はなかなか進まなかった。多くの藩が大政奉還に関して自藩の取る態度や方針を決めかねていたからである。その代表例のひとつが、大政奉還の建白書を提出した当の土佐藩だ。

土佐藩は確かに、後藤らの大政奉還建白派が藩主父子の信任を得て主流派になっていたが、藩内にはそのほか、この五月に西郷らと意気投合して「薩土密約」を結んでいた板垣退助らの討幕派があり、また、藩祖山内一豊《やまうちかずとよ》以来の徳川尊崇を掲げる佐幕派もあった。それらが三つ巴《どもえ》になって、討幕派は大政奉還の建白は慶喜を摂政・関白に据えようとするものだとして山内容堂の上京に反対し、また、佐幕派は大政奉還の建白は徳川家への信義にもとるとして同じく容堂の上京に反対していた。そのため、容堂の上京は遅れに遅れていたのである。

朝廷による諸侯招集の期限は十一月末日になっていたが、容堂は期限までの上京は無理と判断して、後藤象二郎を先に京都に送る。後藤は十一月二十一日に入京し、直ちに精力的に活動を再開し、越前侯松平慶永や尾州侯徳川慶勝らと連携して、慶喜側近の永井尚志《なおゆき》に積極的に働きかけ、また、朝廷の反幕派の公卿たちにも入説して回り、「討幕の密勅」を発した中山忠能《ただやす》や正親町《おおぎまち》三条実愛《さねなる》らの心さえ揺さぶる。後藤が進める大政奉還の建白方式は、平和的に王政復古をして公議政体の新政権を樹立しようとするもので、誰にも受け入れやすかったからだ。

†長藩品川の「煩念」

そんななか、十一月二十三日に薩摩藩主島津茂久《もちひさ》が兵を率いて入洛する。西郷も同行して京都に着き、さっそく二十五日に茂久臨席のもとで藩議を開き、慶喜の将軍職辞退の上表や三卿から「討幕の密勅」の見合わせ沙汰書が出ているのを受けて、方策の練り直しをはかる。

結局は、先に薩長芸三藩出兵協定等で決めていた大坂城攻撃等の徳川方への奇襲攻撃は取り止め、もっぱら禁裏御所の制圧に集中して、政変によって新政権の早期実現を図る方策に切り替える。

薩摩藩のこの変更について、長州藩の品川弥二郎が国元に次のように報告している。

「朝廷のところ、火急に一発というわけには行かず、……。その訳は、将軍が大政を朝廷に返還したについては一通りの条理を立て、もし、その上で（慶喜が）聞かないときは、この前の秘書（「討幕の密勅」）通りにする由とのこと。

ついては、先に近々、総参内、太政官を立て、即日将軍を諸侯の列に下し、会桑を奪職して帰国を命じ、我が藩の兵を（京都に）入れる等の勅を下し、そのほか云々（慶喜の辞官納地など？）の事件を運ぶとのこと。

実に戦機を失い、彼（幕府方）より暴撃に遭うことも計り難く、懸念このことです。（長州の方は）来月（十二月）五日までのところは、まず西之宮へ滞陣してくれとのことです。……、幾回にも時機を失い、実に遺憾に耐えませんが、今さら致し方なく、ただただ彼（幕府方）より先を付けられないようにと、それのみを煩念する次第です。」[*91]

島津忠義（茂久）

品川は、「見合わせ沙汰書」が出たことなど情勢の変化により、致し方なくクーデターによる政変のみを先行させることになったと伝えている。そして、その政変で何をするかについては中段で、「太政官」の新政権を立て、「即日将軍を諸侯の列に下し、会桑を奪職（京都守護職・京都所司代の解任）」するなどとしている。これらはいずれも、このあと実際に、十二月九日のクーデターで実行されることになる。

しかし、長州藩の品川としては、この時機での策の見直しは大いに残念であったようで、「幾回にも時機を失い、実に遺憾に耐えません」と書き、また、「戦機を失い」、そうこうしているうちに幕府の方から先手を打たれるのではないかと心配もしている。これまでさんざん幕府に痛め付けられてきた長州藩士・品川としては「煩念」せざるを得ないのであろう。

†クーデターへの経緯

このように薩長側は方策の変更を余儀なくされていたが、他方の後藤ら土佐藩側も、山内容堂の上京が遅れて動きが取れなくなる一方、クーデターの実行を急ぐ薩摩藩との関係で苦心をする。後藤らとしては、薩摩藩に先走られてしまっては、平和的に公議政体へ移行しようとする道が閉ざされ、すべてが台無しになるからだ。

薩土両藩では、これまでに薩土盟約の締結とその解約があり、たびたび衝突もあったが、関係が断ち切られたことはなかった。強硬路線と穏健路線の違いはあっても、王政復古を実現して新たな公議政体の樹立を目指す点では一致し、ともに相手の力が必要であったからだ。

十一月二十八日には後藤が西郷らを訪ねて自分たちの計画と現時までの経過を説明し、十二月二日には今度は西郷と大久保が後藤を訪ねて自分たちのクーデター計画の詳細とその実行日を伝えている。後藤は告げられた実行日の十二月五日を八日に延ばすよう要請して、西郷らはその日への延期を承諾している。

西郷は十二月五日付の蓑田伝兵衛宛の手紙で国元へ次のように報告している。

「容堂侯のお着きを日々お待ちしているところです。土州においても、俗論（佐幕論）大いに沸騰して後藤など帰国していたときは甚だ難渋のことであったようです。……。（後藤らも）とてもこの上は、正義の党（板垣ら討幕派）と結合せずには致し方のないという次第で、乾（板垣）・小笠原の徒と結び、有志中とも一体の場合になって、土州にとって不幸中の大幸となり、天下の大慶です。乾からも別段私どもに連絡があり、この上は後藤も正論に復し同一体となっていると心得ており、なにぶん談合してくれと承り、すぐさま後藤のところへ行き論議したところ、以前とは大いに違い大慶このことです。」

後藤としても、容堂公の指示・支援を受けてはいるものの、他方では、板垣ら討幕強硬派の突き上げに遭い、しかもそれが西郷らと結託しているとあっては、藩内的にも不用意に薩摩側と衝突するわけにはいかなかった。後藤はこのあとさらに、容堂の着京を待つため、薩摩側にクーデター実行日を十日に延期するよう申し込むが、薩摩側はそれを拒否して、実行日を最終的に九日と決める。容堂は八日にようやく入京して、ともかく、後藤が強く望んだ容堂入京後のクーデター決行はかろうじて叶《かな》うことになる。

後藤はその間、クーデターを戦争に発展させないために、薩摩側に対して、松平慶永や徳川慶勝にクーデター実行の承諾を得ること、さらに慶喜にも知らせることを申し入れる。両者で意見の折り合いがつかず紆余曲折もあったが、ともかく後藤は十二月五日には慶永と慶勝にクーデター計画を知らせ、その慶永を通じて六日には慶喜にもそのことが伝えられている。

薩摩側もこのたびは、政変による新政権の早期樹立を目指しているのであり、戦争をやろうとしているわけではない。越前藩や尾州藩がクーデターを承認してそれに参加してくれることや、慶喜が自重してクーデターを見過ごしてくれることは大いに望ましいことであった。そしてこのとき、そういったことのために動ける人物は、小松帯刀を欠いているなかにあっては、この後藤を置いてほかにはいない。薩摩藩にとって、後藤はやはり政変遂行のためには欠くことのできない重要な人物であった。

†同志の公卿への忠言

いよいよクーデター決行を翌日に控えた十二月八日に、薩摩藩は岩下・西郷・大久保の三名連署で討幕派の同志の公卿に肝っ玉を据えてもらうためであろう、次の書状を岩倉に差し出している。[*92]

「今般ご英断をもって王政復古のご基礎を召し立てられたいとのご発令については、一混乱を生じさせるかも知れません。二百有余年の太平の旧習に汚染してきた人心であってみれば、一度干戈を動かし、かえって天下の耳目を一新して、中原を定められるご盛挙になるべきで、戦いを決し、死中に活を得るご着眼、最も急務と存じます。

しかしながら、戦いは好んでするべきでないことは、大条理において動かすべきでないことです。（中略）

詳考深慮、ご初政の一令をお誤りになられないようにすることが第一の事に存じます。ついては、徳川家ご処置振りの一重事、大略のご内定を伺ったところ、尾張藩と越前藩をして、（徳川家を）真に反正謝罪の道に立たせるよう、ご内諭周旋を命じられるとのこと、実に至当かつ寛仁のご趣意と感服しております。

全体、皇国が今日のように危うきに至った、その大罪が幕に帰することは論を待たずして明らかです。それ故、すでに先々月（十月）十三日、云々ご確論の秘物のご一条（「討幕の密勅」の降下）までに及ばれております。

この先、どのような論が起こりましても、（徳川慶喜を）諸侯に列し官位一等を降ろし、領地を返上させて、闕下《けつか》（天皇のもと）に罪を謝らせるに至らずしては、公論に背き、天下人心、もとより承服する道理がありません。右のご内議は断乎《だんこ》、寸分のご動揺もあってはなりません。尾張藩・越前藩の周旋が、もしうまく行かない節は、朝廷の寛大のご趣意を奉ぜず、……、早々に朝命、断然右（「討幕の密勅」）の通りご沙汰なるべきと存じます。」

前段では戦争論を述べ、この際「一度干戈を動かし」、「死中に活を得る」こともあるとして諸卿に覚悟を求めている。西郷らは新国家を「創業」するには、なまぬるい方法ではなく、「一度干戈を」交えておいた方がよいと考えていたのだろう。

中段以降ではもっぱら、「徳川家ご処置をどうされるかの重大事」について書き、まずは「皇国が今日のように危うきに至った、その大罪が幕に帰することは」明らかで、そのことを明白にすることが肝心だと言う。そして、「この先、どのような論が起」きても、徳川慶喜を「諸侯に列し官位一等（内大臣）を降ろし、領地を返上させて、闕下に罪を謝らせること」が肝要で、これについては、薩摩藩は一歩も退けないと言う。

尾張藩・越前藩による「内諭周旋」のことを書いているが、これは、両藩が慶喜に「反正謝罪の道に立たせるよう」周旋することを指す。この「内諭周旋」方式について、ここでは「寛仁のご趣意と感服しております」などと書いているが、これは、中山ら同志の公卿がこの方式を強く望んだためで、西郷らの本意ではない。西郷らはもとから、「内諭周旋」方式といった迂遠なやり方ではなく、勅命降下方式によって即時に受諾か拒否かの決着がつく方法を進言している。*93

2 クーデター

†「大令」の発布

十二月八日に諸卿のほか、在京の諸侯にも参朝が命じられ朝議が開かれる。参内した諸侯は尾張侯徳川慶勝・越前侯松平慶永・芸州侯浅野長勲《ながこと》らで、徳川慶喜・松平容保・松平定敬は病気と称して欠席している。夕刻に朝議が始まり、そこで長州藩主父子の官位復旧と入洛許可が承認され、併せて、岩倉具視や三条実美らの赦免が布達される。

この朝議も例のごとく長丁場となって翌九日の朝八時ごろにようやく閉会となり、そのあと、摂政の二条斉敬《なりゆき》らが退朝して、このあと次に起こることを知っている中山忠能《ただやす》・正親町《おおぎまち》三条実《さね》愛《なる》ら公卿と上記の三侯の六名が留まり、その頃合いをはかって、薩・土・芸・尾・越の五藩の兵士が一斉に、禁裏御所封鎖のために六門など、それぞれの部署に就く。

出動兵士の人員や配置については、各藩重臣が前日八日夕刻に岩倉邸に呼ばれて、翌日の王政復古断行への協力を求められるとともに、「一紙」をもって指示を受けていた。その封鎖計画は薩摩藩が立案して、当日の総指揮には西郷が当たる。

なお、クーデターの決行を知っていた慶喜は、邪魔立てするようなことは一切していない。九日には、わざわざ容保・定敬二人を二条城に呼んでそこに留め置いている。慶喜はクーデターの決行に完全に協力していたことになる。

九日当日の成り行きについては、『明治天皇紀』や『維新史』等諸書で記述がいくらか食い違っていて、正確を期すことはできないが、概略は次のようである。

前日に赦免されたばかりの岩倉具視が十時ごろ参内して、天皇に王政復古の断行を上奏したあと、有栖川宮熾仁《たるひと》親王らの宮（皇族）や公卿、それに島津茂久・山内容堂の諸侯が参内して、前夜からの居残り組に加わり、そろったところで、小御所で会議が開かれ、次の「大令」（「王政復古の大号令」）が宣言される。

「徳川内府、従前ご委任の大政返上、将軍職辞退の両条、今般、断然聞こしめられた。……。

叡慮決せられ、王政復古、国威挽回の御基《もとい》を立てさせられたので、自今、摂関（摂政・関白）・幕府等廃絶。即今まず仮に総裁・議定・参与の三職を置かれ、万機行わせらるべき、*94……。」

幕府の廃止にともなう新政府の陣容が発表され、総裁に有栖川宮熾仁親王、議定に中山忠能・徳川慶勝・島津茂久ら、参与に岩倉具視や各大名家家臣らがそれぞれ任命され、同時に、これまで朝政にたずさわってきた近衛忠煕・鷹司輔煕・二条斉敬や中川宮ら二十名の参内停止処分が布達される。

†最初の三職会議

このあと、再び小御所で上記新役職者による最初の三職会議が開かれ、内覧・議奏・武家伝奏等の旧朝廷政治職の廃止と五摂関家・門流の廃絶など従前の朝廷政治機構の完全な解体が決議される。

さらにその場で、京都守護職・京都所司代の両職の廃止ならびに慶喜の内大臣解職と領地返上の辞官納地問題を議案にして評議が始められるが、そのうちの両職の廃止については、会議中に幕府から両職解職の申し出があったために、評議に付されることなく廃止が決まる。しかし、慶喜の辞官納地問題では会議が紛糾する。

薩摩藩が勅命によるべしと主張したのに対して、「周旋」によって慶喜から自発的に辞官納地させるべしとする意見が多数を占めたからである。特に山内容堂が、そもそもこの場に慶喜が呼ばれていないことに憤慨して、直ちに慶喜を呼ぶべしと申し立てたために会議は荒れる。その様子を越前藩の記録『再夢紀事・丁卯日記』は次のように伝えている。

「土老公（容堂）大声を発して、このたびの変革の一挙、陰険の所為《しょい》が多いのみならず、王政復古の初めに当たって兇器《きょうき》を弄《ろう》する。甚だ不祥にして乱階《らんかい》を唱えたに似る。二百余年天下太平を致した盛業ある徳川氏を、一朝に厭棄《えんき》して疎外に付し、幕府衆心の不平を誘い、また……、政権を返し奉ったごとき大英断の内府公をしてこの大議の席に加えないのははなはだ公議の意を失せり。速やかに参内を命じられるべし。

畢竟、このごとき暴挙を企てられた二三の公卿、何らの定見あって、幼主を擁して政柄を窃《せっ》取《しゅ》せられたるや。*95」

この容堂の激論があり、結局は、慶勝と慶永のふたりが慶喜の辞官納地については責任をもって周旋に当たるということで、いちおうの決着が付く。翌十日、慶勝・慶永のふたりが二条

城に赴いて慶喜に辞官納地を周旋するが、慶喜は返答を保留する。越前藩の記録によると、このとき城内は、

「幕下の人心大いに動揺し、旗下の面々いずれも兵器を携え甲冑《かっちゅう》にて登城。」

といったありさまで、慶喜が直ちにそれを受けられる情況ではなかったようだ。さらに翌十一日にもふたりは二条城に行くが、情勢はさらに悪化して、

「城中の変動不測にして、狂人のごとくになる者多し。」

といった様子で[*96]、その日も、返答保留の返事しか得られなかった。

そして翌十二月十二日には、慶喜が突如、幕臣と五千人の直属兵ならびに会津・桑名両藩主とそれぞれの三千人と千五百人の兵を引き連れて、大挙京都を出発し大坂城に移動する。

この慶喜の突然の下坂は、慶喜が京都で偶発的な軍事衝突が起きるのを避けるために取った措置として、公家や京都の町民たちから高い評価を受けるが、実際に、そのためだけであったかどうかは定かでない。しかし、いずれにしても、慶喜の取った措置は穏当なものとして評価され、それに対比して、薩摩藩は兵力をもってクーデターを起こしたことで、相対的に薩摩藩への風当たりは強くなる。

†穏健派の巻き返し

そんななか、太政官三職の総裁に就任したばかりの熾仁親王が早くも十一日に辞意を表明して朝議に出なくなり、そのような情勢のなか、再び穏健派が巻き返しをはかる。

そのことが、改めて布告された「大令」の文面によく表れている。それは、クーデター当日の小御所の会議ですでに宣言されていたが、その後、十二月十四日には全国の諸大名向けに、また十六日には人民向けに、それぞれあらためて公布される。ところが、それらは、上掲の当初の「大令」といくつかのところで文言に違いがある。そのひとつが次のところだ。

「叡慮決せられ、王政復古、国威挽回の御基をお立てになったので、既往を論ぜず、更始一新、自今、摂関、幕府等廃絶、即今まず仮に総裁・議定・参与の三職を置かれ、万機行われるべき[*97]、……。」

当初の十二月九日の「大令」と他のところは変わらないが、傍線部の「既往を論ぜず、更始一新」が新たに挿入されている。つまりは、薩摩藩など討幕派が幕府の過去の「大罪」を「反正謝罪」させることこそ最重要としているのに対して、ここに来て、土佐藩の大政奉還建白書にある「既往の是非曲直を問わず、一新更始」に相当する文言が新たに挿入されたことになる。明らかに、穏健派勢力が巻き返しに成功していることを示している。

そしてこのころ、大坂に退いた慶喜側でも不穏な動きが目立ち始める。老中・板倉勝静《かつきよ》は在府（江戸）の老中に軍艦による江戸からの派兵を命じ、慶喜も十二月十六日には、大坂で仏・英・米・伊・蘭・プロシアの六カ国公使を引見して、新政府を批判し、かつ、外交権は依然自分のもとにあることを通告する。これは明らかに、大政奉還の上表で慶喜自身が「外国の交際が日に盛んになるとき、朝権一途に出るようにしなければ、綱紀立ち難く」としていたことに違反する。

慶勝・慶永による慶喜に対する辞官納地の「周旋」もまったく前に進まず、また慶喜に、「反正謝罪」どころか、むしろそれに逆行する行動が表立ってくると、西郷らもいよいよ武力対決のほかはないと決意をあらたにする。クーデター前日に、討幕派同志の公卿たちに差し出した書状では、「尾張藩・越前藩の周旋が、もしうまく行かない節は、……、早々に朝命、断然右（「討幕の密勅」）の通りご沙汰なるべきと存じます」と書いてもいた。

3　開戦

†薩摩藩邸焼討ち事件

そんなおり、慶応三年の十二月三十日（旧暦ではこの日が大晦日）、西郷のもとに江戸の薩摩藩邸焼討ち事件の一報が伝わる。その報をもたらしたのは、十二月二十五日の焼討ち直前に江戸の藩邸を逃れてこの日に京都に着いた秋田藩の脱藩士二名で、西郷はふたりから聞いた話を、翌一月朔日付で国元の蓑田伝兵衛に次のように伝えている。

「大いに驚駭《きょうがい》した次第です。右のような変動ゆえ、一左右《いっそう》（一報）申し送る道もなかったのでしょう。畢竟、二十三日にお城出火、翌二十四日まで焼け通した由です。ついては、その出火で浪士どもへ不審をかけたのか、はなはだ暴動の次第のようですが、何分様子がわかりませんので、早々探索の者を差し出した次第です。

江戸において諸方で浪士が起《た》ち動乱に及んでいる様子に聞かれますので、きっと諸方へ義挙いたしたことかと察せられます。……。

全体、九日（政変）以来のところ、大いに旧幕の輩は（我々を）憎んでいますので、早く江戸の浪士を倒す策ではないかと察せられます。（浪士たちは）百五十人ばかりおりますが、決して暴挙するはずはないと思われ、京師の挙動によって、どのようにも致すはずで、おとなしくしている様子は近ごろまで聞こえていました。しかし、右のような恐れがあり、先手を打ったのか、残念千万の次第です。」

この薩摩藩邸焼討ち事件というのは、江戸の治安に当たっていた庄内藩ほかの兵が十二月二十五日早朝に出動して、薩摩藩邸に寄宿している浪人の差し出しを求めたところ、薩摩藩側が拒否したため戦闘になり藩邸が焼討ちに遭った事件だ。

この事件で江戸留守居の篠崎彦十郎ほか四十人ほどが死に、関東一円で攪乱工作に従事していた益満《ますみつ》休之助が捕えられ、伊牟田《いむた》尚平と浪士の相楽《さがら》総三らは薩摩藩の汽船翔鳳丸《しょうほうまる》でかろうじて江戸を脱出して大坂に逃れる。このとき江戸で攪乱工作をしていたのは、西郷らの指示で益満・伊牟田らが十月ごろに江戸に入って集めた浪人たちであった。

西郷は手紙で「大いに驚駭した」と書き、また、自分たちが集めている浪人たちは「決して暴挙するはずはない」と書いているが、ほんとうにそのようであったかどうかはわからない。確かに、吉井友実が十月二十五日付と十二月十日付で益満・伊牟田宛に「云々の件（攪乱工作)」は見合わせるよう指示を送っているから、西郷も浪人たちがこの時期に暴挙するとは考えていなかったのかもしれない。

しかし、西郷は「諸方で浪士が起ち動乱に及んでいる様子」は知っていたと思われ、また実際、いったん攪乱のために集めた多数の浪人たちを、ずっと何もさせずに自重《じちょう》させておくのは無理な話である。事を起こす者が出ても少しも不思議ではない。

西郷は上で益満らが集めている浪人の数を「百五十人ばかり」と書いているが、実際にはそれよりはるかに多く、五百人ほどであったとも言われる。また、西郷は「残念千万の次第」と書いているが、それは多くの江戸詰め藩士たちが死んだからであり、また、この手紙が藩主父子に見せる報告書でもあったからで、騒乱となったこと自体について心底そう思っていたとは考えにくい。江戸からの知らせが入った直後に、西郷から呼び出しを受けた土佐藩の谷干城は、回顧談になるが、次のように語っている。

「(十二月)二十八日に至り西郷より急使が来て直ちに行くと、西郷が莞爾《かんじ》として(ほほ笑んで)曰く、始まりました。至急乾君(板垣退助)お知らせ下さい。それより諄々《じゅんじゅん》として説いて曰く、去る二十五日、庄内、上《かみ》の山《やま》の兵が三田の(薩摩)藩邸を砲撃し、邸はすでに灰燼となり、兵端すでに彼(幕府)より開く。寸時も猶予すべきでありません、と。[*98]」

この谷の話では、西郷は二十八日に藩邸焼討ち事件を知っていたことになる。大坂城へはこの事件は二十八日に、江戸から逃亡者を乗せた薩摩船・翔鳳丸を追跡してきた榎本武揚《えのもとたけあき》艦長の開陽丸によってもたらされているので、もしかすると、西郷のもとにも逃亡者によって、その第一報が二十八日のうちに届けられていたのかもしれない。もっとも、上の蓑田究の手紙で、西郷はその末尾に、

「蒸気船の儀は、その節に臨み出帆したとも、焼亡したとも申し、虚実わかりません。」

と書いており、西郷は翔鳳丸の消息はつかんでいなかったことになる。これが事実なら、谷の言う二十八日はやはり谷の記憶違いということになろう。回顧談は後に得た知識が作用するため間違いや錯誤が生じやすい。

†慶喜の「討薩の表」

開陽丸に搭乗して焼討ち事件の第一報を大坂城に伝えた幕府大目付は、江戸で幕府方と薩摩方とが交戦状態に入ったと伝えたようだ。そのため、城中では兵隊たちが興奮状態になり、慶喜もいよいよ慶応四年(明治元年)一月朔日に、自ら朝廷に差し出す次の「討薩の表」を起草している。

「臣慶喜、謹んで去月九日（クーデター）以来のご事態を恐察致しますのに、一々朝廷のご真意ではなく、まったく松平修理大夫（島津茂久）の奸臣どもの陰謀より出ていることは天下のともに知るところです。

特に江戸・長崎・野洲・相州処々乱暴および強盗の儀も、すべて同家家来の唱導により東西響応して皇国を混乱に陥れる所業、別紙の通りにて、天と人ともに憎むところです。

前文の奸臣どもをお引き渡しいただくようご沙汰下されたく存じます。万一、ご採用ならないときは、止むを得ず誅戮《ちゅうりく》を加えるべく、この段、慎んで奏聞致します。」

慶喜がここで書いている「松平修理大夫の奸臣ども」が、西郷や大久保らであることは明白である。

翌一月二日早朝に、この「討薩の表」を携えた使者が京都に向かい、同時に、大軍の兵（以下、幕府軍と呼ぶ）が大坂を進発する。会津・桑名の二藩が先鋒を務め、それに幕府直属軍と姫路・讃州高松・伊予松山等の諸藩の藩兵が続く。これからすると、鳥羽伏見の戦い、延いては戊辰戦争の開戦は、慶喜による「松平修理大夫の奸臣ども」西郷・大久保ら誅戮の上疏《じょうそ》に端を発していたと言えなくもない。

†「明日は錦旗を」

幕府軍の京都接近に応じて、薩長土の藩兵が鳥羽と伏見に布陣して、ついに三日の午後五時ごろ、両軍のあいだで戦闘の火ぶたが切られる。大坂ではこの夜、薩摩藩邸が幕府軍の襲撃を受け、留守居の木場伝内や税所篤らは藩邸に火を放って脱出し、また、翌四日には兵庫沖で海戦が起き、艦長榎本武揚の軍艦開陽丸が薩摩藩艦船の春日丸・翔鳳丸等を追い払う。これらからすれば、少なくとも鳥羽伏見の戦いの緒戦は幕薩戦であった。

西郷は前線に出ないよう指示されていたが、三日に伏見の戦場に出向き同夜、大久保に次のように書いている。

「今日はお叱りを蒙るとは考えましたが、戦《いくさ》の左右《そう》（報）を聞き、たまり兼ねて伏見まで差し越し、ただ今帰ってきました。初戦に大勝、誠に皇運開き立つ基《もとい》と大慶このことです。兵士の進退、実に感心の次第で驚き入りました。

追討将軍の件、いかがなっているでしょうか。明日は錦旗を押し立て、東寺に本陣をお据え下されば、一倍官軍の勢いを増すことになります。なにとぞご尽力なされたく合掌します。」

錦の御旗

大久保は三日の朝廷の緊急会議で徳川征討の布告と錦の御旗《みはた》の下賜を求めるが、松平慶永らがこの戦いは薩摩と徳川の私戦だとして、大久保の要請に応じるべきでないと反対する。しかし、岩倉具視が精力的に動き、朝廷から錦の御旗を下賜させる。錦の御旗は、実のところは、岩倉の指示によって、大久保らのもとですでに製造され保管されていた。

三日深夜には議定の仁和《にんな》寺宮嘉彰《じのみやよしあき》親王が新政府軍の軍事総裁に、四日朝にはさらに征討大将軍に任じられて、鳥羽街道の東寺に本陣を構え、錦の御旗を翻《ひるがえ》す。岩倉は、混乱する朝廷にあって、若い天皇を掌中に置き、豪胆と機略をもって采配を取り、ほぼ朝廷を思うままに動かしていたのである。

新政府軍は錦の御旗を得て官軍となり、反対に幕府軍は賊軍になる。当然ながら、新政府軍の士気は高まり、賊軍になった幕府軍の士気は衰える。藩主・稲葉正邦が江戸で老中を務める淀藩の軍隊さえ、相手方に錦の御旗が掲げられると淀城へ引き返し、閉門して幕府軍の入城を拒否するようになる。

そんななか、徳川慶喜は一月六日朝方には諸有司・将士たちを集めて出陣を宣言するが、夜には突如、松平容保、松平定敬や老中の板倉勝静らを伴って大坂城を脱出して開陽丸に乗船し、そのとき下船中の艦長・榎本を置き去りにしたまま江戸に逃げ帰る。総大将と副将の二人がこのありさまだから、西日本の幕府軍が総崩れになるのも仕方がない。

慶応四年（明治元年）一月七日には、

「慶喜の反情明白、始終朝廷を欺《あざむ》いてきた段、大逆無道」

とする、慶喜追討令が発令される。

†「もう隠居と決めて」

西郷は正月十六日に川口量次郎（沖永良部島から帰還後、西郷家に入っていた）宛に鹿児島の家族に次のように書いている。

「尚々《なおなお》、寅太郎（嫡男で、このとき一年六カ月）の病気はどうかと、少々暇には考えています。物を沢山食わさないよう、お申し聞かせ下さるよう。……。

陳《のぶ》れば、大坂落去以来戦《いくさ》も止み、追々、桑名（藩）責《ぜ》め等を始めるつもりです。（大坂城等から）分捕《ぶんど》ったもののおびただしいこと、眼を驚かすばかりです。

京・伏見・大坂ともに町々より勝ち軍《いくさ》を祝って、酒肴をささげること、毎日引きも切らず、実に盛んなことで、ただ今になってみれば、（幕府が）これほどまでに憎まれていたのかと驚き入っているような次第です。薩軍の旗を見ては、老若男女手を合わせて拝《おが》み、民心喜悦の師（軍隊）を初めて見て、王師（天皇の軍隊）というのはこれこそと考えている。……。（戦場より）まかり帰ったところ、大いにお叱りを蒙り、大困りです。もう老人仲間に入ったことで、軍はできない。ただ世話をするばかりで、残念なことです。

戦いが静まればお暇願を出して、もう隠居と決めている。実に、人間《じんかん》役のご奉公はかなわない。気後《きおく》れのみで、いかがとも致し方がありません。この旨、荒々《あらあら》一左右まで。」

文頭の尚々書きで「少々暇には考えています」といった言い方で、子供の病気のことを尋ねている。終わりには、「戦いが静まればお暇願を出して、もう隠居と決めている」と書いている。戦争が済めば、それで自分の仕事は終わると考えていたのだろう。

最後のところで「人間役のご奉公はかなわない」と書いているのは、朝廷のもとで公卿たちのあいだを取りもってするような奉公は「気後れのみで」、どうも性分に合わないといった意味なのだろう。

4　東征大総督府下参謀

†「是非切腹までには」

江戸に戻った慶喜はほどなく朝廷に謹慎恭順の態度を示し、一月二十一日付で在京の徳川慶勝・松平慶永・山内容堂ら宛に、自分の退身によって徳川家の存続を求める嘆願書を送った。西郷のもとにもその嘆願書が届き、西郷は二月二日に大久保に次のように書いている。

「ただ今、別紙が届きました。慶喜退隠の嘆願、甚だもって不届き千万。是非切腹までには参らないでは済まず、必ずや越土（越後藩・土佐藩）などよりも寛論が起こったのでしょう。静寛院（孝明天皇の妹・和宮）といえども、やはり族の一味となって、退隠ぐらいで済むと思し召しであれば致し方なく、断然追討あらせられたきことと思います。

ここまで押し詰めているところを、寛《ゆる》やかに流しては、再び、臍《ほぞ》をかむとも益なしに至ることになります。例の長評議に因循を積み重ねては、千歳の遺恨になると思いますので、何とぞお持ち合わせのご英断をもってお責め付け置き下されたく、三拝九拝お願いします。」

西郷は「慶喜退隠の嘆願、甚だもって不届き千万。是非切腹までには参らないでは済まず」と言い、朝廷にいる大久保に「英断をもってお責め付け置き下されたく」と書いている。

大久保ももとより西郷と同じ思いで、国元の蓑田伝兵衛に送った二月十六日付の手紙で、慶喜退隠の嘆願を、「誠にあほらしき沙汰の限り」と言い、また、

「退隠ぐらいをもって謝罪などとますます（朝廷を）愚弄《ぐろう》ること甚だしいことでございます。天地に容れられべからざる大罪なれば、……、寸毫《すんごう》も猶予されては、例の譎詐権謀に陥られるのは案中のことです。*99」

と伝えている。これまで慶喜にさんざん痛め付けられてきた西郷や大久保にとって、慶喜を何もなしに退隠させるなど、とうてい許されることではなかった。

ところが、上の西郷の手紙について、多くの歴史家や歴史書が厳罰は西郷の真意ではなく、最終的には寛典でおさめるつもりであったと言う。このあと、実際にそのようになったからでもあるが、この手紙を収録している『西郷隆盛全集』第二巻の解説者は、

「世間にはこの書を引用し、徳川家処分について、西郷及び薩藩がきわめて残酷な意見であったと論ずるものがあるが、これらは西郷の真意を解しない皮相の見解である。」

と言う。また、古くから多くの歴史家が、西郷は初め厳しい処置を言うが、実際には寛大な

措置で事を収めるやり方をするとして、この慶喜処分もその事例の一つに挙げる。しかしどちらも、あと付けの間違った解釈であろう。

確かに西郷は、敵対する相手を徹底的に打ちのめすことを好まず、敵内部の分裂や確執を利用して、敵をもって敵を制するやり方をよく取るが、この徳川慶喜の処分をもとから、そのような〝当初強硬―後寛大〟の方式でやろうとしていたとは考えにくい。

少なくとも、本書でこれまで見てきた西郷や大久保らの慶喜への感情からして、西郷が「是非切腹までには参らないでは済まず」と言うのも、大久保が「誠にあほらしき沙汰の限り」と言うのも、どちらも掛値のない真意であったと思われる。ほんの一カ月ほど前には、自分たちが慶喜から「誅戮《ちゅうりく》」の対象にされてもいた。西郷や大久保らが慶喜の「殄戮《てんりく》」を言い、慶喜が西郷・大久保らの「誅戮」を言うところに、修辞や誇張があるわけではない。まさしく、彼らは激烈な戦いをしているのであり、互いに募る敵愾心を燃やして心底そう考えていたと見るべきであろう。

もっとも、慶喜を「死一等」にしないことは、新政府が早くから決めていたことで、西郷や大久保らとしても、それに執拗に反発することはできなかった。また実際、慶喜の「死一等」に固執して、世間に広がっている薩摩の徳川幕府に対する「私戦」や天下取りの野心の風評をいっそうかき立てるようなことは、ふたりにはできなかった。

†総督府参謀就任の拒否

西郷は慶応四年（明治元年）二月十二日に、薩摩藩諸隊差引《さしひき》（司令官）に就いて東海道先鋒隊を率いて京都を出発する。しかし、その二日後には西郷に東征大総督府下参謀の命が下る。そのようなことになったのは、西郷がそれに就くのを固辞して、出発際《ぎわ》に長州の広沢真臣《まさおみ》にその役を押し付けて出て行ったためだ。下参謀というのは戦争の実質上の最高司令官である。

駿府《すんぷ》から三月五日付で在京の吉井友実に送った手紙で、西郷はそのことについて、

「大総督参謀の儀、……、広沢に出し抜かれたようなので、さっそく名古屋から脱走した（総督府から前線に逃げ出した）ところ、ご中途から参謀の儀もお申し来られている。なにとぞ、はやばや（私に代わる）参謀をお遣わしになるよう、ご尽力成し下さるようお願いします。」

と書き送っている。

この後も西郷は事あるごとに、参謀辞退の申し出をし、また、総督府から「脱走」して独自の判断で勝手な行動を取っている。

東海道先鋒の諸藩連合軍は二月二十五日には駿府に達し、総督府はいったんそこでの待機を命じるが、西郷は戦略上の要衝箱根を目前にしての待機は無駄として、勝手に先鋒隊の箱根進出を命じて一挙にその地を占領し、その上で、三月六日には軍議を開いて江戸城総攻撃を三月

十五日と決定している。

†勝海舟との談判

そのようななか、三月九日に徳川方の陸軍総裁兼海軍奉行・勝海舟が送った使者・山岡鉄舟が、益満休之助を敵陣地の通行手形に仕立てて西郷のもとに到着し面会する。益満は先の薩摩藩邸焼討ち事件で投獄されていたが、勝が少し前にもらい受けていて、このときに使ったのである。[*100] 山岡と益満は旧知の間柄でもあった。

西郷と勝の談判（「江戸開城談判」結城素明筆）

西郷と勝が三月十三日と十四日の両日、江戸で直接談判をして、四月十一日には江戸無血開城が成る。勝は『海舟日記』の三月十四日の条で、それまでの出来事を綴り、その最後に、

「薩摩一、二の小臣、上に天子を挟み、列藩に令（号令）して出師《すいし》迅速、猛虎が群羊を駆るに類せり。何ぞその奸雄（奸智にたけた英雄）なるかな。[*101]」

と記している。いかにも勝らしい言い回しだが、ここで

「小臣」と呼び「奸雄」と呼んでいる相手は、慶喜が三月半ほど前に「討薩の表」で「松平修理大夫の奸臣ども」と呼んだ、同じ西郷たちである。

勝はまた、後にこのときの談判を振り返って、*102

「あのときの談判は、実に骨だったョ。官軍に西郷が居なければ、談《はなし》はとてもまとまらなかっただろうョ。……。西郷は俺の言うことを一々信用してくれ、その間一点の疑念もはさまなかった。『いろいろむつかしい議論もありましょうが、私が一身にかけてお引き受けします』と、西郷のこの一言で、江戸百万の生霊も、その生命と財産も保つことができ、また徳川氏もその滅亡を免れたのだ。」

などと、長々と話している。いささか美談に過ぎるが、いずれにせよ、両雄が旧知で互いを認め合える仲でなければ、江戸無血開城もそう簡単にはいかなかったであろう。

江戸城の官軍への引き渡しも取りあえずスムーズに運ぶが、幕府側の抗戦を完全に封じ込むことはできなかった。海軍副総裁・榎本武揚は当時最強のオランダ製軍艦・開陽丸を率いて北上し、また、歩兵奉行・大鳥圭介も旧幕府軍精鋭の伝習隊を率いて北関東方面に脱出する。江戸では、旧幕臣たちが彰義隊を組織し、新政府軍の兵隊と衝突を繰り返すなどして市中の攪乱を謀っていた。西郷は江戸市中の取り締まりについては、勝海舟ら徳川方の手にゆだねていたので、やはり、なまぬるいものになっていたのだろう。

†上野戦争

四月下旬には、長州藩の大村益次郎が京都から軍防事務局判事の肩書で有栖川宮熾仁《たるひと》東征大総督の「輔佐」として江戸に入り、江戸取り締まりの強化を図る。大村は京都の新政府部内にあって、東征大総督府の東征・鎮撫の遅滞を批判し、反抗分子の早期掃蕩を強く主張していた。

大村は若くして大坂に出て緒方洪庵の適塾に入門し、やがて塾頭も務めた俊英で、そのあと江戸に出て、幕府の講武所で蘭学と西洋兵学を修めてその教授も務めた、当時第一級の軍事専門家で、第二次長州征討（「幕長戦争」）では長州軍を指揮して幕府軍を打ち負かし、実戦でも輝かしい戦績を遺していた。

そのような武将が東征大総督「輔佐」として江戸に来たのだから、当然、東征軍の司令長官の職にある西郷とのあいだで、その地位や指揮系統の上で微妙な問題が生じてくる。そのため、ふたりの周辺では軋轢《あつれき》も生じるが、西郷本人はあまり気に掛けていなかったようだ。むしろ自分が一歩退いて大村を立てる姿勢を取っている。西郷はもともと東征大総督府の参謀の職も長州藩の広沢と押し付け合っており、大村に司令官の座を譲ることに躊躇《ちゆうちよ》はなかったようだ。

五月三日には奥羽二十七藩による奥羽列藩同盟が成立して、奥羽戦線の激化が予想されたため、西郷は兵を率いて増援に向かう旨を大村に伝えるが、大村は江戸鎮撫の先決を唱えてそれ

に反対する。西郷はそのことを五月十日付で、京都にいる大久保・吉井連名宛に、

「応援のため白河口（奥羽戦線の拠点白河）へ出張致したく、（現在江戸のいる薩摩藩兵を先に白河口に送り）京都より参るべき兵を当地に召し置かれるのがよろしい旨を、再度申し立てているが、大村士聞き入れこれなく、……。」

と書き送っている。西郷はかなり残念だったようだが、大村の指示に従っている。

五月十五日には、大村が立てた彰義隊掃蕩作戦のもとで上野戦争を戦い、西郷は最も激戦が予想された黒門口を受け持って一日にして彰義隊を一掃する。関東監察使としてこのとき江戸にいた三条実美は、京都にいる岩倉具視への五月十八日付の手紙で、

「西郷吉之助の兵隊、黒門の激戦は実に目ざましい戦いにて、諸人大感心しました。*103」

と伝えている。

戊辰戦争はこのあと明治二年五月十八日の箱館・五稜郭の開城まで、なお一年続くが、西郷が前線に立って指揮を取ったのはこの上野戦争が最後になる。

以後、西郷は北越戦線や箱館戦線にも出陣するが、その采配ぶりは、戊辰戦争前段の鳥羽伏見の戦いから江戸開城そして上野戦争に至るまでの目覚ましいものとはおよそ比較にならない。上野戦争後の西郷の指揮官としての仕事ぶりは、むしろ要領を得ず、迷走をすら思わせる。

第七章

明治初年

1 繰り返される進退

†藩主忠義の帰藩

上野戦争で彰義隊を一掃して江戸鎮定のめどがつき、西郷はさっそく奥羽戦線への増援の措置を取るために、慶応四年(明治元年、一八六八)五月末に江戸をたって京都に向かう。六月五日に着京すると同日直ちに朝廷に参上して、奥羽戦線への増援部隊派遣の急務を言上する。

このとき藩主島津忠義《ただよし》(茂久)とともに京都にいた大久保は、その日、朝廷であったことを日記に五項目に分けて書き留めている。その第一項で、

「一、君公(忠義)、小御所で天顔(天皇)に拝され、御剣・錦旗を頂戴になり、お金三万両と御紙面二通をお受けになる。」

と記し、最後の第五項では、

「一、今朝、西郷吉之助上京。関東の評議で何ぶん人数（兵隊）差出の件至急にて、君公の出発を引き延ばし、まずは兵隊のみ早々に繰り出すように言上して、朝議はその通りに決定。」
と記している。

これからして、この日、天皇が直々に薩摩藩主島津忠義に奥羽出陣を命じながら、その日のうちに、西郷の言上によって「君公の出発」が「引き延ば」されたことがわかる。実際このあと、家老島津広兼《ひろかね》が忠義に代って直ちに在京の薩摩兵を率いて奥羽に向かい、忠義については、『明治天皇紀』によると、

「（六月）八日、御前に会議を開いて議を決し、忠義に命ずるに、帰藩して兵を調した上、航路江戸に赴き、東征大総督熾仁親王ならびに関八州鎮将三条実美と謀り、奥羽鎮定に尽力すべしと。吉之助にまた忠義の随行を命ず。」*104

とある。つまり、忠義には、帰藩して増援部隊を編成し、あらためて江戸に向かえと命じ、併せて西郷には藩主に随行を命じている。

実際このあと、忠義と西郷は直ちに京都をたって帰藩しているが、それ以後、忠義が戦争中に「江戸に赴」くことはなく、また、二度と戊辰戦争の戦場に立つこともなかった。西郷もまた、このとき五十日ほども鹿児島に留まり、日当山《ひなたやま》温泉で体を休めている。

これらの経緯からして、西郷が意図的に藩主忠義の奥羽戦争への出陣を阻んだのはまず間違

いない。西郷はこれより以前、一月十七日に忠義が新政府の海陸軍務総督に任命されたときも、西郷自身の海陸軍務掛の辞退とともに、忠義にもその職を一日にして辞退させている。おそらく、この戦争が薩摩藩の「私戦」や天下の覇権争いのように見られるのを避けるためであったのだろう。

実際、前年十二月のクーデターによる政変以来、徳川幕府との戦いが薩摩による「私戦」や天下取りの戦争と見る批判や誹謗が、慶喜の「討薩の表」など旧幕府側から発せられる情宣以外にも、新政府部内や同盟雄藩内でも日ましに増大していた。

しかし考えてみれば、薩摩藩からすれば、少々そういうことはあっても、藩主が奥羽戦線に立つことも、無論、海陸軍務総督に就くことも栄誉なことであったはずだ。藩主が海陸軍務総督に就くことなどは、薩摩藩が新政府軍の軍事的実権を握る上で、願ったり叶ったりのことでもあったはずだ。とりわけ、天下の覇権を狙える立場にあった久光にとってはそうであったのではないか。だとすると、それを独断で辞退させた西郷は、久光としては許しがたい者であったはずだ。もしかすると、明治に入っての島津久光の異常ともいえる西郷への憎悪は、この辺にもその原因があったのかもしれない。

†北越出兵

帰藩した忠義も西郷も朝命を無視するかのような態度を取っていたが、七月下旬には、村田新八と西郷従道が長岡（現・新潟県長岡市）から京都を経て、救援軍の早期派遣を求めて帰藩してくる。そのため薩摩藩は、ようやく八月三日に一大隊を新潟に向けて海路出発させ、西郷も北陸出征軍総差引に就いて同月六日に鹿児島をたって十日には越後柏崎に着く。しかし、西郷らが到着したときには、すでに会津藩や仙台藩との激しい攻防戦があった白河口の戦いは、政府軍側の勝利でほぼ決着がついていた。

もっとも、西郷個人としては越後に来るなり、つらい知らせを聞くことになる。すぐ下の弟の吉二郎が越後の戦場で八月二日に重傷を負い、十四日に死亡する。吉二郎は西郷の留守中、家長の西郷に代り、ずっと一家の面倒を見ていたが、それが、戦争に駆り出されるやたちまち戦死してしまう。西郷にすれば、身を切られる思いであったに違いない。

西郷はこのあと八月二十日に松ヶ崎に陣を張るが、政府軍の総指揮はそこから十キロほどの新発田《しばた》に置かれていた北陸道征討総督府が取って、九月四日に米沢藩、十日に仙台藩、さらに二十二日に会津藩、二十四日には庄内藩を次々に降伏させ、奥羽の平定をほぼ終える。西郷はごく近くにあった北陸道征討総督府に一度も顔を出すことなく、引率してきた兵隊を現地の参謀に預けて九月九日に松ヶ崎を離れ、米沢に寄り九月二十七日には庄内に入る。

西郷が庄内藩に寛大な処置を取ったことが、後の庄内藩の西郷への心服で有名になるが、西郷自身はそれほど特別なことをしたとは思っていなかったはずだ。庄内藩にすれば、薩摩藩江戸藩邸の焼討ちをした藩でもあったため、その報復を覚悟していたのだろうが、西郷としては、むしろ、そういったことをしないことで、「私戦」の風評や薩摩藩と旧幕府側との旧怨を払いのけておきたかったはずだ。それに、藩邸焼討ち事件は、西郷ら討幕派にとっては、開戦のきっかけがつかめなかったなか、結果としては、戦端を開く恰好《かっこう》の火付け役になってくれた。

†新政府指示の無視

九月八日には慶応から明治へと元号が変り、天皇は九月二十日に京都をたって明治元年十月十三日に江戸城（このあと東京城に改名）に入る。西郷は九月二十九日に庄内をたって東京にもどり、そこで政府から東京に留まるよう指示を受けるが、それを無視し、ちょうど天皇と入れ違いになるかのように十月十日に京都に入り、そのまま帰国してしまう。

西郷が十一月初めに鹿児島に帰着したころ、東京では奥羽平定軍の凱旋があり、十一月二日には有栖川宮熾仁《たるひと》親王の東征大総督兼会津征伐大総督や西郷の征討大総督下参謀の解除が発表される。

本来なら、西郷は東京で平定軍の凱旋に立ち会い、また、下参謀解除の詔《みことのり》を天皇から授かるべきであったはずだ。しかし西郷は、新政府の指示を無視し、そっぽを向くような行動を取っている。そのわけはよくはわからないが、もう退身のつもりでいたことが関係していたのだろう。鳥羽伏見の戦いの直後に家族に送った手紙ですでに、「戦いが静まればお暇願を出して、もう隠居と決めている」と書いていた。

†「入道先生」

このころ鹿児島に帰郷した伊地知正治は、西郷の様子を明治二年一月二十日付の手紙で大久保に、

「入道先生はすでに四、五十日ぐらい日当山に湯治、犬四、五匹、壮士両人もしくは三、四人同道の由ということです。[*105]」

と伝えている。

伊地知がここで「入道先生」と書いているのは、西郷がこのころ剃髪《ていはつ》をして坊主頭になっていたからだ。頭を丸めたのは、前年八月に戦死した弟の吉二郎との関係がありそうだが、隠退の意志表示でもあったのかもしれない。ただし、この西郷の剃髪の時期とそのわけについてははっきりしない。後に引く明治五年末の久光の西郷への詰問状には、

「戊辰（明治元年）の年、無届にて剃髪したのはわがままの至りだが、非常出軍のときであったので、そのままにしておいた。」

とある。これからすると、西郷は元年八月六日に鹿児島をたって北越に向かうときにはすでに剃髪していたことになり、弟吉二郎の戦死以前のことになる。そうだとすると、元年六月に藩主忠義と帰藩後まもなく剃髪していたことになり、やはり、隠退の意思表示であったと考えられる。

元年終わりから二年初頭にかけて鹿児島にも、戊辰戦争からの帰還兵が続々と帰還してくる。帰郷後彼らは、戦勝の余勢も加わって、かつて藩主の率兵上京や討幕に反対した者たちを激しく糾弾し、また、門閥の打破や藩庁への人材登用を迫る。そういった活動の急先鋒に立っていたのが川村純義《すみよし》・野津鎮雄・伊集院兼寛《かねひろ》ら西郷配下にいた者たちで、その彼らが久光の次男で家老職にあった島津久治《ひさはる》（図書）や久光側近の奈良原繁や伊地知貞馨《さだか》（堀仲左衛門）らを激しく糾弾して辞職に追い込む。久光は西郷に鎮静を依頼したようだが、西郷がそれに応じた形跡は見当たらない。

しかしその後、桂久武が「執政」（維新政府が新たに発令した「藩治職制令」にもとづくもので、以前の首席家老に当たる）心得に就き、伊地知正治らも「参政」に就いて、そのもとで藩主忠義が村田新八を伴って日当山温泉に西郷を訪ね藩政府への出仕を求めたのには、西郷もさすがに断り切れなかったようだ。西郷は島津忠義には恩義を感じてもいたのだろう。

明治二年三月二十日付で西郷は大島で世話になった得藤長《とくとうちょう》に、次のように書いている。

「拙者も昨春より江戸表へ出軍いたし、その後、越後表へも差し越しましたところ、兵隊たちの奮戦をもって、まったくの御勝利が成って、お蔭をもって命を拾って帰り、昨冬霜月（十一月）初旬にこちらに着きました。ご安慮下さい。

もうこの節はお暇を願い上げ、隠居のはずで、暫時はご許容なったところ、またまた是非に勤めるべき旨ご沙汰があり、よんどころなく先月二十五日に参政を仰せ付けられ、勤めています。

一両年は勤めなければ済むまじく、当春ども、そこもとへ下島いたすべき含みのところ、案外のことになり、いかんとも仕方ありません。遺子ども（菊次郎と菊草）が始終ご丁寧にしていただいている由、厚くお礼を申し上げます。……。

……。はたまた、愚弟吉二郎は越後表において戦死いたし、残念このことにございます。ほかの両弟は皆無難《ぶなん》に罷《まか》り帰り、仕合せの次第です。拙者第一に先に戦死いたすべきところ、小弟を先立たせ、涕泣《ていきゆう》いたすのみでございます。ご悲察給いますよう。」

隠居して「当春ども」、大島に行く予定だったが行けなくなったと伝えている。それでも、「一両年は勤めなければ済むまじく」と書いていることからして、長く勤める気はなかったようだ。吉二郎の戦死については、「拙者第一に先に戦死いたすべきところ、小弟を先立たせ」と、つらい思いを伝えている。

†菊次郎への手紙

この得宛の手紙に付けて送ったと思われる菊次郎宛の手紙が近年発見され、それが『敬天愛人』第二十八号（二〇一〇）に紹介されている。内容は菊次郎に「上国」（鹿児島に来ること）を促すもので、父親・西郷の一面がうかがえる貴重な史料なので、ここで引用させてもらう。日付は上の得宛のものと同じ「三月二十日」である。

「一筆啓達します。相変わらずいよいよ元気の由、大慶このことです。拙者も変わらず送光（消光）いたしているので、少しもご懸念はいりません。たびたび書状を寄越した由ですが、始終、旅がちで返事も遣《や》らず、いかばかりか案じていただろうと思います。

もうは旅も致すことはないだろうと考えているので、必ず上国いたされるように。拙者も近来、多病がちで、とても永くは生きながらえるのは覚束《おぼつか》なく思い、存生中に一篇は逢いたくもあり、あとになっては決まって心残りにもなるので、一両年のうちに罷《まか》り登るように致されるべし。雑費等はよくよく船頭らに頼んで上国の上、すべてここもとで支払うにつき、少しも世話はありません。

私の面《つら》も知らないでは、一生心掛かりになると、近頃は歳を取ったためか、考えていることです。手習い（習字）どもいたしている由、……。紙・筆・墨など送ります。*106」

書面にはこのあと、船便で送る食料や木綿のほか扇子やかんざしなど多数の品目が書かれ、西郷の大島に残している子供たちへの思いが伝わってくる。

菊次郎を呼び寄せる気持ちは強く、ほとんど命令調の言い方になっている。自分は「多病がちで」、この先「永くは生きながらえるのは覚束なく、存生中に」一度も会えず自分の顔も知らないようなことになっては困るなどとも書いて、いくらか焦り気味である。西郷は、このように自分に健康不安が生じたときに、何かしら、し残していることが胸をよぎるらしく、性急に事をやり遂げようとする性癖がある。このあと明治六年に健康不安が生じたときにも、急に思い立ったように自身の朝鮮遣使に熱中している。

西郷が上の手紙を送ったあと、菊次郎はすぐに「上国」して西郷家に入り、西郷とは年の離れた末弟の小兵衛が兄役になって指導し、ちょうど同じ時期に従道《つぐみち》のもとに嫁《とつ》いできた得能良介の娘・清子が姉のようになって身の回りの面倒を見ている。菊次郎は清子によくなつき、このあと東京に出てからも、また父の死後もよく清子の世話になっている。

西郷自身は上で「もうは旅も致すことはないだろう」と書いていることからして、今回、出仕しても、中央政府に出仕したり長く戦場に出たりするつもりはなかったようだ。

†箱館出兵

参政に就いた西郷は桂や伊地知らとともに、島津家一門の私領地を藩に回収したり、一門や門閥の禄《ろく》を従前の八分の一ほどに大削減したりして財源を確保し、それらをもとに一万五千人ほどの西洋式の近代的な常備軍を創り、また、微禄の下級藩士については、その俸禄を増額してもいる。この兵員の増強は、このころ新政府が「常備隊規則」を公布して進めていた諸藩の軍備抑制策に違反する。

そんななか、西郷は何を思ったのか、明治二年五月に突如、自ら藩兵を率いて箱館戦争支援のために戦地に向かう。五月一日に鹿児島を出帆し、五日に品川に到着し、大村益次郎から今行っても遅いと忠告を受けながら、西郷はそれを無視し、強引に朝廷の出張命令を取り付け、他藩の兵も加えて品川を出帆し二十五日に箱館に到着する。

ところが、大村が忠告した通り、到着の一週間前に榎本武揚らの旧幕府軍が降伏して戦争は終結（戊辰戦争終結）していた。遅ればせの出兵はまったくの無駄足になり、西郷は兵隊を引率して五月二十八日に箱館を出帆して東京にもどる。

頼まれもしない箱館出兵を、西郷がこの時期、いったい何のためにやったのかよくわからない。藩政改革で出兵の費用が比較的容易に捻出でき、新規につくった軍隊の力量を確かめてみたかったからだろうか。いずれにしても不可解である。

維新政府は明治二年六月二日に戊辰戦功者を発表して賞典禄を授与する。西郷は最高の永世禄二千石を授かり、大村益次郎千五百石、伊地知正治・板垣退助千石と続く。なお、続いて九月には、復古功臣に対する賞典禄として、三条実美・岩倉具視に各五千石、木戸孝允・大久保利通・広沢真臣に千八百石などが授けられる。やはり、旧公家で華族の三条・岩倉二人が突出して高額である。明治維新が戦争を伴う大変革であったにしても、革命というよりは、やはり王政復古であったことを象徴的に示している。

西郷を乗せた箱館からの帰還船が六月二日には浦賀に碇泊しているので、もしかすると、西郷は東京で、賞典禄授与の伝達を直接に受けていたのかもしれない。しかし、六月五日にはまたまた、政府から出ている東京残留指示を無視して、兵を連れて鹿児島に帰っている。西郷に新政府に仕える気がなかったということなのだろうが、それにしても、どれもこれもいささか身勝手な行動である。西郷は元来、自分の信念にもとづいて行動するタイプで、もともと独断専行気味のところがあるが、明治になってからはそれがいっそう目立つようになる。

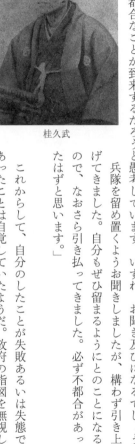

†桂久武に心中を語る

西郷は箱館出兵から帰還して、さっそく日向（宮崎県）の吉田温泉に湯治に出かけ、そこから七月八日付で執政心得の桂久武に次のように書いている。

桂久武

「陳《のぶ》れば、このたびの東行（箱館出兵）の不都合さんざんのことで、早や帰国した次第です。定めて不都合なことが到来するだろうと愚考しています。いずれ、お聞き及びになるでしょう。

兵隊を留め置くようお聞きしましたが、構わず引き上げてきました。自分もぜひ留まるようにとのことになるので、なおさら引き払ってきました。必ず不都合があったはずと思います。」

これからして、自分のしたことが失敗あるいは失態であったことは自覚していたようだ。政府の指図を無視して兵隊を連れ帰ったことについては、「定めて不都合なことが到来するだろう」とも書いている。

ところで、この桂宛の手紙は、上のことだけを伝えるために書いたものではない。桂が藩の執政心得を退きたいと言ってきたために、それへの返答として書いたものだ。そのなかで、桂が胸襟《きょうきん》を開いて話せる相手であることもあって、いささか感情的にもなり、自分の心中を吐露している。

「さて、貴兄はご湯治の効果も上がらず、もはやご退職され閑暇を得て治療に専念されるとのこと、意外の思《おぼ》し召《め》しと存じます。いよいよその通りにご決心されるのであれば、貴兄との約束が虚言にならないよう、この私を先に辞めさせてもらい、その上でご閑静の身になられるようしていただきたく、とにかく、このことはご尽力ひとえにお願いします。

私の身上の儀、何度も申し上げた通り、いかに（有村俊斎や堀仲左衛門の）讒言《ざんげん》であるにせよ、一度は賊臣の名をこうむり、獄中にまで入れられたようなことで、そのまま朽ち果てては先君（島津斉彬）公に申し訳が立たず、ひとたび国家の大節に臨み、賊臣のご疑惑を晴らすことができれば、泉下の先君にお会いしても口をつぐんだままでいなくてもいいと、そのことのみを考えてやってきました。

ただそればかりを思ってご奉公しているのであって、まったく君臣の情義はあい通ずべき道理になく、義の一字のみで勤めている次第、ご憐察もしていただけないようであれば、あまりに無理な訳ではありませんか。……。今日に至っては、獄中の賊臣、決して忘れているわけではさらになく、雲霧を破ることができれば退いて謹慎すべきことこそ、先君のご鴻恩《こうおん》を忘れないことと決めております。」

西郷が参政に就くに当たっては、先に「執政」心得に就いていた桂との間で互いの進退について何かの約束が交わされていたらしく、西郷は盛んにその約束を忘れてもらっては困ると申し入れている。

今日一般に、西郷については「明治の賊臣」と言われるが、実際には文久年間にも、このときは藩内でのことだが、久光の厳罰を受け「賊臣」になっていた。西郷はその「賊臣」の汚名を晴らさずに「朽ち果てては先君公に申し訳が立たず」、「そのことのみを考えてやってきた」と言う。また、その汚名の「雲霧を破ることができれば退いて謹慎すべきことこそ、先君のご鴻恩を忘れないことと決めて」いるとも言い、ここに、西郷が自らに課している出処進退の規準が示されている。

しかし同時に、久光とは「君臣の情義はあい通ずべき道理になく、義の一字のみで勤めている」と言い、苦しい胸の内を吐露している。前の主君の斉彬とはまさしく「君臣の情義」が「あい通」じ合えていただけに、久光に仕《つかえ》るその苦しみはいっそうつらいものになるのだろう。

有村俊斎（後の海江田信義）や堀仲左衛門（後の伊地知貞馨）らは、主君が島津斉彬から島津久光に代われば、主君への忠義の名のもとに仕えるべき相手をうまく変えることができた。また、大久保利通にしても大山綱良にしても、それぞれにそれをやっている。しかし、西郷にはそれができていない。無論、西郷も人一倍忠義の人であるから久光への忠義に努めるのだが、自身の信念や情義あるいは節操といったものが邪魔をするのだろう。西郷の言いようのない苦しみは多分にその辺のところから発している。

2 廃藩置県

†犠牛の歌

大納言岩倉具視が勅使となり、大久保や兵部省の山県有朋・川村純義らを伴って明治三年十二月十八日に鹿児島入りをし、島津久光と西郷に上京を求める。西郷には、事前に、欧州から帰国した弟の西郷従道を帰郷させて説得に当たらせてもいた。久光は西郷の上京に許可を与え、自らについても来春の上京を承諾する。

鹿児島を出る前と思われる時期に、西郷が詠ったとされる漢詩がのこっている。七言絶句だが、書き下し文にし、併せて訳文も載せておく。

朝野（朝廷と野）に去来、名を貪《むさぼ》るに似たり
竄謫《ざんたく》（島流し）の余生、栄《えい》を欲せず
小量（乏しい器量）まさに荘子の笑いとなるべし
犠牛《ぎぎゆう》（生け贄の牛）、杙《くい》に繋《つな》がれて晨烹《しんぽう》（朝の料理になるのを）を待つ

朝廷に仕えたり野に下ったりするのは、名誉を貪るようなものだ。流刑にされた後の余生、栄誉を求める気などない。この貧しい行いを荘子は笑うに違いない。自分は生《い》け贄《にえ》の牛にされて食われてしまうだろう。

西郷は多くの歌や書を遺しているが、手の込んだ贋作も多く、真作かどうかやその制作時期を特定するのは容易ではないようだ。もっとも上の漢詩は、『大西郷全集』第三巻が写真付きで真筆のものとして載せているので、自作と見てよいようだ。

今から中央に出ようとする者が、いずれ「犠牛」になるだろうとは、いささか悲壮に過ぎ、過剰反応のようにも思えるが、西郷のこういった思いは、何もここに始まったものではない。むしろ、二度にわたる遠島の経験から、西郷の脳裏に深く刻み込まれたものと言える。

西郷は安政五年には、月照を保護するために鹿児島に逃げ帰ったものの、藩庁から処分せよとの命を受け、いっしょに入水自殺を図るが、結果としては月照だけを死なせてしまう。文久二年には遠島の地から呼びもどされ、藩の命に従って過激派浪士たちの鎮撫に当たるが、自身は「讒言《ざんげん》」によって流罪を負い、その直後には、寺田屋事件で自藩の有馬新七・田中謙助ら「朋友」が上意討ちに遭い、諸国の同志の田中河内介らも薩摩藩の手によって惨殺され、また、ともに鹿児島に護送された森山新蔵が寺田屋事件での息子の切腹を聞いて自殺する。

先に第三章2節で述べたように、そういった経験を通じて西郷は、国のために「誠心」尽くそうとする者は、その国によって殺されるという、この世の不条理、あるいは天は必ずしも正義や誠心に与《くみ》するわけではないことを悟る。中央政府に出仕しようとしながら、「犠牛」になるだろうという西郷の観念は、そういった経験を通じて体得した、西郷独特のイデオロギーから発しているものなのである。

†二人参議

もっとも、歌はやはりひとつに修辞であって、必ずしもそれが真実や詠《よ》み手の心の全部を表しているわけではない。西郷が明治四年の正月に鹿児島をたつとき、初めから「犠牛」の心境のみで出仕しようとしたのではない。出るからには無論、何かを成そうとする意思があったはずだ。西郷が上京を決める五カ月ほど前には、鹿児島藩士横山正太郎（安武）が東京で政府を批判し、割腹して諫死《かんし》している。そのとき横山は「時弊十条」を集議院門前に置き、それの冒頭で「新政府大官の侈《し》靡《び》驕奢《きようしや》、上で朝廷を巻き込み、下で飢餓をもたらす」と批判し、何のための「新政」かと問うている。

横山のそういった思いは、何も横山ひとりのものではなかった。維新（「御一新」）のために戦った当時の鹿児島藩士族に共通するもので、西郷が上京する際に、彼らから新政府の刷新を託されていたことは、西郷の後の言動からも明らかである。

西郷は明治四年正月三日に大久保らとともに鹿児島を出帆して山口と高知に寄り、木戸孝允・山県有朋・板垣退助らと薩長土三藩協力体制の再構築を話し合い、二月二日にそろって東京入りをする。

彼らの最初の仕事は、薩長土の三藩から朝廷に「献兵」をさせて、それらによって太政官政府直属の軍隊をつくることであった。西郷が積極的に動いて、六月中旬には七千人ほど（八千とも一万とも）から成る「御親兵」（翌年、近衛兵と改称）が創設される。

続いて、改革を急ぐため、政府は寡頭《かとう》体制を取ることにし、四年六月二十五日に西郷と木戸の薩長の二人が参議に就く。木戸は六月二十七日の日記に、ふたりで話し合ったことを次のように記している。

「西郷と相談すること数時、ついに我が論がたちまちにして彼の心腹に入るのを覚える。西郷の公心が余の心に徹し思わず感嘆した。……。（そのあと）条公（三条）に至ったところ、図らずもまたそこで西郷に会い、また彼も過日来の齟齬混雑を今日（木戸から話を聞いて）初めて承知、自分（西郷）が以前に言っていたことを案じて（反省して）条公に話しに来たとのこと。この人の主意、はなはだ篤実なり。」

木戸は西郷の誠実さに感激している。このとき、ふたりが腹を割って「相談すること数時」のあいだに、廃藩置県の話も出ていたに違いない。木戸・大久保・岩倉・三条らのあいだでは、以前から廃藩置県についての議論が交わされていた。

七月六日に山県有朋が廃藩置県の早期断行を説得するために西郷を訪ねている。山県は、難儀な議論になると予想していたようだが、西郷が意外にあっさり話を聞き入れたのに驚いたようだ。木戸は翌七日に井上馨から山県の話を聞き、日記に次のように記している。

「西郷断然同意の返答を聞く。大に国家のために賀し、かつ前途の進歩もまたここにおいて一層するのを楽しめる。余（私）三年前に大勢を察し、七百年の封建の体を一破し郡県の名を与え、……、百方苦心して同志数名に談じたものの、快諾するもの一人に過ぎず、……。ようやく薩摩の大久保等がついにこれに応じ、版籍返上の挙に至る。……。この間の苦憂、筆頭に尽くすことはできない。今日いささか快然の思いである。」

木戸はこれまでの苦労を振り返り、ここにきて西郷の賛同も得、ようやく廃藩置県の道が開け、「今日いささか快然の思いである」と感慨にふけっている。

†「衆恨」

西郷は参議になって半月ほどの七月十日、国元の桂久武に次のように書いている。

「この節、もし調わないことになると、御国元で隊中（兵隊たち）と約束を交わした折、切断（絶縁、切腹？）と決めていましたので、とても逃げ出すことはできず、山に入る（出家の）道も

ふさがり、いずれ地に入るほかはない故、承諾したところ、木戸も納得し、両人が参議を拝命することになった次第です。（中略）

このたびは俗吏もよほど落胆いたし、濡鼠《ぬれねずみ》のごとくになっています。ご遥察下さい。定めて衆恨《しゅうこん》は私一人に留まるだろうと、最早諦めております。なお近々、事情を申し上げますが、大略このようです。」

上段で、今回自分が参議を「承諾した」のは、「御国元で隊中と約束を交わした」ことがあるためだと言い、また下段では、「このたびは俗吏もよほど落胆いたし、濡鼠のごとくになって」いると書いている。

これらは、国元を出るとき約束した政府刷新の件で、すでに上級役職の整理や人員削減を実行していて、そのために役人たちが戦々恐々としていることを言うもので、続いて「定めて衆恨は私一人に留まるだろう」と書いているのは、その人事上の大なたふるいによって、さぞかし自分にその恨みが集まるだろうというものだ。さらにこの「衆恨」には、このあと、廃藩置県の断行によって自分に集まる士族一般からの恨みも含まれているのであろう。

廃藩置県は一挙に全国二百六十有余の藩を廃止して、大名家を廃絶し武士階級をなくしてしまう大変革であった。そのため、事は隠密に運ばれ世間には突発的に発表されることになるが、そのとき、これの実行者として表に出る名前は、大方は、士族たちの頭目であり、新たに参議に就いた西郷ということになる。西郷はそのときに受けねばならない士族や大名家たちの「衆恨」を覚悟しているのである。末尾に「近々、事情を申し上げます」と書いているのが、その廃藩置県の断行のことである。

七月十四日に廃藩置県の詔勅が下り、これによって、全国にあった藩が一日にして消滅し、版籍奉還後に旧藩主が就いていた知藩事も一斉に免官になる。ここに、かつての大名家や藩といった旧幕時代の名残《なごり》が完全に廃絶されて、中央政府による地方統治体制が敷かれることになる。まさしく革命的な出来事であった。

そして、西郷はあらためて、七月二十日に桂に次のように書いている。

「今、万国に対立し、気運を開かなくては、とても勢いを防ぎがたい次第で、断然、公議をもって郡県の制度に復されることになり、(天皇が) 命令を下されました。

お互いに数百年来の (島津家の) ご鴻恩、私情において忍び難いことではありますが、天下一般このような世運となり、いかに申しても十年は防ぐことはできず、この運転は人力の及ばないところと思っています。……。

決して異議はあるまいと思われますが、旧習一変のときであってみれば、事によっては、異変が起こらないとも限らない国々もあるかも知れず、朝廷においては戦いをも辞さないご覚悟ですので、それだけはご安心下さい。」

西郷の廃藩置県断行への思いがよく綴られている。「お互いに数百年来のご鴻恩、私情において忍び難いことではありますが」、それは「世運」であり、この際、断じてやり通さねばならないことと伝え、もし、それに反発する者が出てくれば、その際は「朝廷においては戦いをも辞さないご覚悟」だと言う。さらにそれに付け加えて、「ご安心下さい」などと書いているところから見ると、国元の薩摩藩に対しても、桂を通じて言外に牽制を加えているのかもしれない。

†「実に西郷の権力……」

このころ明治政府の司法大輔《たいふ》に就いていた佐佐木高行は『保古飛呂比《ほごひろい》』の七月十四日の条で、廃藩置県の詔勅が下ったことを書き、続いて翌日にあった政府の集会でのことを次のように記している。

「翌日、大臣・納言・参議・諸省長次官等、皇城のお舞台に集会する。各自議論紛々、いかに処置すべきかと。いずれも声高になっているとき、遅刻して参議西郷隆盛参会し、西郷各自の議論を少し聞きたるや、大声にて、この上もし各藩にて異議等起これば、兵をもって撃ち潰《つぶ》すほかありませんと。この一言で議論たちまち止む。実に西郷の権力、さしも議論家の面々の一言もなし。非凡なることほかになし。[*107]」

廃藩置県を構想し中心になって動いたのは木戸や長州の面々である。しかし、藩を廃絶するという革命的な大事業を成すのには、やはり、全国に数多《あまた》ある各藩の旧藩主や藩士たちの反発を抑えられる「西郷の権力」が不可欠であった。

回顧談になるが、福沢諭吉は『丁丑《ていちゆう》公論』で、「西郷の一諾なければ、この大挙も容易に成らなかったは明らかなり」と書き、また、『福翁百余話』では廃藩置県のことを、「当時われわれ同友は、三五あい会《かい》すればすなわち祝し、新政府のこの盛事を見た上は死することも憾《うら》みなしと絶叫したものであった。」

と回顧している。

しかし、福沢やその「同友」のように「新政府のこの盛事」を喜んだ者ばかりでは無論ない。むしろ、士族ではそのような者は少数派で、大半の者にとって藩の廃絶は喜べるものではない。藩は先祖代々、彼らにとって生活と精神のよりどころであり、まさしく「御国」・「御国家」であった。

廃藩置県の報を受けた島津久光は激怒して、錦江湾に花火を打ち上げて鬱憤をぶちまけたと言われる。このとき久光が激怒したのは、藩の廃絶だけではなく、西郷や大久保らがそのために働いたからでもあろう。特に、前年末に上京を許し、この春には自分の兵隊たちを貸してまでやった西郷がその立役者になっていたのには腹の虫がおさまらなかったであろう。久光の激怒はこのあと一年足らずで、再び西郷の頭上で炸裂《さくれつ》する。

3 「難渋の留守番」

†「廃藩の始末」

明治四年十一月十二日、岩倉使節団が最初の訪問国アメリカに向けて、米欧回覧の旅に出発する。岩倉具視が特命全権大使に就き、参議の木戸、大蔵卿の大久保、工部大輔の伊藤博文、外務少輔《しょうゆう》の山口尚芳《なおよし》が副使に就いて、派遣留学生も含めて総勢百人を越える大使節団が日本をあとにする。

岩倉・木戸・大久保といった明治政府の要人が長期洋行をしたため、このときの本国政府のことを歴史上「留守政府」と呼んでいる。その留守政府を担ったのは、太政大臣三条実美をトップに、参議の西郷隆盛・板垣退助・大隈重信たちである。西郷は大蔵卿の大久保が長期不在となるため、大蔵省御用掛に就いて、廃藩置県後の大官庁・大蔵省を監督することにもなる。

岩倉使節団大使と副使

西郷は使節団が出発する直前の十一月三日に国元の桂久武に次のように書いている。

「ここもとでも段々評議があり、来年（明治五年）に外国交際改正（条約改正）の期限が来ますが、とても十分の条件が整いません。外国同様にしようとすれば、互いの婚姻を許し、（外国人を）どこでも自由に居住させ、あるいは旅行等も制限なくできるようにさせないといけない由です。

そのため、改正の期限を五年ぐらい延ばし、その内に国内の事業を振起し、民法は勿論、宣教の自由もしなければ済まされず、期限のあいだに確定させるつもりに決まり、各省からも人員を派遣して、使節同伴で渡航することになり、誠に賑々《にぎにぎ》しいことです。

そのあいだは、まずは廃藩の始末をつけるのみで、ほかには手を出さないことに決まりました。それまでのところ、難渋の留守番で、苦心このことです。ご悲察下さい。」

使節団を送ることになったわけや、その間に留守政府がやるべきことを要領よく伝えている。日本は安政五年に米欧五カ国と次々に修好通商条約を結んでいたが、それは日本の関税自主権を認めず、逆に相手方の治外法権は認めるという、極端に不平等なものであった。日本としては一日も早く改正したいところだが、そのためには、西郷が書いているように、日本の法制や制度を西欧規準に合わせて改革しておかねばならず、「とても十分の条件が整」っていないため、政府は第一回目の改正可能期限に当たる翌年（安政五年の締結日から十五年目）はあきらめて、「改正の期限を五年ぐらい延ばし、そのあいだに国内の」改革と整備を進めることにしたのである。

また、西郷が上で「廃藩の始末をつけるのみで、ほかには手を出さない」と書いているのは、使節団出発の直前に渡航組と留守組のあいだで誓約し合った「約定書」のことを言っている。留守政府側については、「新規の改正を要すべからず」（第六款）や、廃藩置県の「実効を挙げ」ること（第七款）といったことが定められている。このうち前者は政府要人の半分が留守をするなかで、留守政府が新規に改革や制度の変更等を進めてしまうと、あとで問題が生じやすいため、それを禁じているもので、後者はそうは言っても、廃藩置県の大変革をやった直後で、その善後策を講じないわけにはいかないので、それは進めるというものだ。

使節団の渡航期間は十カ月とされていたので、西郷も当面は「廃藩の始末」に専念し、本格的な改革等については「約定書」にも「大使帰国の上、大に改正する」（第六款）とあるように、帰国後にやればよいと考えていたのであろう。

それにしても、戊辰戦争が終結してまだ二年半、廃藩置県を断行してからならまだ四カ月足らず、日本がこの先どうなるかも覚束《おぼつか》ないとき、よくぞ、政府要職にある半分もの者が日本を留守にしたものだ。新政府の大勇断と言えるが、半面、その留守を任される方は大変である。

†武職解除と秩禄処分

木戸は米欧回覧で出て行く前に、何度か西郷を訪ね留守中のことを相談している。出発二週間ほど前に、西郷を訪ねたときのことを木戸は日記に次のように記している。

「十月二十九日　西郷を訪ね、士（士族）の常職を解き、禄券《ろっけん》（秩禄に代えて交付する公債証書）の仕法を論じ、また教法自由等のことに至る。」

木戸は西郷に「士の常職を解き、禄券の仕法を論じ」たと言う。この士族の「常職」を解くのと、その彼らに「禄券」を交付する問題こそ、廃藩置県後の政府、つまりは留守政府が「廃藩の始末」として取り組まねばならない最重要課題であった。そのほか、「教法自由等」のことも話したとあるが、これは、条約改正の条件を整えるための、キリスト教解禁問題のことであろう。

士族の「常職」を解くというのは、これまで武士・士族の独占職になっていた武職（軍事職）を彼らから解く（召し上げる）という武職解除のことで、「禄券の仕法」というのは、士族に支給する秩禄《ちつろく》（俸禄として支給する家禄と賞典禄）を漸次、禄券交付に変えて、最終的には秩禄支給制度を廃止する秩禄処分のことである。

明治政府はすでに国家の兵制として徴兵制（国民皆兵制）を取ることを決めていたので、士族の武職独占解除は必然のことになっていたし、また、士族の秩禄処分を行って国家財政の立て直しを図ることも、政府が廃藩置県によって国家の財政を統一的に運営していく機会に、どうしても筋道をつけておかねばならない最優先課題であった。

廃藩当時、日本の全人口はおおよそ三千三百万人で、そのうち士族の占める割合は五パーセント程度に過ぎなかったが、士族に支払われる秩禄の総額は、国家の歳出全体の三五パーセント近くにもなっており、これの削減・廃止方策の確定なしには、国家財政の立て直しも近代化の事業も前に進めることはできなかったのである。

しかし、この武職解除と秩禄処分のふたつは、どちらも士族の生活基盤の根本を揺るがす大問題で、士族が最も嫌がる問題である。しかし留守政府は、廃藩置県の「実効を挙げ」るためにも、それらに取り組まねばならず、西郷はその矢面に立たねばならないことになる。

西郷は元来、士族たちの最もよき理解者でありその棟梁とも見られていたので、西郷としては苦渋の仕事になる。本来なら、木戸や大久保も同じ立場に立ってその苦痛を分かち合わねばならないのだが、その二人は西郷にあとを任せて米欧回覧の旅に出てしまっている。西郷としては、まさしく「難渋の留守番」にならざるを得ないのである。

†渡航期間の延長

しかも、このあと「難渋の留守番」は、岩倉使節団の渡航期間が延びに延びて、当初予定していた十カ月が、実際にはそれの倍以上の一年九カ月にもなる。それだけ延びれば、「大使帰国の上、大に改正する」として、「廃藩の始末をつけるのみで、ほかには手を出さない」というわけにもいかなくなる。

しかも、この渡航期間の大幅な延長の原因はもっぱら使節団側にあった。最初の訪問国アメリカで、使節団が勝手に予定外の条約改正の本交渉に入ったために、副使の大久保と伊藤が本交渉に必要な本国政府の全権委任状を取るのに一時帰国することになり、その間、つまり、二人がアメリカ東海岸のワシントンと東京を往復する四ヵ月余りがそのまま一行のアメリカ滞在期間の延長になり、さらに、それが後の旅程を大きく狂わせることになったのである。

その上、大久保・伊藤がワシントンをたったあとすぐに、アメリカ一国と本交渉をしても他国と結んでいる条約との関係で、それが無意味であることが判明して、本交渉は直ちに打ち切られる。使節団の条約改正に関する知識不足と軽率が生んだ大失態であった。

この使節団の失敗は、渡航期間を延ばさせ費用をかさませただけでなく、使節団の威信にも傷を付ける。国内外で批判を浴び、国内では次のような狂歌もはやった。

「条約は結びそこない、金は捨て、国に帰って何と岩倉」

†「変革中の一大好事」

ここで話題を少し変えるが、「難渋の留守番」中でも西郷が楽しみにしていたのは、天皇の成長ぶりを見ることであった。岩倉使節団が旅立って間もないころ、西郷は明治四年の十二月十一日付で鹿児島の叔父・椎原与《(子)》三次に送った手紙で天皇の成長ぶりを次のように書いている。

「これまでは華族の人でないと御前にまかり出ることはできず、……、（しかし）すべてそのような弊習は改められ侍従にも士族から召し入れられ、……。ことに士族より召し出された侍従（鹿児島藩士村田新八・佐賀藩士島義勇ら）はご寵愛にて、実に壮なることです。

後宮《こうきゅう》におられることが至ってお嫌いで、朝より晩まで、始終表《おもて》に出御《しゅつぎょ》され和漢洋のご学問、次に侍従らとご会読されるなど、ご寸暇もなく修業のみの次第で、……。

いったい英邁《えいまい》の御質にて、しごくご壮健で、近頃これほどご壮健の主上はおられないと、公卿方も申されています。乗馬は天気さえ良ければ、毎日おやりになり、両三日中には御親兵を一小隊ずつ呼ばれ、調練されるご予定で、……。是非、大隊を御自《おんみずか》らお率いになり、大元帥を自らお勤めになるとのご沙汰、なんとも恐れ入る次第で、ありがたき御事《おんこと》です。

おいおい政府へも出御され、諸省へも回られ、……。これより一カ月に三度ずつ、御前にて、政府は勿論、諸省の長官召出されて、御政治の得失を討論し、かつ研究もされる段、ご内定になりました。

大略、右のようなことで、変革中の一大好事はこ

明治天皇（明治５年頃）

の御身辺のことです。まったく尊大の風習がさらになくなって、君臣水魚の交わりに立ち至ることと思っています。」

明治政府は将来の天皇親政を視野に入れ、天皇の輔導・君徳涵養のために生活環境の一変を図る。これまでの女官に囲まれた大奥的な生活環境を排して、武人的な雰囲気のものに切り替えるとともに、西洋風の生活習慣も積極的に取り入れていた。

西郷は、天皇の日常の生活ぶりが以前とはずいぶん変ったことを喜び、「変革中の一大好事」と伝えている。満十九歳の天皇の成長ぶりに西郷が目を細めている様子がうかがえる。この留守政府の期間中、西郷は天皇に宮中や太政官で接するほか、西国巡幸や軍の演習などで多くの時間をともに過ごす。それらを通して、若い天皇は西郷に親しまれ信頼を寄せられたようで、天皇と西郷にまつわる逸話もこの期間中のものが多い。

†「千載の美談」

このころ西郷が朗報を伝えた手紙をもうひとつ紹介しておこう。それは、国元にいる桂久武宛に五年一月十二日付で書いたもので、西郷はそのなかで、黒田了助（清隆）が箱館戦争で戦った敵将の榎本武揚《たけあき》らの助命に奮闘したことを次のように伝えている。

「色々と難しいことなど、筆紙に尽くしがたく、黒田の勇気がなくては、命《いのち》はない者たちです。満朝（太政官政府の者は皆）殺すべしの論になっているところ、ただ一人奮然と建て抜き通した儀は、千載の美談であります。……。

黒田の誠心よりここに至ったもので、実にたのもしい人物です。一次の奮発は一通りの者でもできますが、これまでに持ち張ったのは、ただ常人の及ばないところです。……。

戦の上で打ち破ったよりも重みがあり、味わいこれに過ぎるものはありません。脇からさえも嬉しいことです。」

信念にもとづき「誠心より」やり通す行動は、西郷の最も好むところだ。また、忠義のもとで戦い、それで敗者になった者への憐憫《れんびん》の情も、西郷らが大切にするものである。黒田が自分たちと戦い敗者になった榎本らの助命のために「ただ一人奮然と」戦い抜いたことで、西郷も「脇からさえも嬉しい」と手放しに喜んでいる。無論、黒田のその行動の陰には西郷の支えもあったに違いない。かつて戊辰戦争では、西郷と黒田がいっしょになって庄内藩に対して同様のことをしていた。

川路利良

†警察の創設

このころ西郷は、警察制度の創設と整備にも力を入れている。「ポリス」（「取締組」とも）は武士がいなくなった社会で大量の需要が見込まれる職業で、士族たちの格好の働き場にもなる。西郷はそのため、その整備に努め、それを士族の授産・救済の手立てにする。この警察制度の創設と充実のために、献身的に働いたのが薩摩出身の川路利良《かわじとしよし》であった。

川路は禁門の変の戦いで頭角を現した郷士《ごうし》出身の元下級武士で、明治四年四月に西郷の引き立てによって東京府大属に就き、以後、警察の整備・充実のために邁進する。ポリスは漸次増員が重ねられ、西郷は主に川路や、このころ東京府参事に就いていた薩摩出身の黒田清綱らを通じて多くの薩摩士族を、まさしく「芋づる（薩コネ）式」に新職業のポリスに就けている。

川路はまたこのころ、警察業務の一環として諜報・探偵活動にも力を入れ、得た情報のなかで必要なものを西郷に知らせ指示を仰いでもいた。そのなかのひとつで、西郷が五年四月六日付で川路に、

「昨日知らせのあった、三条公茶屋遊びの件、はなはだもって有るべからざるご所行《しょぎょう》と思いま

す。いつごろからのことか、何度ほど参られたことか、または馴染みの芸妓もできたことか、詳しくわかればお知らせください。」

などと、指示した手紙がのこっている。

このころ、三条や大隈重信・井上馨といった政府高官の茶屋遊びが知られていて、「新政府大官の侈《し》靡驕奢《びきようしゃ》」を批判する国元の「隊中」らとの約束もあって、西郷としては看過できなかったのであろう。

川路はこのあと、五年五月には邏卒《らそつ》総長になり、その年の秋から一年間フランス留学をして六年の九月に帰国するが、翌十月には西郷が下野したため、そのあとは大久保が創設した内務省に所属して大久保内務卿の傘下に入る。その後、七年には警視庁創設とともに初代大警視に就き、後の十年の内戦では国家の治安維持の立場から西郷と敵対することになる。

†「馬鹿参事ども」

さて、上述の士族処遇問題のほかに、西郷を悩ましているもうひとつの大問題、島津久光問題に話を移さねばならない。

西郷は、岩倉使節団が出て行く二ヵ月ほど前の明治四年九月十四日付で大久保に、

「何分この機会に、三藩（鹿児島・山口・高知）へご臨幸あらせられれば、この上ないことと私

情では祈っていますが、……。」

と書いている。要するに、廃藩置県断行の衝撃を和らげるため、「この機会に」特に「献兵」のあった薩長土の旧三藩へ天皇が巡幸されてはどうかと言うのだ。なかでも西郷は、廃藩置県後、全国の守旧派の不平不満の代弁者のようになっている久光を念頭に置いて、鹿児島への行幸が不可欠だと考えていた。

留守政府で天皇の西国巡幸を決定し、いよいよ明治五年五月から七月にかけてそれが実行される。陸軍大将兼参議の西郷自身が供奉《ぐぶ》筆頭になり、薩摩出身の陸軍少輔西郷従道、海軍少輔川村純義、宮内少輔吉井友実らが随行して、天皇は六月二十二日に鹿児島に入って、そこに七月一日まで滞在する。

久光は天皇に拝謁した印象を、息子の忠義に七月三日付の手紙で次のような言辞で伝えている。*108

「玉座の形勢、異人館のようで、歎息限りなし。」

「西郷そのほか当国より召し出されている者ども、ご到着当日に家令の役所まで参っただけで逃げ去り、一面会もせず。」

「皇国のご本体ついには消滅するのではないかと悲歎するばかりです。これも馬鹿参事どもの処置故のこと、憎むべききわみです。」

天皇は燕尾服《えんびふく》型の制服を身にまとい、お付きの者たちも洋風の服装で随従していた。調度品も洋風のものを運んできていたのだろう。久光はその姿を「玉座の形勢、異人館のよう」と形容している。

「馬鹿参事ども」というのは西郷らを指す。このとき、西郷ら多くの薩摩出身者が随行して鹿児島に十日近くもいながら、自分のところに「一面会」にも来なかったことに不満をぶつけている。天皇の西国巡幸という大事業をしながら、少なくとも久光に関しては慰撫どころか、機嫌を以前よりさらに損ねてしまったことになる。このあと久光は、宮内卿の徳大寺に十四カ条からなる意見書を提出するとともに、西郷と大久保の罷免を求めている。

†久光の詰問状

天皇の西国巡幸は天皇が七月中旬に還幸してともかく終えるが、西郷自身は結局、久光に詫びを入れるために再び帰国することになる。十一月十日に東京をたって鹿児島にもどり直ちに久光を訪ねるが、そのとき、またまた十四カ条の詰問状を突き付けられる。そのうちの五カ条を引いておく。

一、戊辰（明治元年）の年、無届にて剃髪したのはわがままの至りだが、非常出軍のときであったので、そのままにしておいた。ところが、……、ついには朝廷にも及ぼした儀、もってのほか。風俗は政治・綱紀に関わるところ、わきまえていないのではないか、いかがか。

一、解兵後、兵隊暴行、その方、鎮静すべきでありながらその儀なく、かえって尻押ししたとの風評あり、これ虚説ではないと思うがどうか。

一、脱刀・散髪、また、公家華族・士族・庶人等結婚等勝手次第のお達し、前代未聞、沙汰の限り、風俗を乱す根本。一言も申し立てないのはいかがのことか。

一、高給金を貪り、おのれに従う者ばかりを登用し、そのほかは苦情を構わず、苛政が行われていることに同意の姿、心底いかが。

一、ご巡幸の節、供奉第一の高官として、（天皇の）ご失徳のみ醸し出した心底いかが。*109

最初の条項は、先にも触れたもので、西郷が剃髪したときのことを言っている。久光は西郷の剃髪がもとになって、「散髪脱刀令」の発布（明治四年八月）になり、さらに「朝廷にも及ぼし」風俗を乱したと責めている。二番目のものは、凱旋将校たちによる島津久治（久光の次男）

らへの弾劾行為の件を言うものである。久治は明治二年に弾劾されたあと、いくらか精神を病んでいたようで、この年の一月にピストル自殺をしていた。そして最後のものは、久光慰撫のために実行した天皇の鹿児島行幸が、まったく裏目に出たことを如実に物語っている。

これら以外の条項も、以前に西郷が取った行動に何らかの関係があるもので、それらにかこつけて西郷を激しく問責・誹謗する内容になっている。久光が西郷に対していかに怨嗟《えんさ》の感情を強く持ち続けていたかがよくわかる。

†菊草の上国を求む

西郷が久光慰撫のため東京をたった日、このころ近衛局長官をしていた篠原国幹は日記の五年十一月十日の条に、

「西郷元帥、三十日の暇《いとま》にて帰着。」[*110]

と記している。西郷は一カ月の休暇を取って帰省したようだが、年が越えても帰京せず、明治六年の新年を鹿児島で迎えている。

そのころ、西郷は「正月十八日」付で鹿児島から大島にいる愛加那に、娘の菊草の上国を勧める次の手紙を送っている。この手紙は、前掲の菊次郎宛の手紙と同様に新たに見付かったもので、『敬天愛人』二十八号（二〇一〇）に掲載されている。

「なおなお、菊次郎の写真が届いたので送ります。成長の様子を一覧致されるよう。わたのもふか木綿二反、家内より送るので落手致されるよう。

新年一同めでたく迎え、大慶このことです。拙者・家内中も同段、お祝い給わるべし。菊次郎はアメリカと申す所へ学文修行に差し遣わされているが、よほど精を出し、進んでいる趣き。甥の市来宗二が同行していて、こまごまと申しきており、しごく元気の段、また本人からも申し来ている。いずれは、きっと母の力になることと考えており、先が楽しみです。

拙者も当分は江戸がちの勤めで、自分の家には稀に帰っておるようなことで、歳を取った故か、子供のこと思い出します。……。

いずれ女は人の家に参らないといけないので、母の力になることもないと思われ、行く先色々のこともあっては、かえって気の毒なことになるので、この上は難儀いたさぬよう、この方で世話すれば、かえって母のためにもなる。また、菊次郎もいて、頼りになる人もいることだから、その身もよろしかろうと考えています。老年になって来たので、先々のこと思い案じ、申し遣っていることです。[*111]」


西郷は、娘の菊草も大島に置いておくより、自分のもとで育てて嫁にやった方がいいと考えている。愛加那にすれば、菊次郎も菊草も取り上げられてしまえば寂しくなるはずだが、西郷は菊草についても自分のところに引き取る方が「かえって母のためにも」なると言う。

このあと少し遅れるが、菊草は九年の夏に鹿児島に来て西郷家の一員になる。しかし、父親西郷といっしょに暮せたのはほんの半年ほどであった。西郷は十年二月には兵隊たちとともに鹿児島を進発して、そのまま戦争になって帰らぬ人となる。

上の手紙を書いた六年初めのころには、西郷はいずれ鹿児島にもどるつもりで、そこへ菊草も呼ぶつもりであったのだろう。上で「拙者も当分は江戸がちの勤めで」と書いている。このことはまた、後に取り上げる、大久保らが米欧回覧から帰国すれば西郷は退職して帰郷するという約束になっていたという話とも符合する。

†留守政府の内紛

西郷は六年の春になってもなお、鹿児島に留まったままであった。いくら久光の慰撫に努めるといっても、そんなに長く留まっても意味はないはずだが、このころ中央政府でも内紛を起こしていて、急いで東京にもどる気にもならなかったのかもしれない。

政府内紛の第一の原因は、西郷が帰鹿する前から起きていた国家予算の配分問題である。岩倉使節団の渡航期間が延びに延びて帰国が遅れるなか、各省は競って開化策を打ち出すようになり、どの省も新事業のために膨大な予算を大蔵省に要求した。しかし大蔵省は、大輔井上馨が緊縮財政論を唱えて各省の要求を退けたため、両者のあいだで軋轢が生じ、一部では激しい衝突も起きていた。

そのため、井上が十一月初旬のころから出仕を拒み引きこもってしまう。大蔵省御用掛に就いていた西郷も同時期に東京を離れて帰鹿してしまい、また、前大蔵大輔で財政に明るい参議の大隈も地方巡回と称して東京を不在にしていたので、政府は予算編成ができない状態になっていた。困り果てた太政大臣の三条は、六年一月にはついに、岩倉大使に向けて、「政府御無人にて」などと書き、木戸・大久保の早期帰国を求めている。

†副島の清国派遣

留守政府の内部対立は、副島種臣《そえじまたねおみ》外務卿の清国派遣問題でも起きていた。副島が台湾原住民による琉球漂流漁民殺害事件の問罪使として清国に赴くことを強く主張したのに対して、大蔵大輔の井上馨が副島の強硬な外交姿勢を懸念して、副島の派遣は開戦につながる危険があるとして反対したのである。

琉球漂流漁民殺害事件というのは、台湾島南端部に漂着した琉球漁民六十六人のうち五十四人が原住民に殺害されるという事件で、事件自体は明治四年十一月に起きていたが、その難をのがれた十二人が翌五年六月に那覇《なは》に生還して世に知られるようになる。当時、琉球を管轄下に置いていた鹿児島県にその報が伝わると、士族を中心に報復の出兵を求める声が高まる。

鹿児島県は戊辰戦争からの帰還兵が特に多く、その彼らが「無為徒食《むいとしょく》」を倦《う》んでいたこともあってそうなったのだが、五年七月には県参事の大山綱良《つなよし》が政府に台湾への問罪の出師《すいし》を建議し、また、鎮西鎮台第二分営長の陸軍少佐樺山資紀《すけのり》が上京して特に西郷や副島らに出兵の請願をする。

内部対立を起こしていた副島外務卿の清国派遣問題も、最終的には参議の板垣や西郷が副島派遣の支持にまわってそれが決定され、副島は特命の欽差大使（天皇の使者）に就いて六年三月十三日に軍艦龍驤で上海《シャンハイ》に向けて横浜を出航する。西郷と四ヵ月ほども会っていなかったからであろう、副島はその途次、わざわざ鹿児島に寄港して西郷に会っている。

†太政官制の「潤飾」

長引く西郷の久光慰撫にしびれを切らした太政大臣三条は、特使として勝海舟を鹿児島に送って、島津久光に上京を求めるとともに西郷の帰京を促す。勝は三条の期待に応えて上々《じょうじょう》の仕事をし、久光からは近いうちの上京の約束を取り、西郷も帰京することになる。

西郷が六年四月五日に東京にもどると、それを待ち兼ねたように、政府は四月十九日に参議の増員を決め、続いて五月二日には太政官職制の改訂を布告する。どちらも、前から参議の大隈らを中心に検討されていたもので、西郷の帰京を待って閣議で決定する。

そのどちらも、太政官制政府の中枢機構を大きく変えるもので、明らかに「約定書」違反である。これまでにも、岩倉使節団の渡航期間が延びたこともあって、「約定書」違反はたびたび起きていたが、この改変は、それら以前のものに比べて比較にならないほど大きなもので、そのため、留守政府はその印象を弱めるために、これを当時から太政官制の「潤飾」などと呼んでいる。

参議の増員では、左院議長の後藤象二郎、文部卿の大木喬任、司法卿の江藤新平の三人が卿を兼務したまま参議に昇格し、また、太政官制の変更では、「太政官職制章程」を改訂して正院の権限の強化を図る。卿兼任の閣員（参議）を増やし、正院が各省を統制しやすくして、予算配分等で起きている問題も正院で処理し内紛を抑えようとしたのである。

大蔵大輔井上馨は、自身の参議昇格が成らず権力闘争に敗れる形になって、大蔵大丞の渋沢栄一とともに辞職する。しかし、これによって一方の抑えをなくした留守政府は、これまでとはやや違った方向に進み始め、とりわけアジア外交での強硬姿勢を強めて行く。

第八章　朝鮮遣使論

1　大久保の帰国と西郷

†大久保・木戸の不参

明治五年十二月二日の翌日に日本の暦《こよみ》が太陰暦（太陰太陽暦）から太陽暦に変わり、その日が明治六年一月一日になって、これで西洋と暦が一致する。

ベルリンにいた岩倉使節団に、明治六年三月十九日に本国政府から木戸と大久保の早期帰国を命じる詔勅が届く。大久保は直ちに三月二十八日に一行と別れて帰国の途につき、途中パリに立ち寄りマルセイユに出て、そこから海路でスエズ運河・カルカッタ・上海を経て横浜に五月二十六日に帰着する。

パリに寄ったとき、欧州在留中の薩摩出身者がパリに集まって大久保の送別会を開いている。次頁の写真はそのときのもので、中列中央で腕組をしているのが大久保、その後ろで同じく腕

在欧鹿児島県人による大久保送別会

組しているのが村田新八、その右隣りが川路利良、さらにその右隣りが大山巌、中列右端が川村純義でその左隣が高崎正風といったところだ。

木戸はすぐには応じず、一行とともにモスクワ訪問を終え、そこから帰国の途について、七月二十三日に横浜に帰着する。

大久保が参議の増員や太政官職制の「潤飾」のことをいつ知ったかはわからないが、それらがあったのは大久保が海路、帰国途中のことで、いずれにしても詳しいことを知ったのは帰国してからだと思われる。帰国して、後藤・大木・江藤が参議の座に就き太政官職制の変更までしているのを知り、大久保は憤慨したに違いない。

大久保は要請に応じて帰国しながら、帰

国後は大蔵卿の職務に復帰せず出省もしていない。二カ月ほど遅れて帰国した木戸も、参議でありながら閣議にも出ず出仕を拒んでいる。ともに、（留守）政府をボイコットして、岩倉の帰国を待つことにしたようだ。

†史料の欠如

大久保が帰国したころ、西郷との関係はどのようなものであったのか、知りたいところだが、史料が欠けていてよくわからない。大久保は日記をつける習慣があって長く日記をつけているが、ときおり中止する癖があり、今日に伝わっているものは、短期的、長期的に欠けている。米欧回覧期間中と帰国後の四カ月半ほども欠けていて、残念ながらこの期間の大久保の行動を日記で調べることはできない。

大久保・木戸・勝などはかなり詳細な日記を長期にわたって遺しているが、西郷にはそれがない。肖像写真についても大久保・木戸・勝がたくさんあるのに比べて、西郷は一枚もない。遺すということにあまり関心がなかったのだろうか。自分の名がこれほどまでに、歴史に遺るとは思ってもいなかったのかもしれない。

大久保帰国後の西郷・大久保の関係を見るのに、ふたりのあいだで交わされた手紙でもあればよいのだが、それもない。これ以前では、双方に相手方に書いた手紙が百通以上も遺っているが、帰国後はどちらにも一通もない。

†勝田の著述と勝の日記

『西郷隆盛伝』（一八九四）と『大久保利通伝』（一九一一）の著書のある勝田孫弥は、大久保が帰国したころの西郷と大久保の関係を『大久保利通伝』で次のように書いている。

「初め、利通が欧州より帰着するや、西郷は利通の邸に到ること頻繁にして、交情の親厚なること従前と毫《ごう》も異なるところはなかった。しかるに、時日を経過するに従い、次第にその度数を減らしたという。けだし、西郷は、利通の胸中に到底征韓論に賛成する意思ないことを覚り、早晩政見の衝突あることを予知し、心中豁然《かつぜん》としなかったためであろう。*112」

やはり、大久保の日記や大久保・西郷のあいだで交わされた手紙がないためか、勝田の記述も「……という」や「……であろう」などと、歯切れがよくない。それでも、勝田は「西郷は利通の邸に到ること頻繁にして」とか、「西郷は、利通の胸中に到底征韓論に賛成する意思ないことを覚り」などと書いている。

大久保帰国当時のふたりの関係をわずかながら推測できる一次史料に、勝海舟の日記と大久保一翁の勝宛の手紙がある。勝の日記から関係するところを抜粋すると次のようである。

五月三十一日　出省。吉井氏へ行く。大久保殿に面会、種々内話。西郷氏の事、頼まれる。
六月四日　大久保大蔵卿へ行く。西郷氏の事、内談。吉井氏へも同断。
六月六日　大久保一翁、西郷氏の事、内話。
六月七日　参朝。（中略）西郷氏進退の事等、条公（三条）へ内言上。

勝は、大久保が帰国して五日目の五月三十一日に吉井友実宅で大久保に会い、そこでふたりから「西郷氏の事」を頼まれている。その内容はわからないが、六月七日の日記に「西郷氏進退の事」を三条に「内言上」したとあるから、「西郷氏の事」というのは西郷の進退に関係することであったと推定できる。

そのことは、勝自身が後の明治二十六年五月に、寺師宗徳の聴取に応じて語ったことが、『史談会速記録』（第三百十四輯）に次のように記されていることからもわかる。

「岩倉遣米欧使節団の時には仕方なく留守を守るが、使節団が帰国したら西郷も帰郷するという約束だった。しかし使節団帰国後、西郷が約束どおり帰郷しようとすると兵隊が一緒に帰るといって騒ぐ。そこで、せめてもう一ヵ月引き留めて貰えないかと大久保利通や吉井友実に頼まれて、西郷を説いた。西郷は海舟の口説きに乗せられて東京に留まり、大久保は喜んだ。」*113

この話には、岩倉使節団一行の帰国と大久保の帰国との混同あるいは錯誤が見られる。勝が実際に、大久保や吉井から西郷帰郷の引き延ばしを頼まれたのは、「使節団帰国後」ではなく、大久保の帰国後である。ともあれ、勝が話したという上の話によると、西郷と大久保らのあいだでは、使節団が出ているあいだは西郷が「留守を守るが」、帰国すれば西郷は「帰郷するという約束」があったことになる。この話と上の勝の日記とは大方で符合する。

†大久保一翁の手紙

さらに、西郷帰郷の話は、下記の大久保一翁の明治六年六月三日付勝宛の手紙からはっきりする。大久保一翁は徳川幕府以来の勝の先輩格に当たる盟友で、一翁も西郷や大久保と以前から親交があり、明治五年の春に勝とともに明治政府に出仕して東京府知事に就いていた。

「頃日《けいじつ》（過日）ご来向、ご内談のあった件、今日より出庁につき、出がけに西郷殿に寄って、ご退去のご趣向がある由ですが、右は何故か甚だ理解しかねますと申し述べ、朝廷にご不都合があるわけでもなく、島津家の為にもならず、かつ、勝など甚だ当惑して切にお止めする嘆願を出していると申し述べました。

するとと、(西郷は)言われるようなことではなく、ただただ近時、病身にあい成って勤めが覚《おぼ》束《つか》なく心配と申されたので、(私は)この辺でのご保養はご随意であっても、鹿児島へおもどりになるというのは甚だ宜しくありませんと、その訳を一二申し述べました。また、大久保殿にも深くご心配されている旨を勝より承っていると申したところ、同人等心配してくれるについては大いに都合宜しいと真に悦んでおられる様子でした。*114」

冒頭に「頃日ご来向、ご内談のあった件」とあることからして、勝が大久保・吉井から「西郷氏の事」を頼まれてすぐに一翁にその件で相談を持ち掛け、一翁が西郷に会って西郷の考えを聞くことになっていたようである。一翁はこの手紙で西郷に会った結果を勝に報告し、その上で、勝の日記の六月六日の条に「大久保一翁、西郷氏の事、内話」とあるように、三日後に勝を訪ねて直接「内話」したことになる。

この手紙から、西郷の「退去のご趣向」が周辺に伝わっていたことがわかる。ただし、その理由については、西郷はここでは「病身にあい成って」と言っている。西郷がこのころ「病身」であったことは、鹿児島にいる叔父の椎原与右衛門に六月二十九日付で書いた手紙で、

「五月初めよりまたまた持病が起こり、……、もうは不治の症とあきらめていたところ、図らずも当月六日、主上より侍医並びにドイツ医師ホフマンと申す者お遣わしになり、……」

などと書いているのや、篠原国幹宛の六月二十八日付の手紙で、

「小弟長々引入り何とも申し訳なく思っている仕合です。」

などと書いていることからわかる。

これらから、大久保が帰国したころ、西郷は体調を崩して外出もままならなかったことがわかる。このようなときに、勝田が言うように「利通が欧州より帰着するや、西郷は利通の邸に到ること頻繁にして」というようなことはまずない。

また勝田は、大久保が帰国したころ西郷が征韓論を唱えていたことを前提にして、「西郷は、利通の胸中に到底征韓論に賛成する意思ないことを覚り」云々と書いているが、これもまた、勝田の作り話であろう。健康を損ね、また帰郷を言う一方で、自分が朝鮮遣使に立つと言ったりするはずがない。

†歴史書の作り話

ところが、古くから今日に至るまで、多くの歴史書や歴史家が勝田と同様に、西郷は早くから、少なくとも六年六月には、閣議で自らの朝鮮遣使や征韓論を唱えていたと言う。昭和の初

めに刊行された『大西郷全集』第二巻（一九二七）は、その閣議の日を特定して、

「政府は六月十二日閣議を開いて善後策を議したが、参議板垣退助等の意見は直ちに出兵して強硬談判に及ぶべしというにあった。しかし隆盛はこれを不可とし、まず使節を派し、正理公道をもって、韓国政府を説き、それでもなお反省しないで、……、これを討つのがよいと主張した。」[*115]

と言う。六月十二日と言えば、西郷が天皇の遣わしたホフマンに診療を受けた六日後になり、また、勝が「西郷氏進退の事等、条公（三条）へ内言上」した五日後になる。そんなころに、西郷が閣議に出席して上記のような「主張」をするとは考えられない。


勝田の『大久保利通伝』（一九一一）より刊行が少し早い、明治四十二年（一九〇九）刊行の黒龍会編『西南記伝』などはそもそも、木戸と大久保の早期帰国の発令は、征韓論問題を解決するためであったとして、

「征韓論が内に起こるや、三条は木戸、大久保のふたりを召還して、遣韓大使問題を解決することに決し、その帰朝を促した。」[*116]

と言う。また、『大西郷全集』第三巻は、大久保と木戸は、

「帰朝したが、両人とも隠れて参朝しなかった。大久保は当時参議でなかったからでもあるが、征韓論の勢いがあまりに盛んなのでしばらくその衰えるのを待つべく、箱根に避けてしまった。

木戸は病気届を出して会合には欠席のみを続けたが、それには病気のみならず、最初には大いに（自分が）征韓論を唱えた関係もあったからである。[*117]」

と言う。

これら、西郷が早くから廟堂で征韓論を唱えていたという説は、いずれも、西郷をもとから征韓論の英雄として、

「征韓論のことは実に西郷畢生《ひっせい》（終生）の願望なり」（煙山専太郎『征韓論実相』一九〇七、二七五頁）

や、

「征韓論が西郷畢生の本領であり、畢生の志望である……。」（『西南記伝』上巻一、一九〇九、四八五頁）

などとする固定観念のもとに創り出されたフィクションである。

†歴史学者の踏襲

ところが、昭和の戦後期でも、上記のような説を引き継いで歴史学者が次のように言う。遠山茂樹氏（一九六四）は、

「（大久保が）帰ってみると、予期以上に政局は危機にあった。参議後藤象二郎・江藤新平らと、大久保の留守をあずかる大蔵大輔井上馨との対立は井上の辞職となり、他方西郷らは征韓論を

実施する計画を着々すすめていた。[*118]」

と言う。

また、小西四郎編『現代日本記録全集3　士族の反乱』(一九七〇)も、

「岩倉大使の帰国に先立って、大久保は明治六年五月、木戸は同年七月に帰国した。それは、『留守政府』が、征韓論派によって占められ、何時軍事行動を起こすかも知れないという懸念があったからである。[*119]」

と言う。比較的近年でも、田中彰氏(一九九二)は、

「大久保は一八七三年(明治六)五月二十六日、木戸は七月二十三日帰国した。ときに留守政府はいわゆる『征韓』論でわき返っていた。[*120]」

と言う。

大久保や木戸が帰国したころに、「留守政府はいわゆる『征韓』論でわき返っていた」と言えるような証拠はどこにもない。実際、当時の留守政府の閣僚、三条・西郷・板垣・大隈などが遺した史料を調べてみても、そのように言えるものはどこにも見付からない。

西郷は確かに、明治六年夏に自身の朝鮮遣使を主張するが、それ以前に西郷が征韓論を唱えたと言えるような一次史料は一つとしてない。事実、上記のように言う歴史学者も一人としてそう言える一次史料を示してはいない。明治以来の従前の説を無批判に踏襲して、それぞれに

作り事を述べているに過ぎない。

†大久保・西郷の疎遠

大久保帰国後の早い段階に、西郷と大久保の関係は疎遠になり、やがて不和ないしは離反状態になっていたことは、大久保が帰国してまだ一カ月もたたない六月十八日に、外務少輔の上野景範《かげのり》に次のように書き送っていることから推測できる。

「過刻ご相談しました使節遣退（呼びもどし）のこと、速やかにあい運ばれるよう祈望しますので、ご都合叶《かな》いますれば、明日には電信報知されるようお取り計らいされたく思います。……、ひそかに考えてみるのに、今日の内輪の様子にては、一日片時も早く使節一同帰朝なくてはとても済まないことになると心苦しく思われます。少々の不都合ぐらいは顧みず、断然お呼び返しになるべき事と考えます。*121」

このとき、外務卿の副島が清国派遣全権大使として渡清中だったので、大久保は副島留守中の外務省の責任者上野にこれを書いているのだが、ずいぶんと厳しい口調で使節団の早期呼びもどしを求めている。大久保の留守政府への不満は明らかで、危機感さえ抱いている。

大久保が西郷と話し合える状態であったなら、上のような手紙をいきなり一官僚に書くはずはない。帰国後一ヵ月もたたないうちに、大久保と西郷とは互いに話し合うこともできない状態になっていたと見るほかはない。

なおこのとき、大久保の不満や危機感の原因は征韓論や台湾出兵などの外征問題にあったのではない。左院議官の宮島誠一郎が八月三日に政局について大久保と会談をし、その内容を書き留めたものが遺っているが、それによると、大久保の不満の原因は「徴兵のためとか、あるいは徴租のためとか、一揆蜂起」のもとにもなっている留守政府の性急な「三大権（徴兵・徴税・学制）施政」にある。このとき、外征問題については一切議論の俎上に上っていない。[*122]

2 朝鮮遣使の着想時期

西郷が六年八月の閣議で自らの朝鮮遣使を主張して、それが八月十七日の閣議で内決されたのは事実だ。それではいったい、いつごろ西郷はそのような考えを持つようになったのか、その時期を推定しておきたい。

†従道への手紙

西郷は六年七月二十一日付で、弟の西郷従道《つぐみち》に次のような手紙を送っている。

「さて、台湾の模様が少々わかった由、ついては兵隊をお繰り出しになるときには、鹿児島の兵一大隊を招集し、別府（晋介）氏が引き受けたいとのことで、至極よろしいことと考え、そちらの方へ申し入れて置くように申しましたところ、野生（小生）からも頼んでくれということなので、なにとぞ、お働き下されたくお頼みして置きます。」

西郷が陸軍大輔をしている従道に、台湾に兵隊を送るときには、別府晋介が鹿児島の兵一大隊を率いて出兵したいと言っているので、そのようにしてやってほしいと頼んでいる。このことから、これを書いた七月二十一日の時点では、西郷はまだ朝鮮遣使に立つことを考えていなかったと推測できる。別府は前年九月に朝鮮探索のために釜山に行ったばかりで、もし、西郷が朝鮮に行くことを考えていたなら、その別府を先に台湾に遣《や》ってしまうようなことはしなかったと思われるからだ。事実、後に西郷が朝鮮遣使に決まったときには、直ちに別府に同行を命じている。

†樺山の報告書

西郷が朝鮮行きを思い立った時期を推定するのに、次のふたつのことが手掛かりになる。ひとつはこのころに、「探索方」として清国にいた樺山資紀《かばやますけのり》から西郷のもとに上海からの報告書が届いていることで、もうひとつは、それとも関連することだが、副島使節団一行が七月二十六日に清国から帰国していることである。

樺山は明治五年七月に琉球漂流漁民殺害事件への問罪のための台湾出兵を唱えて上京し、その後、同年十月に「探索方」として清国・台湾への派遣が決まり、六年三月中旬に上海に渡っている。そのあと副島使節団一行が四月初めに上海に着いてからは使節団に同行し、使節団帰国後は単独で清国・台湾の「探索」活動を続けている。

樺山は上海で使節団と別れて南下する直前の七月十二日付で、「西郷吉之助様・西郷信吾（従道）様・閣下」宛に報告書を送っている。それは主に使節団の清国との交渉について報告したもので、そこから台湾と朝鮮に関係するものとして次の三つの条項が引き出せる。

「一、初発よりもっぱら謁見問題の議論のみのところへ、突然に台湾事件を突っ込みになり、（相手方は）不慮を突かれたのか、ずいぶん面白く愉快千万なことになりました。ついては、神速突入すべきかとは存じますが、何せ炎熱の土地ゆえに、……十月を期限に突入するのがどうかと考えます。」

「一、清朝もほとんど衰運におもむき、李鴻章・文祥ら両三名にて実に無人と伺われます。北京在勤・前ロシア公使は、清朝は一年と持たないだろうという見込みで、当公使を交代するとのことです。

憂うべきはロシアで、もはや台湾などは枝葉にて、現今ご急務でご注意されるべきことはこのことと存じます。（副島）大使も追々（ロシア公使に）お会いになり、細かく事情等御探討になって、支邦の地を分捕《ぶんど》る約束ともどもの戯談もあったとのことです。」

「一、朝鮮事件（アメリカが朝鮮の米国商船襲撃事件に報復をするという件）にも支邦は関係いたさず、とアメリカへ差し出した確証がある由とのことです。*123」

最初の条項で「謁見問題の議論のみのところ」と書いているのは、副島が天皇に代わる欽差大使であることを理由に、清国側に対して、皇帝・同治帝との謁見で跪拝（ひざまずく方式）することに異議を唱え、立拝を強硬に主張したため、交渉がもっぱらその問題に費やされていたことを指す。

樺山は、日本側がその問題に紛れて突如台湾問題を持ち出すと、その件は「愉快千万なことに」なったと言う。台湾問題については清国は関与せずという態度を示したと言うのである。もっとも樺山は同時に、台湾は「何せ炎熱の土地ゆえに、……十月を期限に突入するのがどうかと」とも言う。

二番目の条項では、樺山は、今や清朝そのものが倒れかけていて、「もはや台湾などは枝葉にて」と言う。台湾出兵を唱えて探索の旅に出た樺山も、副島使節団同行中に大陸進出への夢がどんどんふくらんで、「台湾などは枝葉」とまで思うようになっていたようだ。

三番目の条項では、清国はアメリカが朝鮮に問責のために軍艦を侵入させても、それには「関係（干渉）」しないという証文をアメリカに差し出しているらしいことを報告している。つまり、樺山は仮に日本が朝鮮に問罪の兵を送っても、清国に干渉させないようにすることができるだろうと言っているのである。

この樺山報告を、西郷がどのように読んだかはわからない。しかし、後に見る西郷の七月末以降の朝鮮問題への打ち込みようからして、この樺山の報告書が影響を及ぼしたことは想像に難《かた》くない。

†副島使節団の帰国

さて、この樺山の報告書がいつ西郷のもとに届いたかであるが、この報告書の末尾に、

「海軍の高屋が帰朝いたしますので、ご詳達あると思いますが、右大略とりあえずかくのごとくです。」

とあることからして、樺山の報告書もその高屋に託したと考えられる。この高屋というのは高知出身の高屋長祥《ながよし》・海軍少丞のことで、樺山は使節団一行に合流して以来、その高屋と行動を共にし、七月十二日に上海で彼らを見送っている。高屋は明治四年に天皇の侍従に就き五年の西国巡幸に随行しており西郷とも面識があった。高屋に託したとすると、高屋が副島使節団一行とともに七月二十六日に東京に帰着しているので、その直後ということになる。

樺山が西郷に高屋から「ご詳達ある」と書いていることからして、西郷は帰国した高屋から直接に清国での副島使節団の交渉結果を聞いたはずであるし、また、副島大使自身から直々に報告を受けたとも考えられる。副島は清国への渡航途中にわざわざ鹿児島に立ち寄って西郷に会っているぐらいだから、帰国直後に西郷のもとに帰朝の挨拶と報告に行かなかったことの方がむしろ考えにくい。副島の話が、西郷に自らの朝鮮遣使を思い立たせた一番の原因であったかもしれない。この時期、西郷と副島との間で書通や会談があったと思われるが、残念ながら史料としては遺っていない。

いずれにしても、これらから、西郷が朝鮮行きの考えを持つようになったのは、副島使節団が帰国した七月二十六日の直後であったと考えられる。弟・従道に送った先の七月二十一日の手紙との関係から言えば、西郷は実に、その手紙を書いた六、七日ほどあとに、急に自身の朝鮮行きを思うようになったと考えられる。

†大隈の話

このことを傍証するものに、当時留守政府で参議をしていた大隈重信の回顧談がある。大隈は副島が帰国した当時のことを振り返って、『大隈伯昔日譚』（一八九五）で次のように語っている。

「副島は直ちに帰朝してまず対韓問題の忽諸《こつしょ》に付す（軽んずる）べきでないことを説き、十分なる権力を有する使節を韓国に派してその無礼を責め、かつ旧交を修める上において、最後の談判を試みることを主張した。これ実に明治六年のことにして、かの有名な征韓論の勃興した端緒なりとする。*124」

大隈はここで、副島外務卿が清国から帰国して、「対韓問題」を「忽諸に付すべきでない」と主張して、それが「端緒」となって「かの有名な征韓論」が起こったと言う。ここで大隈が「かの有名な征韓論」という言い方をしているのが、西郷の朝鮮遣使論のことだ。

この大隈の回顧談からも、西郷の朝鮮遣使論が副島大使の七月二十六日帰国以前に唱えられたりはしていないことがわかる。大隈は西郷・板垣とともに留守政府当初からの参議で、閣議に出た意見や議論などを最もよく知る立場にいた。回顧談ながら、大隈がここで、事実からかけ離れたことを言っているとは思えない。

3 熱腸

明治六年の夏は例年になく暑い夏だったようである。当時の人たちの日記にそのことがよく書かれている。政府が夏休み制度を採り入れたのもこの年からで、明治天皇も八月三日に東京を離れて箱根で夏季休暇を過ごし、同月末の三十一日に皇居に還幸している。[*125] 政府も同期間、原則的には夏休み入りをしていたようだが、西郷はそれとは逆にこの時期、にわかに朝鮮遣使論を説いて活発に動いている。

†板垣への懇請

西郷は自身の朝鮮遣使を実現するために、参議・板垣の説得に精力を注ぎ、七月二十九日付の手紙を皮切りに、九月三日付のものまでを含めて、実に一ヵ月少々のあいだに九通もの手紙を板垣に送っている。その最初の七月二十九日付の手紙は次のものである。全文を載せておく。

「先日は、遠方まで来訪いただき厚くお礼を申し上げます。さて朝鮮の一条、副島氏も帰国して、その後ご決議はあったのでしょうか。もしいまだ、ご評議されていないのであれば、参朝すべき達しがあれば、病を侵してまかり出るようにしますのでお含み下さい。

いよいよご評決があるのであれば、兵隊を先にお遣わしになるというのは、いかがなものでしょうか。兵隊を繰り込まれるということになると、必ず相手からは引き揚げるよう申し立てて来るに違いなく、その節は、こちらから引き取らないと答えれば、それで兵端を開くことになるでしょう。そうなると、初めよりのご趣意とは大いに違って、戦いを醸成する場になってしまうのではないかと愚考します。

断然、使節を先に差し立てられる方が宜しいのではないでしょうか。そうすれば、決まって、相手から暴挙に出ると予見でき、そうなれば、討つべき名も確かに立つと考えます。

兵隊を先に繰り込むということになれば、樺太《からふと》のごときは、既にロシアが兵隊をもって保護に備え、たび

板垣退助

たび暴挙もあるということなので、朝鮮よりは先にこちらの方に保護の兵を繰り込むべきだと考えますし、あれこれ、兵の行き先で差し障りも出ることでしょう。それよりは、公然と使節を差し向けられたなら、暴殺はするはずだと察せられ、なにとぞ私を遣わして下さるよう、伏してお願いする次第です。

副島君のごとき立派な使節はできなくても、死するぐらいのことはできると思いますので宜しくお願いします。この旨、略儀ながら書中をもって御意を得たく思います。

追啓　ご評議の節、お呼立て下さる節は、なにとぞ前日にお達しを下さるよう頼みます。瀉《しゃ》薬《やく》を用いますと外出できなくなってしまいますので、この点もお含み置き下さい。」

冒頭で、西郷が板垣に「朝鮮の一条、副島氏も帰国して、その後ご決議はあったのでしょうか」と問いかけ、まだ「ご評議されていないのであれば、参朝すべき達しがあれば、病を侵してまかり出るようにしますのでお含み下さい」と伝えている。

この「病」というのは、肥満とそれによる血行障害を起こすもので、その治療のため西郷はこのころ一日に数回下《くだ》し薬を用いていた。そのため「追啓」にあるように、薬を投与してしまうと「外出できなく」なってしまうので、板垣に上のように頼んでいる。

これらからして、板垣が来た日に「朝鮮の一条」が話題にのぼり、西郷もそれについていくらか意見を述べたかもしれないが、明確に自身の朝鮮遣使のことを述べて板垣の支援を得ようとしたのは、この手紙が最初であったと見てよい。もし、これ以前に西郷自身が閣議等でこの意見を述べていたなら、七月二十九日になって板垣に、上のような言い方はしなかったであろう。いわんや、通説になっている六月十二日という、これより一ヵ月半余りも前に閣議で西郷が自身の朝鮮遣使を述べていたなら、この日になって、このような言い方をするはずがない。

†「死ぬぐらいのことは」

「兵隊を先にお遣わしになるというのは、いかがなものでしょうか」という言い方からして、閣議で派兵を主張しているのはこの手紙を書いている相手の板垣のようだ。その派兵の主張に対して西郷は、「それで兵端を開くことに」なってしまっては、「初めよりのご趣意とは大いに違って、戦いをつくる場になってしまう」、それではまずいので、この際は、まずは使節を送るべきだと言う。

ここで「初めよりのご趣意」と言っているものは、このあとも西郷の書状によく出てくるもので、西郷の主張のキーワードになるものだ。これの意味については、次の西郷の手紙のところで詳しく述べる。

この手紙で西郷の考えはほぼわかる。先に兵隊を送れば相手はそれを拒んで、「初めよりのご趣意とは大いに違って」いきなり兵端を開いてしまうことになるので、まずは公然と使節を送るべきだと言う。そうすれば、相手はきっと「暴挙」に出ると考えられ、それによって「討つべき名（名分）も確かに立つ」ので、この際は是非、自分が使節に立ちたいと言い、自分が行けば「暴殺はするはずだと察せられ」、「副島君のごとき立派な使節はできなくても、死ぬぐらいのことはできる」と言う。

†三条への建言書

西郷が板垣に続いて送った手紙は八月三日付の次のものである。その冒頭で、

「先朝、お訪ねしたところ、色々ご高話頂き、厚くお礼を申し上げます。さてその折、大臣（三条）公へ参殿すると申し上げておきましたが、数十度の下し方で、はなはだ疲労いたしましたので、別紙の通り認《したた》め、今日差し出しておきました。……」

として、三条に送った手紙の写しを板垣に送っている。

前回の手紙では、板垣が来てくれたことへの礼から始まっていたが、この手紙では、今度は自分が板垣を訪ねたことの礼から始まっている。二十九日に手紙を送ったあと、それだけでは言い足りなかったのか、あるいは板垣の返事を早く聞きたかったのか、西郷はこの手紙を出すまでの四日間のうちに板垣邸を訪ねている。このころ、手紙のやり取りだけではなく、西郷と

板垣は夏の暑い盛りに互いに足を運んで往来もしていたことになる。

西郷が三条に送った八月三日付の手紙は、「建言書」や「意見書」とも呼ばれる下記のものである。

「近ごろ、副島氏帰朝し、談判の次第も細大（細かいこと大きいこと）お分かりになった由、ついては台湾の一条も、速やかにご処分されるべき事柄と存じます。世上にても、紛紜《ふんうん》の（入り乱れた）議論あり、私も数人の論を受けている次第で、つまるところは、名分条理を正すことは討幕の根元で、御一新の基《もとい》であれば、今に至ってなお、右のことなど筋を正されなければ、まったく物好きの討幕になってしまうなどの説をもって、責め付けてくる者もおり、閉口のほかはありません。（中略）

使節が帰朝して既に数日がたってなお、何の処分も決めないようでは、実に不体裁を極めますので、速やかにご評決されるべきと存じます。

一、朝鮮の一条、御一新の時よりお手を付けられ、もはや五、六年もたちます。しかるところ、最初、親睦を求められたのではなく、定めてご方略があったことと存じております。今日、彼（朝鮮）が驕誇侮慢《きようこぶまん》の時に至って、始めを変じ、因循の論（ぐずぐずした議論）になっては、天下の嘲《あざけ》りを蒙り、誰あってか、国家を興隆することなどできましょうか。

ただいま、私どもは事を好み、みだりに主張する論では決してなく、これまでの行き掛かりにて、このような場合に行き当たったのであり、最初のご趣意を貫かれなくては後世までの汚辱になります。ここに至り、ひときわ人事の限りを尽くされるとのことですので、断然、使節を召し立てられ、彼の曲を分明に公普すべき（広く知らせるべき）時です。

これまでご辛抱されたのも、この日を待たれたためのことと思いますので、誠に恐れ入りますが、なにとぞ私を差し遣わされたく思います。決して国辱を醸し出したりすることは万々ありませんので、至急ご評決していただきたく存じます。」

西郷はここで、副島大使も帰国して数日が立つとして、太政大臣三条に「台湾の一条」の至急の処理を求め、併せて「朝鮮の一条」についても早急の裁断を求めている。

「朝鮮の一条」では、「御一新の時よりお手を付けられ……。最初、親睦を求められたのではなく、定めてご方略があった」として、その「始めを変じ、因循の論になっては」と言い、また「最初のご趣意を貫かれなくては後世までの汚辱になります」と、盛んに同じことを言っている。それらはまた、先の七月二十九日付板垣宛書簡で「初めよりのご趣意とは大いに違って、戦いをつくる場になってしまう」と書いているものとも同じである。

†木戸の朝鮮遣使論

この「最初のご趣意」や「初めよりのご趣意」というのは、まずは使節を朝鮮に派遣して、昔からの隣交のよしみをもって十分に交渉を尽し、その上で、なお朝鮮が聞き入れない場合は討つという、明治元年以来の朝鮮対策の基本方針を指す。上の「建言書」で西郷は、その手順をきちんと踏めと言っているのである。

この「最初のご趣意」については、幕末期以来朝鮮問題の第一人者で、かつて「征韓論」を唱えた木戸孝允が明治五年七月二十九日に書いた日記が参考になる。このとき、木戸は岩倉米欧使節団の副使としてニューヨーク滞在中で、前日の地元の新聞に載った日本の遣韓使節に関する記事を読んで、かつて自分が朝鮮使節に立つと主張したときのことに思いを馳せ、次のように書いている。

「朝鮮へ使節を出すべきことは余の建言する所にして、実に戊辰一新（明治元年）の春のことなり。当時、……。一新の旨趣を（日本が王政復古を遂げたことを朝鮮に）告げ、互いに将来往来せんことを望む。……。しかりと言えども、朝鮮の国情（朝鮮は中国を宗主国としていたため、中国皇帝以外、日本の天皇などの存在を認めるわけにはいかない）を察するに、彼頑固にして容易に承諾すると思われず。さりとて、今日の機会を失せべからず、また前途を慮《おもんぱか》るに、今日端（戦端）を開き置かないときはまた、得べからずものありと。

もっとも、始めは慇懃《いんぎん》丁寧に情実を尽くし、その主意を陳し、その上で、彼の曲をもって我を待ち、不礼を加えるに至っては、その用意なかるべからず兵力をもってする……。」

ここで、木戸が述べている「戊辰一新の春のこと」は、西郷が上の「建言書」で「朝鮮の一条、御一新の時よりお手を付けられ、もはや五、六年もたちます」と言っているのに一致し、また、西郷が「最初、親睦を求められたのではなく、定めてご方略があったことと存じております」や、「これまでの行き掛かりにて、このような場合に行き当たった」と書いているものとも内容上完全に一致する。そしてまた、木戸が最後のところで、「始めは慇懃丁寧に情実を尽くし、……、不礼を加えるに至っては」云々と書いているものは、西郷がまさしくこの明治六年にやろうとしていたことそのものである。

このことからして、西郷の朝鮮遣使論は西郷が初めて言い出したものではなく、木戸が「戊辰一新」に唱えた朝鮮遣使論を引き継ぐものであり、それのほとんど焼直し、ないしは蒸し返しとも言っても過言ではない。違うところと言えば、木戸が「不礼を加えるに至っては、……兵力をもってする」と言うのを、西郷はその「不礼」に対し、まずは自分の死をもって応じ、それによって戦う名分を確かなものにしようとしている点である。

また、木戸の上の論からして、木戸が唱えたとされる「征韓論」ももとは遣使論であり、実際、実行には至らなかったが、明治二年末には木戸の朝鮮派遣が一時決まったこともある。こういった経緯からして、明治六年に西郷が唱えた朝鮮遣使論も、当時から「征韓論」と見られやすかったと考えられる。

†「温順の論」

続いて八月十四日にも、西郷は次の手紙を板垣に送っている。

「昨日建言しておいた朝鮮使節の儀、なにとぞこの上のところ、ひとえにご尽力下さるよう祈ります。……。少弟(私)を差し出される議、先生のところでご猶予されては、またまた遷延してしまいますので、なにとぞ振り切って差し遣わされるよう、お口出し下されたくお願い申し上げます。

是非この処《ところ》をもって戦いに持ち込まなければ、とても出来るものではなく、この温順の論をもってはめ込めば、必ず戦うべき機会を引き起こすことができるはずです。ただこの一挙に先立ち、死なせては不便《ふびん》などと、もしや姑息の心配を起こされては、何も叶いません。ただ前後の違いがあるだけのことで、これまでのご厚情をもってご尽力下されば、死後までのご厚意ありがたいことで、ただひとえにお願いする次第です。もはや八分通りは参り掛けており、今少しのところですので、なにとぞお願い致します。」

冒頭に「昨日建言しておいた朝鮮使節の儀」云々とあることから、この前日の十三日に閣議があり、その場で西郷が自身の朝鮮遣使の意見を開陳したことがわかる。そのことは、この次の十七日付の手紙で、西郷が「先日、正院で申し立てた時」云々と書いていることでも裏付けられる。

おそらく、西郷が八月三日に前掲の建言書を三条に送ったことで、この十三日に閣議が開かれることになったのであろう。西郷が閣議で正式に自身の朝鮮遣使を申し述べたのは、これまでの経緯からして、この八月十三日が最初であったと見て間違いはない。西郷自身が「昨日建言しておいた朝鮮使節の儀」と書いているのだから、これ以前の六月中の閣議などで西郷がそれをしたというようなことはない。

「なにとぞ振り切って」と書いているのは、自分が死ぬと言っているのを板垣が気にして二の足を踏まれては困るからであろう。「死なせては不便などと」思ってくれるなとか、「もはや八分通りは参り掛けて」いると書いて板垣の尻をたたいている。

「温順の論をもってはめこめば、必ず戦うべき機会を引き起こす」と書いているのは、「戦うべき機会を」を望んでいる板垣の気持ちに沿う言い方になっている。また、その言葉から、西郷がしようとしていることが、多分に謀略的なことであることもわかる。「温順の論」というのは、公然と使節を差し向けて暴殺を誘い出し、「戦うべき機会を引き起こす」策略を指す。また、「昨日建言」したことでさっそく板垣に書簡を送り、このように板垣にせっついていることからして、西郷が相当に急いで自分の派遣を閣議で決定させようとしていることがわかる。

†前夜の根回し

官庁も夏休み中だが、おそらく西郷の強い要望によるのだろう、十三日に続いて十七日にも閣議を開くことを決めている。もっとも、西郷は自身の朝鮮派遣を評議する場になるため、前もって欠席と決めていたようで、その代わりに閣議前日の十六日に板垣と相談をし、その日の夕方に、三条の根回しのために邸に出向いている。

その上で、西郷は閣議が開かれる八月十七日の早朝に、板垣に前夜の結果を伝えるとともに、閣議での尽力を乞う次の手紙を送っている。

「昨日は遠方までご来臨下され、ご厚志深くお礼を申し上げます。さて、昨夕は参殿して、縷々言上しましたところ、先生方のご療治がよく行き届いていたご様子で、先日、正院で申し立てた時とは、よほど替わっておられたので、ただ使節（岩倉使節団）のお帰りまで待つと言われることには何分安心いたしかね、この節は戦いを直接始めるわけでは決してなく、戦いは二段になると申しておきました。

ただ今の行き掛りにても、公法上より押し詰めれば、討つべき道理はあるべきことではありますが、これはまったく言い訳があるまでのことであって、天下の人はさらに存知しておらず、今日に至っては、まったく戦いの意を持たずに、隣交を薄くしていることを責め、かつこれまでの不遜を正し、行く先の隣交を厚くする厚意を示すつもりをもって、使節を差し向けられれば、必ず彼の軽蔑の振る舞いが顕《あらわ》になるばかりか、使節を暴殺に及ぶことは決して相違のないことで、その節には天下の人、皆あげて討つべき罪を知るに違いなく、是非そこまでは持ち行かねば済まない場合になっている段、内乱を冀《こいねが》う心を外に移して、国を興《おこ》すの遠略はもちろん、旧政府（幕府）が機会を失い、無事を図って、ついに天下を失った所以を、確証を例に取って論じましたところ、よくよく腹に入れてくれました。（中略）

なにとぞ今日、出仕いただいて、少弟を差し遣わされるよう決定していただきたく思います。そうすれば、いよいよ戦いに持ち込むことになり、その末のところは、先生にお譲り致しますので、それまでの手順は私におまかし下されたく合掌します。」

最初の方で「先生方のご療治がよく行き届いていたようで」とあることからして、西郷が八月十三日の閣議で自身の朝鮮派遣を論じたあと、十六日夕方に三条の根回しに行くまでの十四日か十五日かに、板垣ら（おそらく、副島を含む「先生方」）が三条に「療治」を施していたことがわかる。三条はこの時期、西郷や板垣らから代わるがわる、西郷派遣の件で攻勢をかけられていたことになる。

この手紙の内容からして、西郷は三条に対しても、板垣に対してと同様に、謀略的な部分も含めて、かなり具体的に自分の考えを話していたことがわかる。自分は使節として「まったく戦いの意を持たずに」朝鮮に赴くが、相手方は「使節を暴殺に及ぶことは」間違いないと話しており、「温順の論」を述べていることになる。また、後に歴史家によってよく引き合いに出されて有名になる、「内乱を冀う心を外に移して、国を興すの遠略」という言葉も、この日三条に話しておいたというところに出てくる。

この手紙の最後では、自分が朝鮮で死ぬことによって戦いに持ち込むので「それまでの手順は私におまかし下され」、「その末のところは、先生にお譲り致します」と書いている。「その末」というのは、戦争の実行を意味し、それを「先生にお譲り」するという言い方からして、板垣がやはり征韓を望んでいることがうかがえる。

ちなみに、板垣のことを西郷は盛んに「先生」と呼んでいるが、年齢から言うと板垣は西郷より九歳若く、このとき三十六歳であった。

†変則的征韓論

以上、これまでに取り上げた西郷の七月二十九日付以来の板垣宛の三通の手紙と三条に差し出した上の建言書から、西郷が主張していることは明白だ。要するに、自分が遣使に立って「これまでの不遜を正し、行く先の隣交を厚くする厚意を示すつもりをもって」公然と朝鮮に赴けば、「必ず彼の軽蔑の振る舞いが顕になるばかりか、使節を暴殺に及ぶことは決して相違のないことで」、それをもって「戦うべき機会を引き起こす」と言っているのである。また、「暴殺」に遭うことによって「天下の人、皆あげて討つべき罪を知る」ことになり、「討つべき名も確かに立つ」とも言う。

西郷がこれらで言っていることは、征韓論と言えなくはないが、やや特異な征韓論である。西郷自身は、征韓どころか、開戦になるかどうかも見届けないまま先に死んでしまっていて、実際の征韓は他人任せであるからだ。西郷自身が真に征韓そのものを望み、それを真剣になって果たそうとしているとは考えにくい。もっとも、開戦になれば士族たちに働き場をつくってやれるという期待は持っていたであろう。それにしても、征韓論にしては、変則的な征韓論であり、やや無責任な征韓論だとも言える。大隈が「かの有名な征韓論」（前掲）や「世のいわゆる征韓論」（後掲）などと呼ぶのも、その辺のところからくるのであろう。

†「生涯の愉快」

西郷が早朝に板垣に上の手紙を出した、その日の八月十七日の閣議で西郷の朝鮮派遣があっさりと決まる。西郷はその閣議を欠席していたため、翌十八日の朝その結果を聞きに三条邸に出向く。三条から聞いた話は西郷の満足の行くものであったようで、西郷は三条邸を出て、さっそく板垣に礼を言うために板垣邸に向かう。しかし、板垣は留守をしていて会えず、西郷は翌十九日に板垣に次のように書き送っている。

「昨日は参上いたしましたところ、お出掛けでお礼も申し上げられませんでした。先生のお陰をもちまして、快然たる心持ちが初めて生じております。病気もとみに平癒して、三条公の御殿より先生のお宅まで飛んで行ったようなことで、足取りも軽く感じました。もうは横棒の憂いもあるはずはなく、生涯の愉快このことであります。用事も済みましたので、またまた青山に潜居いたします。」

この時期肥満症で治療を受けている西郷が、「先生のお宅まで飛んで行ったようなことで」と言う。ただでさえ巨漢の西郷が、「足取りも軽く」「飛んで行った」という姿を想像すると、ほほえましく、いくらか滑稽《こっけい》にも思える。よほどうれしかったのだろう、「もうは横棒の憂いもあるはずはなく」などと、ほとんど手放しの喜びようだ。もっとも、西郷がここで「生涯の愉快このこと」として喜んでいるのは、これで征韓の道がひらけたということではない。自分が朝鮮遣使に立って朝鮮で死ねるということだ。

†強引な誘導

ところで、この決定に至るまでの経緯を振り返ってみると、西郷がまず七月二十九日付板垣宛書簡で板垣に自分の考えを述べて支援を求め、その上で八月三日に太政大臣の三条に自身の朝鮮派遣を建言し、その意見を十三日の閣議で西郷自身が開陳して、十七日の閣議でそれが決まったことになる。

驚くべき早さだ。朝鮮との戦争にもなりそうな国家的重大事が、たった二回の審議で決まったことになる。明らかに、西郷が異常な熱意をもって強引に誘導した結果と言うほかはない。このようなことは、陸軍大将にして筆頭参議という文武兼官をしている西郷以外にできることではない。

しかも、西郷がこのように急ぐのは、日朝間にこの時期に何か特別に緊迫した問題が生じていたからではない。確かに、この年の五月に釜山《プサン》の草梁倭館《チョリヤンわかん》（朝鮮の客館で日本の出先機関が入っている施設）で「侮日《ぶにち》の伝令書」貼付事件というのが起きていたが、それは日本側が朝鮮との取り決めに違反して、対馬《つしま》藩宗家《そうけ》関係者以外の「潜商」（三井組の商人）を朝鮮に入れたことよるもので、本来、日本側が騒ぎ立てられるような問題ではなかった。

†「西郷の心事」

いずれにしても、西郷が急いだのは、日朝間にそういった問題があったからではなく、西郷自身が心中、焦思する問題を抱えていたからである。それについて、大隈重信が回顧談になるが『大隈伯昔日譚』（一八九五）で次のように語っている。

「西郷の心事は手短に言えば、世人の多くが想像するごとく、その当初より韓の倨傲無礼《きよごうぶれい》を憤り、一意にこれを征服してわが国威を伸ばさんと欲したのではない。彼は勧められて朝《ちよう》に立ちしも、諸事、心に違って、その予期の志望を達するにあたわず。前には、旧君（久光）が西郷の言動に激怒してこれを痛く難責することがあり、後ろには、群小不満の徒が内閣の施為《せい》を攻撃してこれを擁することあり、進まんと欲して進めず、退かんと欲して退けず、しかるにまた、依然としてその地位に立つはさらに心苦しくもあり。
さすがの西郷もほとんど失望落胆の極みに沈み、まったく人事を投げ打って世をのがれんと意を決するに至ったが、図らずも対韓問題の勃興することがあって、使節を韓朝廷に派遣して最後の談判をするべしという議が出て、彼は千繞《せんじょう》万囲の重囲中に一条の血路を開き得たる思いをなし、身を失望落胆の中より躍らし出でて、その苦悶を遣るはこれをおいて他に道なしと、それこそ熱心に問罪使を発せんことを主張し、かつ自らその任に当たらんことを切望したのである。（中略）
むしろ対韓問題をもって悲境の一血路となし、最後の談判をなすべき最後の使節となって韓廷の殺害するところとなっても、これ自己の苦悶を遣るべき最後の光明にして、かつ旧君に対し、国家に対して忠死する道なりと想い、強いてその使節たらんことを要望し、そして、それが容れられなくなって、一蹶《いっけつ》ついに（十年に戦争を起こして）、その末路を江藤（佐賀の乱を起こして死亡）と同じくしたのである。
説いてここに至れば、西郷の心事を誤解した世人の多くも、彼が憐れむべき一種の強き私情にかられて、ついに世のいわゆる征韓論を唱えるに至ったことを知るだろう。」*126

大隈重信

この末尾にある「憐れむべき一種の強き私情にかられて」や「その末路を江藤と同じくした」という表現には、西郷に嫌われた大隈の「私情」もいくぶんか加わっているかもしれないが、全体として、当時の「西郷の心事」をよく語っている。

西郷は確かに、旧主の久光の今日流に言えば「いじめ」ないしは「パワハラ」に遭い、またその一方で、政府高官としては、戦争で働いてくれた士族たちをいじめるばかりで、少しも助けてやれず、政治的にも道義的にも相当に追い詰められていた。

大隈が最後に書いている、

「西郷の心事を誤解した世人の多くも、彼が憐れむべき一種の強き私情にかられて、ついに世のいわゆる征韓論を唱えるに至ったことを知るだろう。」

という言い方も、「強き私情」をいくぶんか抑えて読めば、西郷の唱える朝鮮遣使論（「世のいわゆる征韓論」）の特質をうまく言い表している。

†もうひとつの心事

「西郷の心事」で大隈が上で触れていない、当時西郷が抱えていたもうひとつの心事がある。それは自身の健康問題だ。西郷はこのころ、もしかすると自分は病死するかもしれないという心配を抱えていた。そのことが西郷を行動に駆り立て、にわかに朝鮮遣使論を唱えさせたと考えられる。

西郷には、先にも触れたように、健康不安が出て、もしかすると死ぬかもしれないと思うと、急にし残したことがあるような気分になって、何か事を急ごうとするところがある。多くの同志に先に死なれ、また多くの兵隊たちを戦場で死なせてもいたため、西郷は常々死に遅れの感情を持っていた。安政五年以来の死に損じの気持もあって、自分が畳の上で死ぬわけにはいかないという感情が高まるようだ。

西郷にとって、死は恐れるに足らないものであっただろうが、何もせずに病死することは耐え難いことであったに違いない。西郷が健康不安を感じていたこの明治六年の夏、朝鮮に渡ってその地で大義の死を願ったとしても何の不思議もない。

4 焦燥

†死後の心配

十九日の手紙で「用事も済みましたので、またまた青山に潜居いたします」と書いた通り、西郷は従道の青山の別邸に移り、そこから八月二十三日付で板垣に次のように書いている。

「先日はわざわざ潜居までご来訪下さり、ご教示の趣き深く感佩《かんぱい》し（深く感じ入り）ました。死を見る事は帰するがごとくで、決して惜しみませんが、過激に出て死に急ぐようなことは致しませんので、そのことについてはご安心下さい。

しかしながら、無理に死を促したというような説は、跡《あと》もって必ず起きてくるに違いなく、畢竟その辺をもって、戦いを逃すような策を巡らすのは必定のことですので、先生はお動きにならないよう、今日よりお願いしておきます。

さて、少弟（私）この節の病気につき、主上（天皇）よりご沙汰をもって医師も遣わしていただき、治療をして、医師の言うとおりしておりますところ、もはや治療どころではありませんが、ありがたいご沙汰をもって加療しており、死する前日までは治療を決して怠らずと申しているぐらいです。

死を難しく思うものは、狂死でなくてはできない故、皆々左様のものかと考えますが、それらのことはすでに落着していることで、申し上げるのも余計なこととは存じますが、先生のご厚志忘れがたく、ご安心までにそっと申し上げておきます。」

板垣が「潜居」に来てくれたことに礼を言うとともに、改めて自分の思うところを述べている。板垣が西郷に何も朝鮮で死ぬことはないといった「教示の趣き」をしたようで、西郷はそれに対して、「過激に出て死に急ぐようなこと」はしないので「ご安心下さい」と書いている。西郷はここで、自分の死後のことを心配して、自分が「無理に死を促したというような説」をもって、戦争を阻もうとする者が出てくるのは「必定」なので、板垣にそうなっても動揺しないようにと頼んでいる。西郷がなぜここにきて急にこのようなことを言うようになったのか、そのわけはよくはわからないが、西郷がこの手紙を書く二日前に、木戸が西郷を訪ねていたことが関係しているように思える。

木戸の八月二十一日の日記に、

「十一字（時）訪、西郷老人談話数字（時）。」

とある。

しかし残念ながら、西郷訪問についての記述はそれだけで、「談話数字」の内容はわからない。木戸の帰国後の日記からして、この日の訪問が、木戸が帰国後西郷とじっくり話をする最初の機会であったと考えられるので、帰国の挨拶と米欧回覧の土産話が「談話」の大半であったのかもしれない。しかし、政局の話がまったく出なかったとも考えにくく、西郷はこのときに、木戸が何か「策を巡ら」してくると感じたのかもしれない。

†木戸の反対

木戸は九月三日に三条邸を訪ね、そこで初めて西郷の朝鮮遣使決定のことを聞いたようである。その日の日記に次のようにある。

「四時、三条公に至る。談論中、（三条から）西郷参議より台湾出張朝鮮討伐建言云々（の話）あり、かつ、朝廷上にもすでに決議を欲す、よって深憂にたえない。今、万民は困苦し、新令がしばしば出て民はますます迷う。去年来、（人民が）蜂起すること数次、（中略）今は、内政を治めることをもって第一着とすべし。内政未だ整わず。」

これからすると、木戸はこのとき三条から初めて、西郷より「台湾出張朝鮮討伐」の建言があり、それが閣議で決まったことを聞いたことになる。もし、これ以前に西郷の朝鮮遣使のことを聞いていたなら、木戸としては関心の深い事柄だけに、きっと日記にも記していたと思われる。ということは、八月二十一日に西郷を訪ねたときには朝鮮遣使のことは何も聞いていなかったことになる。

木戸は三条の話を聞いて、直ちに征韓・征台に反対する意見書を三条に提出している。それは、外征に反対し内政優先を唱えるものであるが、そのなかで木戸は、かつて自分が唱えた「征韓論」について次のように書いている。[*127]

「大政復古の初め、封建いまだ解けず、兵馬の政《まつりごと》、ことごとく諸侯にあり。朝廷は空器（からのうつわ）を擁して天下に臨む。天威（天皇の威光）の沮息《しよそく》する（息をはばむ）ことを恐れ、一時、事を朝鮮に寄せ、新たに親兵を編徴（徴集編成）して、もって武力を試みようとした。けだし、その意は傍《かたわ》ら内姦を圧倒することのみにあった。」

木戸はここで、かつて自分が唱えた「征韓論」の趣意は、「一時、事を朝鮮に寄せ、……。けだし、その意は傍ら内姦を圧倒することのみにあった」として、言わば、その内実を告白している。

幕末以来、日本で言われた「征韓論」は、対馬藩が幕府に建言した「征韓論」も勝海舟が論じた「征韓の議」も、そしてまた、この木戸の「征韓論」も一様に、必ずしも征韓そのものに主眼があったのではなく、他に何かの目的を持つ、言わば方便としての「征韓論」であった。[*128]そしてその特質は、西郷が「内乱を冀う心を外に移して国を興すの遠略」という言い方にも引き継がれている。この点でも、木戸がかつて唱えた「征韓論」（もとは朝鮮遣使論）と西郷の朝鮮遣使論（「征韓論」と見られた）とは、まったくと言っていいほどに同じものなのである。

黒田の牽制

さて、西郷に最も近い人物の一人、開拓次官・黒田清隆も九月二日に、太政大臣三条に樺太出兵を求める建言書を提出して、西郷の朝鮮遣使を牽制する動きに出ている。もっとも黒田の場合は、西郷の朝鮮遣使そのものに反対というだけではなく、それ以上に、西郷が朝鮮で死のうとしているのを止《や》めさせたい気持ちが強かったのかもしれない。

黒田は三条に建言書を提出したあと、その足で西郷のもとを訪ねている。しかし、西郷には会えずに置手紙をして行ったようで、西郷はさっそく同日、黒田に次のように返書している。

坊主姿の黒田清隆

「芳簡かたじけなく（七、八字切断）ご来訪なられ（五、六字切断）の仕合い、ご海恕下さい。陳れば、樺太の件を申し立てられた由、雀《じゃく》躍《やく》というのはこのことにございます。貴兄の持ち場に事が始まれば、朝鮮どころではなく、すぐさま振り替える心底にございます。

これまで、貴兄のご親切をこうむってきていること、いかばかりかも知れず、かねてから死は一所と考えている次第ですので、応援どころではなく、主になって十分議論致すようにしますのでご安心下さい。相手（ロシア）はよし、これぐらいの楽しみはそうあるものではないと考えております。この旨、ご報告まで、あらかたかくのごとくです。」

西郷は、黒田の建言を「雀躍というのはこのこと」と喜び、「朝鮮どころではなく」、「相手はよし」、「すぐさま振り替える心底にございます」などと書いて、もろ手を挙げて黒田の建言に賛同すると伝えている。

西郷も以前からロシアの動きに警戒感を持っており、朝鮮問題に対して樺太問題が競合することも十分に承知していた。先に取り上げた七月二十九日付板垣宛の手紙では、「樺太のごときは、既にロシアから兵隊をもって保護を備え、たびたび暴挙もあるということなので、朝鮮よりは先にこちらの方に保護の兵を繰り込むべきだと考えますし……。」とも書いていた。

しかし、西郷がここで黒田に書いているような言葉が西郷の「心底」から出たものとはとても思えない。西郷は朝鮮行きを切望して短期間ながらその実現のために熱中して動き、それがようやく決まったところである。「もうは横棒の憂いもあるはずはなく」などと書いて大喜びもしていた。その矢先に、黒田のような身近な人物から、「横棒」が入ったのである。驚きこそすれ喜べるはずなどない。

†態度一変

西郷はこのあと九月十一日に再度、樺太建言の件で黒田に次のように書き送っている。

「昨日は条公（三条）より（黒田の）ご建白書をお回しになり、何たるご趣意かも分からず、大隈・後藤へ回されるという趣のみにて、ご評議になる程合《ほどあ》いも覚束なく、今になってようやくお回しになるぐらいであれば、とても護兵のところまでにも参りかねるでしょう。

ここで頑張って詮《せん》が立つものなら、書面をお回しになったことでもあるので、自分も飛び出して行っていいところかもしれませんが、朝鮮のところまでも崩れては、とんと蔵《くら》がめ（自家の大事なもの）が上がってしまうと狐疑《こぎ》しています。

もしや、朝鮮をこわがって余計の論を起こしているとの疑惑も起こるのではないかと案じている次第です。この樺太の件のご評議は小田原にも参りかねないと考えています。これまでの遅々、何と申すべきか。わずかの冊紙を数日一人の手に留まるようでは、推して察せられるところです。この旨、そっとお知らせします。」

前の手紙からは、一変するものになっている。前回の手紙が黒田の建言を大げさなほどに称賛し賛同するものであったの対して、今回のものは非協力的で冷淡である。前回は「朝鮮どころではなく、すぐさま振り替える心底にございます」と書いていたのが、今回は「朝鮮のところまでも崩れては、とんと蔵がめが上がってしまう」と書いて、完全に逆転している。また、前回には「相手（ロシア）はよし、これぐらいの楽しみはそうあるものではない」と書いていたのが、今回は「朝鮮をこわがって」云々となって、これまた、風向きがずいぶん変わっている。

今回の手紙で伝えていることは、要するに、黒田の建言についての評議は小田原評定《ひょうじょう》になって流れてしまうだろうということで、前回に「応援どころではなく、主になって十分議論」すると言っていたのとはまるで違う。たった十日ほどの間で、これだけの変わりようは、およそ尋常ではない。前に書いたことはすっかり忘れてしまっているようでもある。

†「憤発の種蒔き」

黒田にこの手紙を書いた翌日九月十二日には、部下の別府晋介に次のように書いている。

「昨日は手紙をもらい、ことごとく拝読しました。頼んでおいた短銃をお探し下され、お礼を申し上げげます。誠に十分の筒《つつ》にて、この上ないものです。ついては、代金いかほどか、そっとお知らせ下さい。

末筆ながら少々お風邪を引いておられる由、ご加養されることを祈ります。今日は（岩倉）大使も帰着の賦《つもり》（予定）です。私も当所を引き払い、小網町へ帰るつもりですが、この雨冷えにて明日に延ばしました。

先日は北村（重頼）がきて、是非連れて行ってくれとのことにつき、……。土州（土佐）人も一人死なせて置いたなら、跡《あと》がよろしいだろうと考えています。この節は第一に憤発の種蒔《たねま》きなので、大いに跡のためになるだろうと考えていますが、どう思いますか。……。

（追伸）

是非（九月）廿日までには出帆のつもりなので、その辺は十分に働きますにつき、ご養生されるように。出立前に風邪などお煩《わずら》いになっては、少しは娑婆《しゃば》が名残《なごり》ありげに見えます。かか大笑い。」

手紙の冒頭で、頼んでおいた短銃が届いたことで、別府に礼を言っている。この時期からして、朝鮮行きに携帯するつもりなのであろう。西郷はこの手紙でも自分たちは死ぬと書いているから、それは単に護身用にするものではないようである。立ち回りにでもなることを想定して、持って行くことにしたのだろうか。

ここでは、自分たちが朝鮮で死ぬことは話の前提になっていて、「土州人も一人死なせて置いたなら、跡がよろしいだろう」とも言う。その土佐人の北村は板垣配下の者で、前年、花房遣韓大使が釜山に行ったときに、別府とともに朝鮮探索のために渡韓した人物である。

西郷は板垣や三条に朝鮮で「暴殺」されると言っているが、別府や北村にも、朝鮮で死ぬことをはっきりと告げていることになる。「この節は第一に憤発の種蒔き」と書いていることからして、自分たちは朝鮮との開戦ないしは征韓のために死ぬと言っているのであろう。

西郷の頭のなかにあるのは、もとから朝鮮行きのことばかりである。先に黒田に「貴兄の持ち場（樺太）に事が始まれば、朝鮮どころではなく」などと書いていたのは、もとから単なるお世辞に過ぎなかったことになろう。

配下への猜疑心

上の別府宛の追伸で「是非（九月）廿日までには出帆のつもり」と書いていることからして、西郷は岩倉大使が帰国（九月十三日）して一週間ぐらいで、閣議で最終の承認を得て出発できると考えていたようだ。しかし、実際にはそのようにはなっていない。それは第一に、岩倉大使一行が帰国しても岩倉を加えた閣議がなかなか開かれなかったからだが、原因はそれだけではない。このころにはすでに、薩摩出身の武官たちのあいだでも、黒田と同様、西郷の朝鮮遣使に賛同しない者が多く出ていた。

西郷は九月二十一日に薩摩出身の武官たちを集め、自分の朝鮮行きのことで会合を開くが、その会合の印象を翌二十二日に黒田に次のように書いている。

「昨日の談判は案じていたところ、案外の仕合になりましたが、よくよく考えてみると、いったい何がどうなったのかよくわかりません。よほど難渋と見え、皮膚の間を恐ろしげに歩み来て、終わりに至ってもうは戦いなしには済まないだろうと、ようやく口に出したのは、おそらく考え極まってのことでしょう。（中略）

野津氏（野津鎮雄）には自分の定見はさらになく、ただ人の説を聞いて太鼓を叩き回るばかりですし、また、猶予狐疑《ゆうよこぎ》（ぐずぐずして狐のように疑い）深い信吾（弟の従道）に暫時の暇を与えれば、またまた違変の策を巡らすに違いなく、何とぞ速やかに軍局の論を定め、正院へ申し立てるよう、責め付けて下さるようお頼み申し上げます。篠原君へも貴兄よりご催促くださるよう、お通し置き下されたく合掌奉ります。

このたび、またまた変わっては、私も諸君に対し面目なく、実に痛心しており、幾重にもよろしくお汲み取りくださり、埒《らち》が明《あ》くよう力添えを頼みます。あまりに考え過ぎかもしれませんが、少しも違論なく、最も安く調ってしまい、この前の手に陥りはしないかと疑惑している次第です。この旨、略儀ながら書中をもって心腑（心中）を吐露しました。ご容赦下さい。」

会合の目的や内容はもうひとつよくわからないが、いずれにしても、この手紙は会合の重苦しい雰囲気をよく伝えている。西郷は配下の者たちに猜疑心を募らせ、とりわけ、弟の従道に対するそれが強い。黒田が自分の派遣に反対であることは、もとより西郷もよくわかっているはずだが、この手紙ではまた、前二回の手紙で書いたことなどまるで忘れたかのように、ただひたすら自身の朝鮮行きの支援を黒田に頼んでいる。

西郷が九月中に黒田に送った上掲の三通の手紙は、この時期の西郷の不安定で鬱屈《うっくつ》した心の内をよく映し出している。本来なら、弟の従道や黒田らが、西郷の考えに反対したり、いわんや、西郷のしようとしていることに邪魔立てをしたりするはずはないのである。西郷はこの時期、突如自らの朝鮮遣使に夢中になって、独善的かつ独断的になり、ごく近い者たちの気持ちさえ読み取れなくなっていた。かつて、人望と信頼を集めて采配を取った、武将・西郷の姿はそこにはない。

†「潜居」

西郷は上の九月十二日付の別府宛の手紙で、「私も当所（従道の別邸）を引き払い、小網町へ帰る」と書いていたように、岩倉大使が帰国すれば、登庁や朝鮮行きの準備をしないといけないためであろう、このあとすぐに自邸にもどっている。このことからすると、西郷は朝鮮遣使が決まった直後の八月二十日ごろに従道の別邸に「潜居」して以来、この九月十二日ごろまでのあいだはもっぱら療養に努め、文字通り「潜居」していたことになる。実際、西郷がこの間に外に出て何かの活動をしたり、人に会ったりした形跡は認められない。

ということは、征韓をするための準備などは、何もしていなかったことになる。上で見たように、西郷は九月二十一日に薩摩出身の武官の会合を開いたものの、それも、西郷自身「何がどうなったのかよくわかりません」と書いているように、うまく行っていない。

もし、西郷がまじめに征韓を考えていたのなら、のんびり「潜居」などしていられるはずがない。西郷自身もとから、岩倉大使が帰国すれば「廿日までには出帆のつもり」をしていたのだから、朝鮮派遣が決まればすぐにでも征韓のために各方面との打ち合わせや準備に取り掛からねばならなかったはずだ。当然、軍首脳との打ち合わせも必要になるはずだが、西郷が夏に朝鮮遣使論を唱えて以後、陸軍卿山県有朋とも海軍大輔勝海舟とも会ったことがない。*129

西郷は板垣に開戦や征韓のことを言い、別府や北村にもそのことを言っているが、実際にそれらがあるのは、自分の死んだ後のことで、それらについては、「その末のところは、先生にお譲り致します」として、板垣に任せてしまっている。しかもその開戦についてすら、西郷は、八月二十三日付板垣宛書簡からわかるように、自分が朝鮮で死んだあと、うまくいくかどうか自信を持っていない。西郷が征韓を真剣に考えているなどとはとうてい言えまい。西郷が真剣に考えているのは自分が朝鮮で死ぬことなのである。

†平和的交渉説の登場

この征韓説に対して、昭和五十年代になると新たに、西郷は朝鮮遣使に立って平和的に国交回復の交渉をするつもりであったとする平和的交渉説が唱えられる。征韓説に対して、まるで戦争と平和ほどに違う、まったく正反対のセンセーショナルな説で、当時は注目を浴び、歴史学者も含めて多くの人たちが賛同した。今日もなお、この説を言う人が少なくない。

しかし、この説も、ベトナム戦争終結（昭和五十年）や日中平和友好条約締結（昭和五十三年）などで、世の中が平和的気運に包まれた時代を背景に、その時代精神のもと、歴史家が西郷に、征韓論者や軍国主義者などとはまた違った、新たな人物像の衣を着せて創り上げたフィクションである。

もし西郷が、平和的に国交交渉をしようとしていたのなら、これまでの日朝間の交渉経緯からして、それこそ、戦争を始める以上に準備と研究が必要であった。西郷は八月十七日の閣議で自分の朝鮮遣使が決まった後「潜居」したままで、国交交渉の準備などまったく何もしていない。別府や北村などを連れて行って国交交渉などできるはずもない。

西郷が準備したことと言えば、上の別府宛の手紙にあるように短銃の調達ぐらいだ。平和的に国交交渉をしようとする者が、短銃を懐《ふところ》に忍ばせるようなことはしないであろう。むしろ、西郷がほんとうに平和的に交渉をするつもりなら、それこそ丸腰で行くはずだ。西郷がいきなり朝鮮に行っても、騒動を起こすことになるだけで、西郷の狙いはむしろ、そこにあったと見るべきであろう。この平和的交渉説を唱える歴史家には、特に史料の誤読とその説のための史料の恣意的な取捨選択が目立つ。

†「最初のご趣意」の貫徹

西郷はもとから朝鮮で死のうとしており、その西郷に征韓が果たせるわけでも、平和的交渉が果たせるわけでもない。西郷の朝鮮遣使論を征韓論ととらえる説も平和的交渉論ととらえる説も、どちらもフィクションである。*130

西郷は、日本が王政復古して天皇の治める国となったことを認めようとしない朝鮮に対し、明治政府が当初に立てた「最初のご趣意」の履行を名分にして、朝鮮で大義の死を遂げようとしていたのである。「最初のご趣意」というのは、明治新政府が元年に朝鮮対策の基本方針として決めたもので、具体的には、昔からの日朝間の隣好のよしみで、まずは公理公道をもって交渉を尽くすが、それでもなお朝鮮が聞き入れない場合は征討するという方略を指す。

西郷はこの「最初のご趣意」を貫こうとしていたのであって、征韓そのものを目的としていたのではない。当時から多くの人が、西郷は征韓のために朝鮮に行こうとしていると見ていたが、それは、西郷がそのように見られることを拒否せず、むしろ、自分の言動がそのように見られるようにポーズを取り、またカムフラージュしていたからである。

もっとも西郷は、自分が朝鮮遣使に立って「暴殺」に遭い、そのもとで開戦になり、士族たちに活躍の場をつくってやれれば、それに越したことはないとは思っていたであろう。とは言え、繰り返しになるが、西郷が征韓そのものを主張したことは一度もない。西郷が言っているのは、一貫して「最初のご趣意」の貫徹でありその履行である。

†大義ある死

しかしまた、西郷にとって、「最初のご趣意」通りに事が運ぶかどうかは、さほど大きな問題ではなかったようにも思われる。自分の死によって、朝鮮征討の名分が立ち征韓が果たされれば、それに越したことはないし、また、もし朝鮮が皇国日本を承認する方向になれば、それはそれでまた結構なことであったはずだ。しかし、仮にそういったことにならなくても、自分の死によって、天皇が治める皇国日本を海内《かいだい》にとどろかすことができれば、それで十分であり、また、「御一新」のために死んでいった多くの志士や兵士たちのことを思い起こしてもらえれば、それで満足できたのではないか。

西郷が板垣宛に書いた一連の手紙を振り返れば、最初の七月二十九日付のその最後で、

「なにとぞ私を遣わして下さるよう、伏してお願いする次第です。副島君のごとき立派な使節はできなくても、死するぐらいのことはできると思いますので、宜しくお願いします。」

と書いて以来、西郷の死への思いは一貫しており、伊達《だて》や板垣説得のための方便としてそれを言ったりしているのではない。むしろ、西郷は一連の手紙で、板垣に朝鮮で大義ある死を遂

げさせてほしいと頼んでいるのである。それはまた、畳の上で死ぬわけにはいかない、西郷のたっての願いでもあったのである。

第九章

政府大分裂

1 西郷と三条の葛藤

†「勅旨」

三条実美《さねとみ》太政大臣は八月十九日に箱根で夏季休暇中の天皇の行在所《あんざいしょ》に赴《おもむ》き、八月二十三日までそこに滞在して、その間に八月十七日の閣議決定の上奏をして勅答を授かる。*131『岩倉公実記』(一九〇六)はそのことを次のように記している。

「上(天皇)、実美に勅《ちょく》し給いて曰く、西郷を使節として朝鮮国に差遣するの事は、宜《よろ》しく岩倉が帰朝の日を待ち、岩倉とこれを熟議して奏《そう》すべし。しかる後に朕《ちん》これを裁断せんと。実美、東京に帰り、勅旨を隆盛に開諭して、後命を待たしむ。時に八月なり。*132」

『明治天皇紀』（一九六九）もまた、同じく、

「勅して曰く、西郷を使節として朝鮮国に差遣する事は、宜しく岩倉の帰朝を待ってあい熟議し、更《さら》に奏聞すべしと。実美、帰京するや、聖旨を参議西郷に伝えて後命を待たしむ。[133]」

としている。おそらくこれは、上の『岩倉公実記』のものをもとにしたものであろう。要するに、ともに、天皇は西郷を朝鮮に使節として送ることについては、岩倉の帰国後にさらに熟議をして再度奏聞せよと命じ、三条はそれを西郷に伝えて「後命」を待たせたと言う。

その後、三条は、木戸が西郷派遣の決定について意見をしてきたのに対して、九月十日付の手紙で、

「内閣の決議においても、いずれ大使帰朝の上、なおご評議をもって決定すべきはずのことで、帰朝後の評議で、貴兄の見込みのところも十分討論あるべきで、拙者もなお熟慮・注意するつもりです。[134]」

と応え、また、同月十五日付では、

「……、大使帰朝の上、とくと評議になり御決議になればよいとの評論にて、西郷参議もその次第は申し聞いていることで、この段、念のため申し入れておきます。内決とは申しても、とかく大使帰朝を待って評議に及ぶべきはずのことで、その上で可否得失はあくまで討論すべきことです。[135]」

と応えている。上の『岩倉公実記』にある記述通りの返答をしていることになる。しかし、西郷はそのようには認識していない。

†ともに「切迫」

西郷は、岩倉が帰国してもいっこうに閣議が開かれないのに業《ごう》を煮《に》やし、九月下旬になってついに、三条に何らかの圧力をかけたようで、三条は九月二十八日に岩倉に、

「朝鮮事件、西郷すこぶる切迫、昨日ご相談申し上げた通りにつき、はなはだ心痛しています[*136]。」

と書き送っている。岩倉は三十日に西郷に会い、そこで岩倉もまた、西郷の強硬な姿勢に接し、同日に大久保に手紙を書き、

「今夕、西郷方に行ったところ、朝鮮事件しきりに切迫の論あり、少々早くお話ししておきたいことあり、是非明日に[*137]……」

と伝えている。

十月に入ったころには三条も切羽《せっぱ》詰まって、十月四日に岩倉に送った手紙で、

三条実美

「別紙、朝鮮事件について、心附《しんぷ》(心腑)のまま認《したた》めましたので、ご一覧下さい。*138」
と書き、その「別紙」で次のように書いている。

「今度の使節は既に三度目(元年末の対馬藩家老樋口鉄四郎大使、五年夏の外務大丞花房義質大使に次ぐ)に属し、またも屈辱を受けて国権を損なうべからず。よって、必死を期すべき使節になり。使節をして必死を期さしめる政府は、戦争を期すほかはない。使節を派遣することは既に議決した。いまさらこれを論じる必要はない。(中略)

使節が殺されて後に、始めて戦争を決するのでは遅い。必死を期す使節を派遣する日には、戦争を決しないわけにはいかない。国勢が振わず、使節が身を殺して始めてそれが振うというのであれば、それは使節一身の略にして政府の略にあらず。このことは利害を論ずる上で、もっとも慎重を要する所以なり。*139」

ここで三条が心中を吐露しているその第一は、「使節を派遣することは既に議決した。いまさらこれを論じる必要はない」と言い切っているところだ。これは、九月中旬に木戸に「いずれ大使帰朝の上、なおご評議をもって決定すべきはずのこと」云々と言っていたのとはまるで違う。また、『岩倉公実記』等掲載の勅命にも反する。

第二は西郷の朝鮮派遣について、三条は「必死を期す使節を派遣する日には、戦争を決しないわけにはいかない」とする認識を持っていることだ。

第三はその派遣について、西郷がやろうとしていることは、「使節一身の略」であって「政府の略にあらず」と言っていることだ。もっとも、そうであるなら、どうして、そんなことを留守政府のたった二度ほどの閣議で決めてしまったのかが問われる。

岩倉帰国後、三条と岩倉はまず大久保を参議にしようと躍起になっている。大久保がいなくては「百事が治まらず」（三条の九月十三日付岩倉宛手紙）というわけだが、とりわけ西郷の朝鮮派遣の評議には大久保が欠かせなかったからだ。しかし、大久保の方も今回の参議就任については、もとから西郷との対決が見込まれているだけに容易に受けることはできない。

大久保は参議就任を受諾するに当たって、三条・岩倉の両大臣にいろいろと条件を出して、両大臣と自分の三人ですべきことを確認し合い、最後にはそのための念書を二人に要求し、それを受け取っている。大久保の就任が決まり、その大久保の要求で外務卿の副島も参議に昇格させることにして、三条は十月十一日に西郷に副島の参議任用の承認を求めるとともに、十二日に予定していた閣議の十四日延期を伝える。

†「死をもって国友に」

西郷はさっそく、それに対して次のように返書している。

「尊書ありがたく拝見いたし、ご教示の趣き、委細謹んで承りました。しかしながら、明日の御会議いかにも残念の次第です。今日のご遷延一大事の場合になりますので、なにとぞこの上、間違いの無いようにしていただきたく、ひとえに懇願致します。

もっとも、副島氏の件、何も異存はありません。この段、尊答まで、かくの如くであります、恐惶謹言。

追って啓上。誠に恐れ入る儀ではありますが、不肖（私）をお遣わしの儀、最初お伺いの上ご許容になっており、今日に至ってご沙汰替り等の不信の事ども発しましては、天下のため、勅命軽き場になりますので、そのところは決してご動揺ない御事《おんこと》とは拝察致しておりますが、段々そのような説もあるように承知していますので、念のため申し上げておきます。

前もってかようなことまでお聞かせするのは、万々恐懼《きょうく》の次第ではありますが、もしや、（派遣の決定が）変わるようなことがある節には、実に致し方なく、死をもって国友に謝るまでですので、その辺のところ、なにとぞご憐察《れんさつ》下されたく、これまたお願い致します。」

何とも凄《すご》みの利《き》いた返書である。冒頭は「尊書ありがたく拝見いたし、ご教示の趣き、委細謹んで承りました」と慇懃《いんぎん》にして穏当だが、続いて「今日のご遷延一大事の場合になります」とあり、追伸では、さらに恐ろしい言葉が続く。

西郷は、自分の朝鮮派遣の決定は「最初、お伺いの上ご許容になっており」として、それがもし「ご沙汰替り」になるようなことになれば「勅命軽き場」になってしまい、自分としては「死をもって国友に謝るまで」と言う。この「国友」というのは、明治三年末に中央政府への出仕を決めたときに、国元で約束を交わした同友や兵隊たちを指すのだろう。

ここで西郷は明確に、自分の朝鮮派遣については、天皇が「ご許容になっており」、すでに「ご沙汰」すなわち「勅命」が下っていると書いている。

†『岩倉公実記』等の虚偽

さて、そうなると、本章の最初に示した『岩倉公実記』や『明治天皇紀』の勅答に関する記述は怪しくなる。それらは、岩倉帰国後さらに熟議して再度奏聞せよと命じ、それを三条が「隆盛に開諭し」たとしているが、西郷はそんなことはまったく関知せず、上のように言っている。

『岩倉公実記』等が虚偽の勅答を記載しているか、三条が「勅旨を隆盛に開諭」していないか、あるいは、西郷が勝手な認識を強引に言い張っているかのいずれかになる。しかし、もし西郷が『岩倉公実記』記載の「勅旨」を三条から聞きながら、上のように言い張っていたとすれば、それは勅答延《ひ》いては天皇を冒瀆《ぼうとく》することになる。いくら何でも、西郷がそんなことをするとは思えない。

それに、もし三条がほんとうに「勅旨を隆盛に開諭して」いたのなら、西郷が上のように言っても、三条は直ちにその「勅旨」を再び西郷に「開諭して」断固抗弁できたはずだ。三条はそうしたことはまったくしていない。それどころか、岩倉に「使節を派遣することは既に議決した。いまさらこれを論じる必要はない」と明言して、三条自身が『岩倉公実記』の勅命に関する記載内容を否定している。

これらからして、西郷が勝手なことを言っているのではなく、『岩倉公実記』や『明治天皇紀』が勅命に関して虚偽の記載をしているか、もしくは三条がその記載に反することをしているかのどちらかになる*140。

西郷は上のような「勅旨」を「開諭」されておらず、また「後命を待た」されてもいないからこそ、太政大臣三条に向かって何ら憚《はばか》ることなく、

「ご沙汰替り等の不信の事ども発しましては、天下のため、勅命軽き場になります……。」

と言えたのである。いずれにしろ、『岩倉公実記』等の勅命に関する記載は虚偽になる。

†三条の狼狽

西郷は上で、「もしや、（派遣の決定が）変わるようなことがある節には、……、死をもって国友に謝るまで」と書いているが、もし、ほんとうにそんなことになれば、そのあと、それこそ何が起きるかわからない。少なくとも軍部や兵隊たちが黙っているはずがない。暴発・反乱が起き、クーデターが起きても不思議ではない。太政大臣三条にとって、西郷の上の手紙は脅迫状に等しい。

三条は西郷の返書によほど驚いたのだろう、直ちに岩倉に次のように書き送っている。

「西郷へ申し遣ったところ、別紙の答書が到来しましたので内見下さい。誠にもってこの一件はまったく僕らの軽率より、遂にこの如き難事にも立ち至ったことで、国家に対して申し訳なく、また尊公方に対しても慙愧《ざんき》のほかなく、万悔も及ばないことです。この上は大久保の精忠に依頼し、お互いにおいても尽力すべきことと思います。*141」

三条はいくぶん狼狽しているのだろう、文頭からいきなり「僕らの軽率」と書いて、自分らの失敗を認めて岩倉に詫びている。いったいどのような失敗だったのだろうか。「僕らの軽率」の「僕らの」というのは、留守政府の自分たちということで、とりわけ太政大臣の自分を指すのだろう。また、「軽率」は、上述のことから推察して、留守政府で西郷派遣を決めてしまって、それを、西郷に勅許も下って決まっていると思い込ませてしまったことになろう。

三条はこの翌十月十二日にも岩倉に手紙を送り、

「実に西郷も決心のことで、兵隊の動静もこの一挙の都合によっては、ほとんど駕馭《がぎょ》の策もむつかしくなり、他日の変害の懸念に堪えがたい。兵隊の駕馭を失っては、救いがたい大患になります。ついては愚存にては別紙の策をもって、ともかく（派遣の）時機をあい延ばすほかはないと考えます。[*142]」

と書いている。

三条は、「西郷も決心のことで」、彼の出方によっては「兵隊の駕馭」がきかなくなって「救いがたい大患」になると恐れている。

また、この手紙に付けられた「別紙」では、その最初に、

「使節の議は既に御内決あり、決して変動できない。然りといえども、時期は引き延ばしたい。[*143]」

と書いている。この「御内決あり」という表現は、明らかに、西郷が先に「不肖をお遣わし

の儀、最初お伺いの上ご許容になっており」と書いていたものに合わせる言い方になっている。つまりは、三条は西郷の言い分を完全に認めているわけだ。

そして事実、このあとの閣議は、使節派遣の「議は既に御内決あり」のもとで、使節派遣の是非については一切問わず、ただその時期を即時にするか延期するかを議題にして始まる。

2 最終の閣議

†「遅速一件」

十月十四日にようやく岩倉大使帰国後最初の閣議が開催される。出席者は三条太政大臣と岩倉右大臣の両大臣と西郷・板垣・大隈・後藤・大木・江藤・大久保・副島の参議たちの都合十人で、参議の木戸は病欠であった。

十四日の評議を伝える一次史料としては、江藤新平がそれに触れて、翌十五日昼ごろ岩倉に届けた手紙がある。その冒頭に、

「謹啓、しからば昨日の御会議、朝鮮使節御差立て遅速一件、……。」

とあり、十四日の閣議の議題は、前述の通り派遣の是非ではなく、それを即時にするか延期

するかの「遅速一件」であったことがわかる。
その江藤の手紙から、西郷の発言等に関するところだけを引き出すと次のようである。

「一　西郷より速やかなるご決定の申し立てがあり、この儀、お聞き入れがなければ、すなわち同人の願い通りに辞職をご許容処分されるほかはないと思います。（中略）
一　朝鮮は野蛮につき、もしかすると、西郷を殺すことになってしまうという憂いがあるので、その使節の手順を立てた上での事と申す儀は、国家のために必死をもって為す人をご待遇あそばされる道として、あってはならないことで、また、英雄を御する仕方としても、あってはならないことと存じます。
一　西郷は既に必死であるところを、使節としてお差立てもなく、また、辞職もお聞き入れにならないというようなことで、もし今日（十五日）もご決定をお延ばしになっては、事情ははなはだ困難なことになります。」*144

これから、西郷が自分の派遣の速やかな決定を迫り、それができなければ自分は辞職すると申し立てていることがわかる。他のことも、ほぼこれまでに述べてきたことと一致する。
また江藤は「西郷は既に必死」、また「国家のために必死をもって為す人」と言い、それを邪魔することは「英雄を御する仕方としても、あってはならないこと」とも言う。

†歴史書の相反する記述

結局、十四日の閣議では決着が着かず、十五日にも閣議が開かれることになる。この二日目の閣議について、明治二十七年に刊行された勝田孫弥の『西郷隆盛伝』は、

「隆盛は既に（前日の閣議で）その意見を陳述した。今や、閣議の決定いかんによってその進退を決することになるが故に、従来の始末書を認《したた》めてこれを三条に呈し、十五日の閣議には登閣せずしてその決議を待った。*145」

と言う。これ以後、この見解が今日まで歴史家によって踏襲され、十五日の閣議には西郷は欠席をして、代りに勝田が「始末書」と呼ぶ文書を提出したことになっている。

しかし、明治三十九年に刊行された『岩倉公実記』はそれとはまったく違って、

「十五日、前日の議を継ぎこれを討論する。隆盛前説を主張し甚だ力《つと》む。具視、利通あえて動かず、実美ついに隆盛の説に左たん（味方）す、議はじめて決す。*146」

と言う。これによると、西郷はこの日の閣議にも出席しており、「始末書」を提出したというような雰囲気はない。実際、『岩倉公実記』は後述するように、西郷はこの日ではなく、十月十七日に三条に「出使始末書」提出したとしている。

両書で、まったくあい反することを書いているのだが、どういうわけか、これに関しては多くの歴史家が、『岩倉公実記』の記載を無視して『西郷隆盛伝』の方を採用し、西郷は十五日の閣議には欠席して、代りに「始末書」を提出したと言う。この「始末書」の件については、次節でまとめて詳しく述べる。

†大久保の日記

十月十五日の閣議を伝える一次史料としては大久保の日記があり[*147]、それに次のようにある。

「今朝、黒田子入来。十字《（時）》より参朝。朝鮮事件ご評議あり。昨日の議、決まらず、条公・岩公、今日までご勘考あるべしとの事にて、今日なおまた見込をお尋ねあったにつき、小子においては断然前議をもって主張いたし、ほかの参議においては、西郷氏の意にお任せあるべしと、特に副島氏・板垣氏断然決定の趣にて、この上は、なおまた、ご両人（三条・岩倉両大臣）にてご治定あるにつき、参議は控えるようご沙汰あり、一応引き取った。

暫時にして、またまた参るようにとのこと故、一同参ったところ、実に西郷の進退に関係しては御大事につき、止むを得ず西郷見込み通りに任せることに決定致したとのお話ゆえ、小子においては、昨夜申し上げた通り、この上は両公のお見込立つところでご治定あるべきよう申し上げておいたので、ご異存は申し上げなかったが、見込においては、断然変わらない旨申し上げた。
しかし、ほかの参議は一同異存なく、特に副島・板垣は断然たる決定にていよいよご治定あったので、小子は初発よりこれに決すれば断然辞表の決心故、そのまま引き取った。今夕、小西郷（従道）氏・黒田子等入来。」

この日、閣議の前後に二回黒田清隆が来て、閣議のあとには西郷従道が来ている。従道はもうこのころには、兄のところには行けなくなっていたようで、盛んに大久保のもとを訪ねている。従道は複雑な思いで、兄のしようとしていることに気を揉《も》んでいたことであろう。

この日記によると、前日の閣議で結論が出ず、両大臣で「今日までご勘考」ということで、十五日にも閣議が開かれたことになる。つまりは、十五日の閣議は、もともとは特段に評議を重ねようとしたものではなく、前日の閣議で議論はほぼ出尽くし、あとは両大臣による裁断を待つということになっていたようである。

これからして、『岩倉公実記』が書いている、西郷が「前説を主張し甚だ力む」というのは虚偽で、西郷はやはり欠席していたと見るのが妥当である。西郷は留守政府での夏の閣議でもそうであったが、自分のことで最終決定をする閣議には出席を控えるようにしていたようだ。

しかしまた、もし、勝田孫弥が『西郷隆盛伝』で言うように西郷がこの日「始末書」を提出していたなら、大久保はそれについて何かは書き留めていたのではないだろうか。何も書いていないことからすると、勝田の言う十五日の「始末書」提出も怪しまれる。

†三条苦渋の選択

この十月十五日の閣議での裁断について、三条は閣議終了後直ちに岩倉に次のように書き送っている。

「朝鮮事件には、容易ならざるご苦心、実に恐察の次第です。畢竟、初発より僕らの軽率より、事が今日に至って、その罪僕一身に帰すことです。さりながら、今日になってしまっては、是非のないことであります。

僕も今日に至り論を変えた次第、誠に申し訳なく、大久保にも万々不平の事と存じます。さりながら、西郷進退については不用意の儀になると心配したからです。ついては、朝鮮事件、今日の通りご決定の上は、速やかに僕に陸海軍総裁職をお命じになるよう懇願することに致します。右仰せ付けられた上は、十分見込みを立て、後世に至り弊害のないよう必死尽力の決心です。」*148

三条はここでも、最初に例の「僕らの軽率」のことを書いている。三条はそれにずっと悩まされていたようだ。西郷派遣の即行を裁断したのはひとえに、西郷の主張を聞き入れなければ西郷が辞任して、「不用意の儀になると心配したから」だと三条は言う。以前から、三条は西郷が辞任すれば、「兵隊の駕馭を失って」、「救いがたい大患」になると恐れていた。彼としては、大久保と交わした念書を反故《ほご》にしてでも、西郷の主張を受け入れざるを得なかったのだろう。三条はまさしく苦渋の選択を迫られたことになる。

†西郷一任の決定

三条がここで書いている西郷即時派遣の決定の様子は、大久保が日記に書いていることと一致する。大久保は三条が裁断した閣議決定を、

「実に西郷の進退に関係しては御大事につき、止むを得ず西郷見込み通りに任せることに決定致したとのお話」

と記している。大久保はまた、自分以外の参議は「西郷氏の意にお任せあるべし」として、それが決まったとも書いている。

これら大久保の日記と三条の上の手紙とからして、閣議の決定は、西郷の朝鮮への即時派遣

というよりは、正確には「西郷見込み通り」に決めたということになる。しかも、「西郷見込み通り」と言っても、太政大臣三条も含めて、その「西郷見込み」がどのようなものか、わかっている者はいない。三条は上で、自分が「陸海軍総裁職」を命じられたなら、「十分見込みを立て、……、必死尽力の決心」と書いている。

他国との戦争にもなりそうな国家の一大事を、どのような見込みであるのかもよくわからないまま、ひとりの人間に一任する決定をしていることになる。およそ国家の最高意思決定機関の決定とは言い難い。三条自身以前に、岩倉に「それは使節一身の略にして政府の略にあらず」と書いてもいた。これらのことはまた、逆に見れば、陸軍大将と参議の職を文武兼官する西郷の権力がいかに強いか、また、その西郷がいかに剛腕を奮って三条の裁断に持ち込んだかを物語っている。

上の三条の手紙でも、その冒頭で「朝鮮事件」と言っているように、このころ三条・岩倉・大久保のあいだで行き交った手紙のなかで、盛んにこの言葉が使われている。しかし、この「朝鮮事件」というのは、その実質は、朝鮮に関する事件というよりは、むしろ、西郷に関する事件であり「西郷事件」と呼ぶべきものであろう。三条自身「西郷進退については不用意の儀になると心配したから」「朝鮮事件、今日の通り」決めたと書いている。

閣議は西郷派遣の延期か即行かについて評議し、最終的に西郷の即時派遣を決定するが、それは西郷一任の決定であって、誰にも、西郷がどのようにして朝鮮に渡り、誰とどのような交渉をしようとしているかさえ、何もわかっていない。[*149] 何となく誰もが、西郷は朝鮮遣使に立ち、自分の死をもって征韓の機会をつくろうとしているらしいと思っているに過ぎない。実際に開戦になった場合の戦争の進め方など、朝議でも軍部でも話し合われたこともない。すべては、西郷の腹におさまっていることなのだ。

3 「始末書」と呼ばれる史料

†十七日付「出使始末書」

三条にとって、明治六年十月十七日という日は生涯でも最も長い一日であったと思われる。この日、早朝に大久保から辞表を差し出され、続いて木戸からも辞表を提出され、さらに岩倉からは、

「進退を決心するほかはないと考えています。なにぶん、今日は持病困苦につき不参とさせてもらいます。[*150]」

という通知を受ける。三条は、西郷に辞任されては「救いがたい大患」になるとして、西郷

派遣即行を裁断したものの、ここにきて今度は、西郷派遣反対派から激しい抵抗に遭う。三条は何とか岩倉の辞任を思い留まらせようと、この十七日の夜、二度にわたって岩倉を訪ねて、説得に努める。[*151]

『岩倉公実記』は三条が岩倉邸を訪ねたことを、

「この日（十七日）……。夜に入り、実美は具視の邸に至り隆盛の出使始末書を示して具視と反復討論をする。具視と実美の意、遂に合わず隆盛の出使始末書に曰く、」[*152]

とし、続いて、西郷が三条に差し出したという十月十七日付の「出使始末書」を掲載している。この文書は、西郷直筆の原本がのこっていて、その写真が『大西郷全集』第二巻の口絵に載せられている。宛名はなく、末尾にその日付と「西郷隆盛」の名前が入っている。

†「出使始末書」の内容

「出使始末書」は次のようなものである。全文を載せる。

「朝鮮ご交際の儀

御一新の初めより数度に及び使節を差し立てられ、百方お手を尽くされましたが、ことごとく水泡になったのみならず、数々の無礼を働いていることあり、近来は、人民互いの商取引をふさぎ、倭館《わかん》（釜山にある大日本公館）に詰めている者もはなはだ困難をきたすに立ち至り、仕方なく、護兵一大隊を差し出されるべくご評議の趣きは承知しておりますが、護兵の儀は決してよろしくありません。

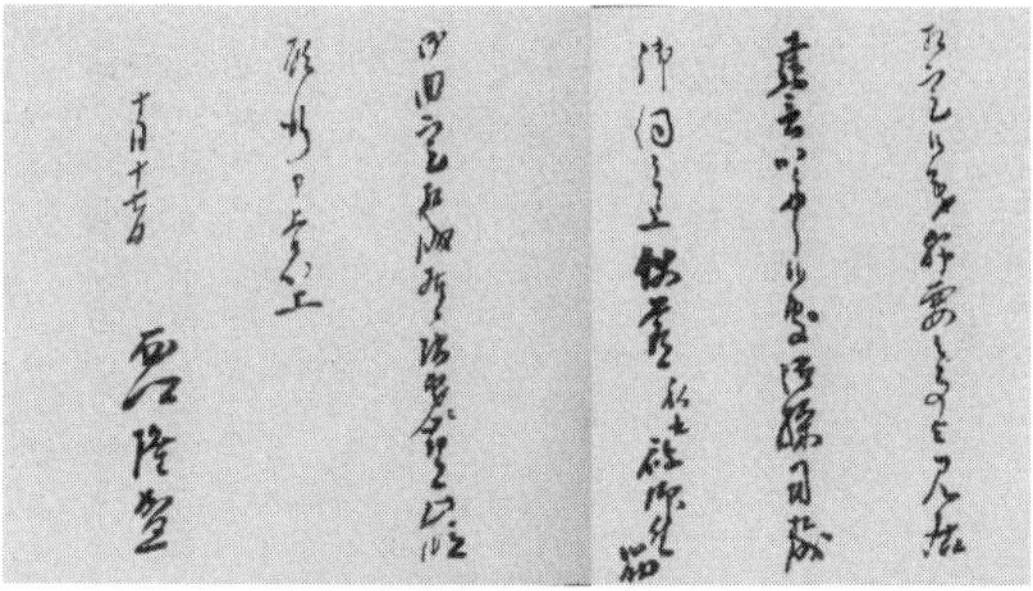
「出使始末書」末尾部分

　これよりして闘争に及べば、最初のご趣意にあい反しますので、この節は、公然と使節を差し立てられるのが相当のことです。もし、彼（朝鮮）から交際を破り戦いをもって拒絶するようなことがあっても、その意底がたしかに顕《あらわ》になるところまでは十分に尽くされずしては、人事においても、（悔いの）残るところとなります。

　暴挙を計られるかもしれないなどとのご疑念をもって、非常の備えを設けて差し遣わされては、また礼を失せられますので、是非、交誼《こうぎ》を厚くなされるご趣意を貫徹致すようありたく、その上で、暴挙の時機に至って、初めて彼の曲事を分明に天下に鳴らし、その罪を問うべき訳です。

　いまだ、十分に尽くしもせずに、彼の非のみを責めては、その罪を真に知るところにならず、彼我ともに疑惑する故、討つ人も怒らず、討たれる者も服することができないので、是非とも曲直を判然とさせることこそ、肝要の事と見据えて建言いたしましたところ、（閣議で）ご採用になり、（聖上に）お伺いの上、使節を私に仰せ付けられる筋《すじ》、ご内定になっている次第です。この段、成り行きを申し上げます。以上。

十月十七日　　　　　　　　　　　　　　　　　　　西郷隆盛」

要旨は次のようになろう。

「護衛の兵を送ったりして、最初のご趣意に反し、それで戦いになるようなことになってはなりません。この節は、あくまで使節を公然と立てて、交誼を厚くなされるご趣意で、話し合いを尽くすことこそが肝要です。その上でなお、朝鮮側が暴挙に出るようなことになれば、そのときに初めて、その曲事を天下に鳴らして、その罪が問えるわけです。

是非とも曲直を判然とさせることこそ肝要と建言いたしましたところ、閣議でご採用になり、陛下にお伺いの上、その使節を私に仰せ付けられることがご内定になっている次第です。この段、成り行きを申し上げます。」

ここで西郷が「建言」して「ご採用に」なったと言っているのは、留守政府の八月十七日の閣議で決定したことを指す。そして、ここで書いている「建言」の内容は、留守政府中に西郷が板垣や三条に訴えていたものと変わるところはない。「最初のご趣意」を持ち出して論じる仕方も、板垣や三条に訴えていたときと同じである。

†「出使始末書」の疑問

ところで、この文書は十月十七日に書かれたものだから、それまでの「成り行きを申し上げます」と言うのであるなら、重要な評議と決定のあった十月十四日と十五日の閣議のことが書かれていなければならない。ところが、それらについては何も書かれていない。つまり、この文書の日付は十月十七日であっても、書かれている内容はすべて、留守政府で決まったことまでの「成り行き」である。

留守政府で決まったこととして、西郷が上に書いているような認識を持っていたのは確かだ。西郷は十月十四・十五日の閣議以前の十月十一日付の三条宛の手紙で、「不肖（私）をお遣わしの儀、最初お伺いの上ご許容になっており」と書いている。これにある「お伺いの上」は、上の「出使始末書」にある「お伺いの上」とまったく同じでもある。

しかし、そうなると、西郷がどうして十月十七日になって、このような留守政府で決まったいきさつをわざわざ文書にして、三条に提出することになったのか、それが問題になる。

それについて『大西郷全集』第二巻（一九二七）の編者は、「出使始末書」を解説して次のように書いている。

「(十月) 十五日、続いて閣議を開くことになった。隆盛はその日は出席せずにこれまでの経過を記したこの書(「出使始末書」)をしたためて閣議に提出した。十五日の閣議にこの書を提出したということは西郷隆盛伝(勝田孫弥著)その他の書に見えている。この書を通読してみても閣議決定前のものであることは明らかである。

されば、最初十五日の閣議に出したものであることは事実であろうと思う。しかるに、本巻口絵に出したものには十七日とある。けだし、隆盛は十七日になってさらに数通清書して三条公その他に送ったのであろう。編者は隆盛自筆のこの書をこれまで三通見た。その内二通は十七日付であった。一通は記憶せぬ。[*153]」

つまり、この編者は、十月十七日付の「出使始末書」は、勝田が『西郷隆盛伝』で十五日の閣議に西郷が提出したという「始末書」と同じもので、西郷はさらにそれを十七日にも関係者に配布したと言うのである。勝田は十月十五日付の「始末書」を掲載するに当たってその末尾に括弧入りで「在鹿児島、故野村氏蔵」としてその出所を示している。また、勝田が掲載している「始末書」と上掲の「出使始末書」は、文言はいくらか違うが、内容はほぼ同じだ。

十七日付のものが十五日の閣議に提出したものと同じであるなら、それには十五日の閣議決定のことを書くことはできないので、十七日付のものであっても、確かに、十五日の閣議決定のことは書かれないことになる。

しかし、そんなことがほんとうにあるのだろうか。『岩倉公実記』は上で、「隆盛の出使始末書を示して具視と反復討論をする」と書いている。もしこれが事実なら、それが十月十五日に閣議に提出されていたというのはおかしな話になる。十五日の閣議に提出されて、岩倉も他の参議たちもすでに読んでいたものを、三条が改めて岩倉のところに持って行って岩倉と「反復討論」したりするとは考えにくいからだ。

また、十五日の閣議に提出したのと同じものを、十七日に配布するのに、日付だけをわざわざ十七日に変えて配布したりするのもおかしな話である。十五日に提出したのと同じものを配布するのなら、日付も十五日のままで配布するのが普通であろう。それに、もし十七日の日付であらためて書いたのなら、やはり、この日までの「成り行きを申し上げます」と書いているのだから、十五日の閣議決定のことを書かないとおかしなことになる。

†通説に対する疑問の根拠

しかし、この『大西郷全集』の解説が、後の『西郷隆盛全集』第三巻（一九七八）などの史料集の解説や歴史家に引き継がれ、今日では、「始末書」も「出使始末書」もともに「始末書」と呼ばれて、それが十五日の閣議に提出され、また、同内容のものが十七日に要路に配布されたとするのが通説になっている。しかしそれは、勝田が示している十月十五日付の「始末書」が実在すると信じて、後の歴史家が創り出した虚構ではないか。そう言える根拠をここでまとめておく。

まず先述のように、それがすでに十五日の閣議に提出されていたのなら、その場でそれについての討議も済んでいたはずだから、三条が十七日に再び岩倉にそれを示して、「反復討論をする」というのはおかしな話になる。

また、『大西郷全集』は上で、十五日付で提出したものを「隆盛は十七日になってさらに数通清書して三条公その他に送ったのであろう」と言うが、それをするのに、内容はそのままで、日付だけを十五日から十七日に変えたりするのは上述のようにおかしな話だし、十五日の閣議に提出されて閣僚たちがすでに見ていたものを、「三条公その他に」再度送るというのもおかしな話になる。

さらに、同解説は末尾に、「編者は隆盛自筆のこの書をこれまで三通見た。その内二通は十七日付であった。一通は記憶せぬ」と書いている。つまりは、少なくともこの編者は、十五日付のものは見ていないことになる。

これらのことは、そもそも、勝田の言う十月十五日付の「始末書」がほんとうに実在したのか、あるいは、あったにしても、それは偽書ではなかったのかを疑わせる。西郷に偽書が多いことはよく知られている。それに、ここでは紙数の関係で取り上げないが、厳密に読めば、十七日付の「出使始末書」と勝田の言う「始末書」は、文言ばかりでなく内容もいくぶん違う。*154

†「始末書」を否定する史料

さて、「始末書」と呼ばれる文書は、閣議で西郷遣使のことが議論されていた最中には、そもそも存在していなかったと思わせる一次史料がある。それは、十月の閣議のころから半年足らずあと、明治七年四月六日に岩倉がそのとき佐賀の乱平定のために佐賀にいた大久保に送った手紙で、そのなかに次のようにある。

「さて、西郷大将が昨年十月十七日に条公（三条太政大臣）へ差し出した建言一紙を内々一覧に入れます。今日にてはもっとも、不用であれども、同氏には初めより決して征韓はこれなく、使節のみにて人事を尽くし、*155……。」

ここで岩倉が「建言一紙」と呼んでいるものは、西郷が「昨年十月十七日に条公へ差し出した」と言うのだから、西郷が十月十七日付で三条に差し出した「出使始末書」のことであろう。上の記述も短いながらも、「出使始末書」の内容に合致する。それに、同日に同一人物（西郷）が同じ相手（三条）に同じ件で異なる二通の建言書を差し出すことは考えにくいから、同一文書と見てまず間違いはない。

そこで、岩倉の言う「建言一紙」は「出使始末書」のことだとすれば、大久保はこのときに初めて「出使始末書」を岩倉から見せられたことになる。前年の閣議等で岩倉も大久保も見ていたものを、このときになって岩倉が「内々一覧に入れます」などと書いて、大久保に送るはずがない。

岩倉は、『岩倉公実記』の先の記述によると、「この日（十七日）……。夜に入り、実美は具視の邸に至り隆盛の出使始末書を示して」とあるように、十七日の夜に「出使始末書」を初めて三条から見せられている。

ということは、それ以前、閣議等で西郷遣使の件が討議されていた最中には、「出使始末書」はまだ存在していなかったことになる。無論、それと同じ内容の十月十五日付の「始末書」が十五日の閣議に提出されていたというようなことも、もとよりなかったことになる。

以上のことからして、歴史家が今日もなお、勝田孫弥の『西郷隆盛伝』の記述や『大西郷全集』の解説などを引き継いで、西郷は十月十五日の閣議を欠席して、代りに「始末書」を提出し、十七日にもそれを関係者に配布したなどと言うのは、歴史家が勝手に創り出した虚構であると見てまず間違いない。

先に見た大久保の十月十五日の日記に「始末書」の提出などといったことは何も書かれず、その後の彼の日記や手紙でもそれについての記述は一切なく、また、板垣・大隈ら閣僚たちが遺した史料にも「始末書」に触れたものは一切ない。十月十五日付の「始末書」などは存在しておらず、十月十七日付「出使始末書」（＝「建言一紙」）も岩倉が同日夜に三条から初めて見せられたぐらいで、それ以前に、歴史家が言う「始末書」（「出使始末書」と「始末書」を併せたものを言う）などは存在していなかったことになる。

†「出使始末書」の目的

しかし、そうなると、西郷はなぜ、十月十七日になって、留守政府で自分の朝鮮派遣が決まった「成り行き」を文書にして三条に提出したりしたのか、それが問題になる。残念ながら、その解答を導くための史料や推理のための材料は見付からない。しかし、筆者としては、通説を否定した関係上、次のような推理を提示しておく。

太政大臣三条は十月十五日の閣議決定後、それを直ちに天皇に上奏せねばならない立場に置かれていた。三条はそれをするために、十七日になって西郷に、西郷が朝鮮遣使に立つことを建言した理由とそれが決まったいきさつを、文書にして提出するよう求めたのではないか。三条としては、西郷自身が書いたそれを天皇に示した上で、十月十五日の閣議で西郷の即時派遣か延期かを評議し、即時派遣を裁断したという形の上奏をしようとしたと推測できる。

実際、十月十五日に三条が最終的に下した裁断というのは、大久保の言葉になるが、「西郷見込み通り」に決定というものであった。となると、三条は上奏の際に、西郷がどういう「見込み」で朝鮮遣使に立とうとしていて、それが留守政府で決定されたいきさつを天皇に示す必要がある。

それに、三条がそのような形の上奏をしようとしたのには、やはり十月十四日・十五日の閣議が、西郷派遣については「既に御内決あり」を前提にして始められたことが大いに関係している。そのため三条は、留守政府で西郷の朝鮮派遣が「御内決」に至ったいきさつについては、実際に朝鮮派遣を求めた西郷自身の筆をもって書かせるのが得策だと判断したのではないか。またそのため、西郷が差し出した上掲の「出使始末書」は、もとから天皇に見せるものとして書かれ、宛名はなく最後には、

「（閣議で）ご採用になり、（聖上に）お伺いの上、使節を私に仰せ付けられる筋《すじ》、ご内定になっている次第です。」

とあるのではないか。

以上、あくまで推測だが、「出使始末書」と呼ばれる文書は、三条が十月十五日の閣議決定を天皇に上奏するに当たって、西郷に留守政府で西郷派遣が決まったいきさつを文書にして提出するよう求め、西郷がそれに応じて十月十七日に三条に提出したものと推測できる。

†幻の「出使始末書」

もっとも、この「出使始末書」は、結局は、次節で見るように、三条が突如発病して、三条自身が上奏することはなくなったため、天皇に差し出されることはなかった。「出使始末書」は、言わば幻の文書になったのである。歴史家たちは、論争当時には存在もしていなかった「始末書」(「出使始末書」と「始末書」の両方を指す)を史料にして、長く議論を続けてきたことになる。

前章で平和的交渉説はフィクションだと述べたが、その主唱者の歴史学者毛利敏彦氏はこの「始末書」について、

「直接間接さまざまな材料を用いて多面的に論証すべく努めたが、その決め手となった史料は、以下の明治六年十月十五日または十七日付西郷隆盛『始末書』である。この始末書はいわば毛利説を支える生命線だから、やや丁寧に検討しよう。」*156

と言われる。「始末書」を平和的交渉説の「生命線」とされるのだが、閣議での論争時には

存在もしなかった文書を史料にしていくら論じてもそれ自体虚妄ではないか。

4 政変劇

†三条の発作

宮島誠一郎の「国憲編纂起原」の明治六年十月十七日の条に、

「三条殿岩倉家へ参られ、夜半西郷参議を自宅へお呼び寄せになり、ご評議、天明まで眠られず。」

とある。三条は十七日の「夜半」、このときが最初であったかどうかや、また、三条の岩倉邸への二度の訪問との前後関係はわからないが、やはり西郷を呼び寄せていたことになる。その日、三条は長い一日を終え、就寝の床に就いたものの「天明まで眠られず」、ついに十月十八日の払暁《ふつぎよう》（あかつき）、精神の平衡を失い人事不省に陥る。

十八日の朝、そのニュースが岩倉のもとに届くと、岩倉は直ちに伊藤博文を呼び寄せて木戸・大久保・大隈らに連絡させ、以後、閣議で敗北した西郷派遣阻止派は一丸となって起死回生の巻き返しにかかる。

三条の病態は発症時が人事不省にも陥るやや重篤に見えるものであったため、周囲には三条危篤説や三条発狂説などとして伝わる。しかし、実際には、三条はあくる日にはほぼ正常にまで回復していた。

三条の病状を一週間にわたって記録した「容体書の略」というのが遺っている。それによると、

「十月十八日暁、臥《ふ》した後、鬱々《うつうつ》昏睡、人事を不省。発熱少なく、汗が出て、脈拍七六。午前九時、ホフマン氏診察、まったく脳の血液鬱積より発する病症なりという。」

とあり、同十八日夕刻、

「ホフマン、佐藤両氏と薬剤ご病症など対話。鎮痙嗅剤クロロホルム、暫時にして痙攣止む。」

同十八日の夜、

「十時半頃、……、少々ご覚醒され。つづいて粥《かゆ》一碗食べられ、睡眠。」

とあり、翌十九日夕刻には、「ご軽快なり。[*157]」

とある。

この後は順調に回復している。明らかに一過性である。

大久保はさすがに慎重で、自らの目で三条の病状を確かめたかったのであろう、十九日の昼ごろに三条邸を訪ねている。この日のことを、大久保は日記に次のように記している。

†「只一の秘策あり」

「今日十二時過ぎ、条公御病気お見舞いとして参上。詳しくご様子を承った。全精神錯乱のご様子。しかし、今日は昨日より少しおくつろぎのご容態の由。
松方氏、小西郷（従道）氏、岩下氏入来。黒田氏入来、同人この困難を憂えること、実に親切なり。予もこの上のところは、他に挽回の策なしといえども、只一の秘策あり。よってこれを談ず。同人これを可とする。すなわち、同人の考えをもって吉井氏に示談されるよう申し入れておいた。」

大久保は三条邸で、「今日は昨日より少しおくつろぎのご容態の由」という三条の病状をつかんでいる。帰宅後、やって来た黒田清隆に、
「他に挽回の策なしといえども、只一《ただ》の秘策あり。」
と相談をかけ、黒田はそれに同意して、大久保邸を出てその足で宮内少輔の吉井友実に会い、

「秘策」に着手する。

†「秘策」の中身

この「秘策」は、大久保の日記の公開後、大久保・黒田が講じた宮中工作として有名になり、多くの歴史家がその中身をいろいろと推測しているが、筆者は、その策は要するに、三条が回復する前に、間髪を入れず右大臣の岩倉を太政大臣攝行（代行）に就け、その岩倉をもって岩倉自身の意見を上奏させて、天皇の裁可を得ようとするものであったと推測する。

黒田は大久保に直ちに次のように知らせている。

「さては過刻、尊慮を伺い、吉井君に示談しましたところ、案にご同意にて、今宵、徳大寺（宮内卿）殿もご懇談あるとのことにつき、形行のみ。早々以上。」*158

大久保はこれを受けて、黒田に「十月十九日夜」付の手紙で次のように書いている。

「（前文欠）しかるところ、徳大寺殿はご存知の通り純良の人物にて、とても自ら成すという器に乏しく、もし、このこと半途にして敗する日は、なかなか取り返しもできず、それまでのことになります。

ついては明朝早天（明け方）、今晩吉井氏と（徳大寺宮内卿との）談合の模様つぶさにお聞き取り下され、万々が一、見留付きかねれば、止めるにしかず。もし出来ますれば、ごく内々に閣下（黒田）がご同人へ一応はご面会下さらないと甚だ安心できません。……。

甚だ恐れ入りますが、明朝、是非ともお気張り下さい。徳大寺殿がもしも、他へ相談されるようなことがあれば、大変なことになります。返す返すも、よろしくご注意下さい。[*159]」


この書簡の前段部は、「（前文欠）」とあるように、誰かの手によって剝ぎ取られたらしく欠けている。知られてはまずいことが書いてあったのだろう。宮中に迷惑がかかるようなこと、あるいは「一の秘策」の全容がわかってしまうようなことが書かれていたのかもしれない。いずれにしても、文面全体にみなぎる緊張感から、大久保・黒田が相当に危険な宮中工作を進めていることがわかる。「このこと半途にして敗する日は、……、それまでのことになります」ともある。

『明治天皇紀』の十月二十日の条に、宮内官の会議で二十日早朝に、

「そもそも実美・具視の邸に臨幸のことたるや、是《こ》の日唐突にその命があったことで[*160]、……。」

とする記事がある。詳しいことはわからないが、この「是の日唐突にその命があった」とい

うのが、大久保・黒田両人による宮中工作が功を奏した結果であったのではないか。上の大久保の手紙にある黒田への指示内容やその実行の時間帯に合致する。

このようにして、十九日夕刻から二十日早天にかけて実行された「秘策」は首尾よく行ったようで、二十日早朝、岩倉のところに「宮内卿徳大寺実則」名で次のような通達が届く。

「本日午前十一時ご出門、三条太政大臣邸へ臨幸、その還幸がけ其の邸へ臨幸仰せ出があった。よってこの段、お達し及ぶものなり。」*161

天皇が突如、「本日」三条邸に臨幸し、その帰りに岩倉邸に臨幸すると言う。実際、それが実行され、天皇は三条邸で三条を見舞ったあと、その帰途、岩倉邸に寄って岩倉に太政大臣摂《せっ》行《こう》（代行）を命じる。

「秘策」の実行を指示した大久保は、その日十月二十日の日記に、ただ四文字、

「今日無事」

と書き留めている。

大久保のこのころの日記には、来訪者だけでも日々数人の名前が記され、その他、その日にあったことなどがいろいろと書かれているが、この日に限って、上の四文字だけだ。大久保が

いかに緊張してこの日の成り行きを見守っていたかがうかがえる。

†黒田と大久保の感慨

黒田は「秘策」を実行した三日後の二十二日に大久保に、

「さてはこの内より、岩（岩倉）・西（西郷）ならびに閣下（大久保）との間に奔走し、その情実を言上しましたのは偏《ひとえ》に邦家（日本国）のためと一筋に思い詰め、……。遂に今日に立ち至り、退いてとくと我が心事を追懐すると、大いに西郷君に対し恥じ入る次第、*162……。」

と書き送っている。

黒田は自分が近日来やって来たことで、「退いてとくと我が心事を追懐すると、大いに西郷君に対し恥じ入る次第」と悔やんでいる。

大久保はこの夜、それに返書して次のように書いている。

「今般の一件、小子（私）においてもご同様、私情において忍びがたく、言うべくもないことですが、私心まったくなく、国事については止むを得ないこと、……。自問しても、寸毫《すんごう》も愧《は》じるところはありません。

この上のところ、もちろん御大事にて、小子らが責務を果たさずして、天下に対して何の面皮（面目）がありましょうか。一身を投げ打って魯鈍《ろどん》を尽くすほかはないと心得ております。*163」

黒田の気持ちを和らげようとしているのだが、さすがに大久保らしく、黒田が「大いに西郷君に対し恥じ入る次第」と書いてきたのに対して、「寸毫も愧じるところは」なく「小子らが責務を果たさずして、天下に対して何の面皮がありましょうか」と断じ、揺るがぬ自己の信念を述べている。

†歴史学者たちの新説

ところで、太政官職制章程というのがあって、そこで、役職者の職務が決められており、「左右大臣」については

「職掌太政大臣に亜《つ》ぐ。太政大臣欠席の時はその事務を代理するを得る。*164」

とある。

太政大臣が執務に就けなくなったときは、太政大臣に次ぐ左右のいずれかの大臣がその「事務を代理する」と定めている。この規定によれば、このときは、左大臣は空席だったので、右大臣の岩倉が太政大臣三条の「事務を代理する」ことになる。

近年、多くの歴史学者が、岩倉の太政大臣攝行はこの規定によって決まったもので、「一の

秘策」とは関係がないと唱えている。しかし、どうであろうか。*165

規則によって自動的に決まるような職務を、天皇がわざわざ、その者の邸に行幸して任命したりするものだろうか。規則によるものでなくても、一般に、天皇が誰かに役職等を命じるのに、その者のところに行幸して任命するようなことはしない。普通、その者を朝廷や宮中に呼び、また、その者が遠方にいる場合は、使者を遣わして任命する。

この十月二十日に天皇が岩倉邸に行幸して岩倉に任命した太政大臣攝行は、三条に代って単に太政大臣の「事務を代理する」ようなものではない。三条が回復して出仕できるようになるまでの期間であるが、その間は、太政大臣の職務全体を岩倉に攝行（代行）させるものである。大久保らにとっては、それこそが必要であり、大久保らが何としてもしなければならないことは、岩倉を太政大臣攝行に就けて、その岩倉に、三条が十月十五日の閣議で裁断した西郷の即時派遣ではなく、岩倉自身の意見を上奏させることであった。

職制章程の規定による太政大臣の「事務を代理する」役柄では、それができない。そのためにこそ、大久保らは危険を顧みず「一の秘策」を実行したのである。大久保が「十月十九日夜」に黒田に上掲の緊張感漲《みなぎ》る手紙を送り、また、翌二十日の日記に「今日無事」の四文字のみを書いていることが、そのことをよく物語っている。

†岩倉邸での談判

大久保・黒田が「一の秘策」を講じ、岩倉らが盛んに動いていたころ、西郷は三条発病の知らせは聞いていたものの、特段に動いてはいない。副島が二十一日の朝、西郷のところへやってきて、岩倉太政大臣摂行のもとで改めて閣議が開かれることを伝える。西郷はそのことで、桐野利秋・別府晋介連名宛（このふたりは従兄弟同士）に次のように書き送っている。

別府晋介（左）と桐野利秋

「今朝、副島氏が来て、岩倉卿が太政大臣の代理を務められることが決まり、明日はさらに使節一条のこともご評議になるので、出仕するようにとのことです。わけて大幸の訳なので、まかり出るつもりで、その上、どのようにご決定になるか、御決着のところをもって、進退も決すべきとのことですので、どうなるか明日はわかるでしょう。

少しは後もどりした心持ちですが、副島などもこれまでのご評議が変われば、退くとのことですので、いずれにしてもご決定されることと考えます。副島の話では、条公は前の晩までは岩倉卿に向かい、海陸軍を率い、自ら征討いたす旨をご返答されていたぐらいだった由のところ、憐れむべきご小胆故か、ついに病を発せられ、残念なことです。この旨成り行きをお知らせします。」

この手紙の雰囲気からして、西郷は「明日」の「評議」次第で、自身の進退を決めるつもりになっていることがわかる。そのことをここで、ふたりに知らせてもいるのだろう。西郷は翌二十二日に「評議」に出席するために「出仕」する。しかし、その「評議」は、結果的には、太政官で開かれる正式の閣議ではなく、岩倉邸での談判という形で済まされてしまう。

岩倉はその談判のことを、さっそく大久保に次のように知らせている。

「只今、参議中入来（西、副、板、江）し出会しました一件、論談少々かれこれありましたが、小生は前議を貫徹。この上は宸断《しんだん》（天皇の裁断）ご決定しかるべし。もっとも、拙者の意見はどこまでも国家の御ためと考えている一条、その旨を言上致すべき旨、演説に及んだところ、それにては致し方がないとの事にてあい分かれました。

しかし、彼らより進退の話もなく、引き取った様子を疑ってみると、赤坂（明治六年五月皇居炎上後の仮皇居）出頭も万が一は計りがたく思われます。別紙徳卿（徳大寺宮内卿）の返事を一覧下さい。[*166]」

岩倉は、西郷・副島・板垣・江藤が自邸にやってきて「論談少々かれこれありましたが、小生は前議を貫徹」して、あくまで自分の意見を上奏するつもりであることを論じたところ、「それにては致し方がないとの事にてあい分かれました」と言う。

†「旨を奉じて」

「論談少々かれこれ」あったという、その中身はここではわからないが、『岩倉公実記』はその談判について次のように書いている。

「（江藤）新平曰く、摂任者《せつにんじゃ》の務めは原任者の意を遵行《じゅんこう》するにある。……。具視曰く、予（拙者）不敏と言えども三条氏その人に代わって職事を理《おさ》めるに非《あら》ず、旨《むね》を奉じて太政大臣の事を摂行するなり。予の意見を併せてこれを具奏するも何の不可があるのか。[*167]」

江藤と岩倉のあいだで議論があり、江藤が三条太政大臣の「摂任者」の岩倉は「原任者」三条の考えに従いそれを継がねばならないと主張したのに対して、岩倉は自分は「三条氏その人に代わって職事を理めるに非ず、旨を奉じて太政大臣の事を攝行するなり」と応じている。つまりは、岩倉は江藤の批判に対して、自分は単に職制章程によって決まる代理の職に就いているのではなく、「旨を奉じて」すなわち天皇の命によって攝行に就いているのだと反論している。

先に述べた規定による太政大臣代理と、天皇直々の任命による太政大臣攝行の違いが議論されていたことになる。その両職の職務・職権の違いは歴然としている。それには、さすがの弁論家江藤も引き下がらねばならなかったようだ。

上の手紙にもどるが、岩倉は談判の席で西郷らから「進退の話」が出なかったため、もしかすると、彼らが直訴(「赤坂出頭」)に及ぶかもしれないと考え、すぐに宮内卿の徳大寺に注意を促したら、徳大寺からさっそく「別紙」の返事が届いたとして、それを大久保に見せている。その徳大寺からの返事は次のようなものである。

「御書謹誦(拝読)。過日、ごく内々に云々奏上の事、何人《なんびと》より切迫の言上があっても、(天皇が)少しもお動きなきよう、小生どもこの上、厚く注意します。かつ、東久世(侍従長)へは、とくと申し含んでいるので、当分のところ両人で必ず膝替《ひざがわ》りに傍に仕え、緩急お助けするようにというご念諭、何も拝承しています。せいぜい厚く注意しますのでご安心ください。閣下（岩倉）、明日は御出仕の御心得のこと（天皇に）言上しておきました。今日の退出がけに参邸すべき旨のこと承り、早々お請け。[*168]」

これから、宮内卿の徳大寺が太政大臣摂行に就いた岩倉の指示に、きわめて従順であることがよくわかる。誰から「切迫の言上があっても」、すでに「ごく内々に云々奏上」している件で、天皇が動揺されることなどないよう、十分にガードすると伝えている。

この「内々に云々奏上」というのは、岩倉が二十三日にする上奏の内容を、前もって天皇に奏上していることを指す。岩倉が西郷たちとの談判で、「この上は宸断ご決定しかるべし」と自信ありげに言っているのも、すでに自分の上奏内容が天皇に伝えられ、了承を得ているからであろう。

†西郷発足

西郷はこのあと、直ちに「進退」を決め、岩倉の上奏やそれへの宸断が下る前の十月二十三日に辞表を提出する。西郷には岩倉らが心配した「赤坂出頭」などの気は毛頭なく、二十一日の桐野・別府宛の手紙で「評議」次第で進退を決めると書いていたように、西郷はその通りの行動を取る。

おそらく西郷は、三条発病やその後の経緯を知り、加えて二十二日の岩倉邸での談判を通じ、三条発病後、岩倉そして大久保らがどう動いたか、おおよその見当がついたはずだ。西郷は幕末以来、大久保や岩倉とともに朝廷操作をしてきた関係で、そのふたりが朝廷を動かす、その手口はよく知っていた。このとき西郷は、まさしく、天皇を動かし天皇の権威を利用する「君側の奸」の名を脳裏に刻んだはずだ。

西郷は辞表を提出したあと、同日二十三日に小網町の自邸を出て深川にある旧・庄内藩関係者の別荘に移っている。あらかじめ準備していた行動と見るべきであろう。辞表とともに、太政官役人宛に、

「……。この上は養生いたすようとのご沙汰をこうむっても、再勤のつもりは決してありませんので、そのようなお手数をなさらないようひとえにお願いいたします。」

という文書も併せて提出している。前もって慰留など無いように申し入れ、また、辞表が受理されても東京滞留の命が出るのを見越し、自宅を出て行方《ゆくえ》をくらましているのである。

†司馬遼太郎の著作

ところで、司馬遼太郎は著名な歴史小説『翔ぶが如く』で、西郷は十月二十三日に小網町の

自宅を出たあと、「桐野少将でも篠原少将でも」なく「ただ一人の人物に暇乞《いとまご》い」をしたとして、大久保を訪ねたと書いている。それは西郷が、

「ただ大久保と岩倉をのみ信頼し、この両人が政府にあるかぎり、妙な国家になることはあるまいとおもっていた」

からだと言う[*169]。

この著述のもとになっている史料は、『日本及日本人　南洲号』（明治四十三年九月）に掲載された伊藤博文の回顧談のようだ。伊藤はそこで「大久保公のところに（西郷が）暇乞いの挨拶に来られた」と話している。歴史学者もこれを史料にして、司馬と同様のことを論じる人が少なくない[*170]。しかし筆者は、上述のように、西郷がこの二十二日の岩倉との談判で帰国を決めたときの心境からして、また、後に見る西郷の帰郷後の数々の言動からして、西郷が帰郷前に大久保に「暇乞い」をしたとか、「大久保と岩倉をのみ信頼し」などといったことは、上の伊藤の弁をもとにした司馬の創作だと思う。

むしろ、西郷はふたりを「君側の奸」として憎んだはずで、特に、大久保への憎しみは、若いころから（年下の）朋友であっただけに、特別のものであったはずだ。西郷も大久保もどちらも裏切られたと思う者への憎しみは、人一倍増幅するタイプである。

西郷が大久保邸を訪ね「暇乞い」をしたことを言うのに、上の伊藤博文や前島密《ひそか》などの談話

がよく使われるようだが、それらは二次史料としても信頼に足るものとは言い難い。司馬が、西郷が大久保を訪ねたとする十月二十三日の大久保の日記は次のようである。

「今朝、得能子（氏）、林（友幸）、宮島（誠一郎）、入来。二字（時）、野津（鎮雄）子、伊集院子、小西郷（従道）子、吉井子入来。今朝老西郷子発足云々の事あり。今晩、大原氏、今日、岩公より前議云々（前もって相談した通り）奏上したとの由。」

来訪者の名が朝・昼・晩に分けて連ねてある。司馬は西郷が大久保邸に行ったとき、そこに伊藤博文が来ていたとも書いているが、大久保の日記に伊藤の名はない。ちなみに、伊藤はこの日二度にわたって木戸のもとに行っている。木戸のこの日の日記に「伊藤博文両度来訪」とある。

上で「今朝老西郷子発足云々の事あり」とあるのは、西郷が小網町の自宅を出たとの知らせがあったということであろう。もしこの日、西郷が大久保のところに来ていたなら、そのことは大久保にとって、この日特筆すべき出来事であったはずだ。西郷が来ていて、それを書かなかったというようなことはまずない。

司馬は作家であるからフィクションを書くことに問題はないが、やはり、司馬もまた、西郷と大久保の盟友関係を理想化している。司馬は西郷が帰郷する前に「ただ一人の人物」大久保に「暇乞い」をしたと言い、このことは「西郷と大久保の関係を考えるうえで重要である」としているが、こういう敷衍《ふえん》の仕方は、やはり好ましくない。事実を歪め、人々から史や現実を直視する目を奪うことになる。

†西郷の辞職願

西郷が十月二十三日に提出した辞職願は次のようなものである。

「私儀、胸痛の煩《わずら》いこれあり、とても奉職を続けることできず、本官ならびに兼任御免を仰せ下されたくお願いします。これらの趣きよろしくご執奏していただきたく、願い奉ります。以上。

ただし、位記返上いたします。」

西郷は本官の陸軍大将と兼官の参議および近衛都督の職の辞任と、併せて正三位の位階の返上を願い出ている。しかし、太政官が認めたのは、そのうちの兼官の参議と近衛都督の辞任のみであった。

「陸軍大将はもとのごとくのこと。ただし、位記返上はご沙汰に及ばれないこと。」

としている。

陸軍大将の辞職を認めていないのは、このとき西郷にその職を退かれると、軍の暴発や反乱が起きかねず、また、それを抑えられる者がいなくなってしまうからであろう。この処置は、大久保の指導のもとで取られている。岩倉が西郷の辞表提出に戸惑い大久保に、

「叡慮（天皇のお考え）いかがかと思われ、小生も忍びがたき次第。是非差し止めすべき」

云々と伝えているのに対して、大久保は「お気遣いされずに」として、上の処置を取るよう返書している。[*171]

岩倉は「叡慮いかがかと思われ」と書いているが、天皇は西郷が自分のもとを去るについては、実際にかなりの不満と抵抗を示されたのではないか。

二十三日に岩倉の上奏があり、一日置いて翌二十四日に天皇の裁可が下って、参議の板垣・後藤・江藤・副島が一斉に辞表を提出する。ここに明治六年十月、維新以来の明治政府が大分裂を起こすことになる。

第十章

郷党集団

1　帰郷

†「身仙ならんと」

西郷は明治六年十月二十八日に横浜港から帰郷の途につき、十一月十日に鹿児島に帰着する。故山にもどって、詩情をそそられたのであろう、西郷はこのころ、よく歌を詠《よ》んでいる。その一つに次の漢詩がある。書き下し文にして載せる。

我が家の松籟《しょうらい》（松に吹く風）、塵縁《じんえん》を洗い、
満耳《まんじ》（耳いっぱい）の清風、身仙《みせん》（仙人）ならんと欲す。
誤って京華《けいか》（みやこ）名利《みょうり》の客となり、
この声、聞かざることすでに三年。

三年前「誤って京華名利の客と」なったが、今は故山にもどって「満耳の清風、身仙ならんと欲す」と詠っている。

西郷は山野に分け入って狩猟と温泉を楽しむのを一番の喜びにしていた。このころ、西郷が書いた手紙は温泉地からのものが多く、親族や友人たちに書いたものでは狩猟のことやそれに使う道具や猟犬のことがよく書かれている。普段は田畑に出て農作業をし、自然を相手に生活を楽しんでもいたようだ。

しかし、西郷がそういった暮らしを、心の底から楽しめたかどうかは定かでない。詩歌の上では確かに、上の詩のほか、

塵世《じんせい》（ちりにまみれた世間）を逃れ、また名を遁《のが》れ、
偏《ひとえ》によろこぶ造化自然の情。

などとも詠っているが、いくら「身仙ならんと欲」しても、実際には「塵世を逃れ」ることも「名を遁れ」ることもできなかったのではないか。

†政情不安

西郷らが一斉に下野して政府が大分裂を起こすと、当然ながら政局は混乱し政情は不安定になる。下野した板垣・後藤・江藤・副島らは直ちに愛国公党を結成して民撰議院設立運動を起こし、年明けの七年一月十四日には征韓派の高知県士族による岩倉具視襲撃事件が起き、二月中旬には江藤新平が郷里の佐賀で征韓党を旗揚げして佐賀の乱が起きる。

佐賀の乱のときには、直前に江藤新平配下の山中一郎や板垣退助配下の林有造らが西郷を訪ねて来鹿し、また、佐賀の蜂起が失敗に終わったあとには、江藤が鹿児島に逃《のが》れて山川の鰻《うなぎ》(宇奈木)温泉で西郷に会ってもいる。

江藤はさらに四国に逃れるが、内務卿大久保が指揮を取る大捜査網にかかり高知でとらえられる。その後、佐賀に護送されて、その地で簡単な裁判にかけられ、判決のあったその日のうちに梟首《きようしゆ》に処せられる。大久保は裁判の指揮も取り、刑の執行のあった日の日記に「江藤醜躰笑止なり」と記している。半年前までは法務卿兼参議であった江藤に対する佐賀でのさらし首は、全国とりわけ九州・西日本の不平不満士族たちへの見せしめでもあった。

西郷は維新の英雄であり明治政府の象徴的な存在であったので、その西郷が政府に見切りをつけて離反したことは世間を驚かせる。しかし、このころになると、多くの人々もまた、新政府に幻滅して不満や反感を持つようになっていたため、それから離反した西郷の人気は以前よりむしろ高まり、鹿児島に帰郷した西郷の動静に世間の耳目が集まる。

不満を持つその最たる層は何といっても士族である。彼らは幕末の動乱期や戊辰戦争ではさんざん使われながら、「御一新」が成ってからは、ごく一部の者が朝臣や官吏になって栄華をほしいままにするほかは、大半はただ凋落《ちょうらく》の一途をたどるばかりであった。

一般人民もまた、維新によって時代は変わっても、生活向きはいっこうに楽にならず、むしろ、徴兵令、地租改正、学制など、矢継ぎ早に打ち出される開化策によって翻弄され搾取されるばかりであった。そのため、各地で農民一揆も多発していた。

そのような人たちにとっては、西郷はますます英雄に見え、希望の星のように映る。士族層は封建的武家社会への復帰や第二の維新革命の夢を西郷に託し、また、一般人民は仁政や「新政厚徳」の夢を西郷に託すようになる。

西郷の帰郷に従って、多くの鹿児島出身者が官途を離れて帰郷する。陸軍少将桐野利秋と陸軍少佐別府晋介は西郷と同時期に辞表を提出して帰郷し、少し遅れて、陸軍少将で近衛局長の篠原国幹《くにもと》や辺見十郎太・河野主一郎・野村忍助《おしすけ》らの将校と多くの兵士たちが帰郷してくる。続いて、七年春には洋行から帰国した元宮内小丞・村田新八や、東京での西郷復帰運動に失敗した警保寮幹部の坂元純熙《すみひろ》や国分友諒《ともあき》らや邏卒《らそつ》（警察官）たちも帰郷する。

彼らは西郷に共鳴して西郷に追従した者たちだが、もともと、その多くが就職や任用で西郷の恩顧を受けた者たちでもあった。西郷は御親兵や警察組織を創設するなどして、その際に多くの薩摩出身者を採用し出世もさせていた。

†反乱の種子

西郷は、幕末期には諸藩の志士と交わり雄藩諸侯の知遇も得て合従連衡《がっしょうれんこう》を主導して維新の道を切り開いていくが、明治になると、どちらかというと、むしろ薩摩ナショナリズムの傾向を強める。明治元年六月に帰藩後は中央政府に加わることを拒否して郷里にとどまり、明治四年初頭には乞われて中央政府に出仕するが、そこでも鹿児島の士族や「隊中」との約束を意識した行動を取っている。多くの薩摩出身者を官途に就けたのもこの時期である。

明治六年の朝鮮遣使論では、土佐の板垣退助と一心同体のごとく協同しているが、それが失敗に終わるとたちまち板垣とも疎遠になり、その後、板垣配下の土佐の林有造が鹿児島に来ても冷たくあしらっている。板垣は六年に西郷が帰郷する際に西郷に会うが、西郷の傲慢な態度に接し「西郷の慢心ここに至るか」[*172]と述べ、また林は、西郷を鹿児島に訪ねたときのことを後に、「先生の言葉、傲慢に過ぎるに似たり」[*173]と振り返っている。

明治六年の下野の際には、かつての盟友、吉井友実・伊地知正治らとも、また配下にいた黒田清隆・川村純義・大山巖・野津鎮雄・川路利良それに弟の従道らとも袂《たもと》を分かっている。

このようなところから見ると、六年の西郷下野に追従して鹿児島にもどった者は、ほとんどが西郷崇拝者か西郷に直接恩顧を受けた者たちで、またその大半が西郷子飼《こが》いの軍人であった。しかもその上、それらの者が日本最南端の郷里で、政府への不満をかこって一大郷党集団化するのであるから、ここにすでに、このあと三年後に起きる反乱の種《たね》は播《ま》かれていたと言っても過言ではない。

2 私学校の設立

†陸軍大将の肩書

西郷は、自分が帰郷したのに追従して、多くの者たちが官職等を擲《なげう》って続々と帰郷してくるのを止めてはいない。もし、西郷がもとから郷里に帰って隠退するつもりなら、彼らの帰郷を黙止するわけにはいかなかったであろう。帰郷してきても、職にありつけず、路頭に迷う者が出てもおかしくはない。

西郷は帰郷後、陸軍大将の辞任を再度申し出ることをしていない。このこともまた、西郷が真に隠退するつもりではなかったことを物語っている。陸軍大将の肩書を持ったままで隠退などできるはずがない。ほんとうに隠退するつもりなら、帰郷後、再度辞任を申し入れていたはずだ。

政府の方も、もし、西郷が鹿児島から陸軍大将の辞表を提出してくれば、直ちにではないにしても、受けていたはずである。政府が当初それを認めなかったのは、西郷を東京に留めて軍部の動揺を抑えさせようとしたからであり、鹿児島に帰ってしまってはその意味がなくなる。それどころか、むしろ逆に、陸軍大将の肩書を持つ危険要因を日本の南端にかかえることになる。事実、このあとそれが現実のものとなる。

政府はこの七年二月に台湾征討を決めていたが、佐賀の乱が起きたためその実行を延ばしていた。しかし、乱も鎮定され、四月初めに陸軍中将・西郷従道が台湾蕃地事務都督に就いて、三千六百余りの兵を率いて台湾遠征に出発する。このとき、鹿児島にも募兵があり、帰郷していた坂元純熙が隊長格になって、元・警保寮官員や邏卒ら三百名の帰郷組を率いて遠征に加わる。なお、この遠征に加わった坂元や国分らの多くは、台湾から復員したあと東京で警視庁に復職する。ちなみに、そのなかに、後に名前が出てくる少警部・中原尚雄《なおお》などが含まれている。

この元邏卒らの台湾遠征は、帰郷してきた者たちに仕事を与える格好の場になるものの、一時しのぎになるに過ぎない。西郷らとしては、より多くの者に長期的に働ける場や活動の場を提供しなければならないことになる。

大山綱良

†軍事集団化

西郷らは鹿児島県令の大山綱良の協力を得て、七年六月に鶴丸城の厩跡《うまやあと》に銃隊学校と砲隊学校および賞典学校を開設するとともに、その分校を旧薩摩藩領各地に開いていく。さらに八年四月には吉野開墾社を開設して農場の集団経営を進めるなどし、漸次、帰郷者に職場や教育・修練の場を与えていく。

この私学校には帰郷組のほか、もとから在住の士族やその師弟たちも多く入学して、生徒数は最終的には一万人を越えるようになる。

私学校には私学校綱領や私学校祭文が掲げられ、それらで次のように謳《うた》っている。

「道を同じくし、義あい協《かな》うをもって、暗に聚合《しゅうごう》せり。ゆえにこの理を研究し、道義においては、一身を顧みず、必ず踏み行うべきこと。[*174]（私学校綱領）」

「学校は善士を育する所以なり、ただ一郷一国の善士たるのみならず、天下の善士たらんと欲す、それ戊辰の役に名を正し義を踏み、血戦奮闘して斃れた者は、天下の善士であったからなり。[*175]（私学校祭文）」

これらからして、私学校が「天下の善士」すなわち天下国家のために「一身を顧みず」、「血戦奮闘して斃れ」ることのできる人材を養成しようとしていることがわかる。戊辰戦争で大義名分をもって戦い、斃れていった将士たちを「天下の善士」と呼んでいる。これらから、私学校を私的な将士養成機関ないしは軍事集団と見ることができる。事実、私学校生徒は漸次「私学校党」と呼ばれる軍事力を持つ反政府集団の性格を濃くしていく。

3　政府への反感

†「和魂の奴原」

政府は明治七年四月に台湾出兵に踏み切り、日清開戦も辞さずの臨戦態勢のもと、参議兼内務卿の大久保利通が全権弁理大臣に就いて清国に渡る。大久保は七年八月六日に横浜をたって、北京に九月十日に到着し交渉を始めるが、西郷は大久保出発の情報を得て、八月三十一日付の篠原国幹宛の手紙で次のように書いている。

「政府は戦いの決着はしても、海陸軍一体の様子もなく、いよいよ実戦の場合に臨むと、必ず異議が生じてくるのは必然のことかと察せられます。支邦の景況を熟考すれば、戦争にはならないでしょう。……。

柳原（駐清公使）は最初から引き受けの人で、……。破談（交渉がまとまらず戦争）になる気づかいはないと考えます。それゆえ、大久保も出立したのでしょう。……。賞金（琉球漂流漁民殺害事件の賠償金）のことを言うつもりのように見えます。……、しかし、この金は取れないだろ

う と思います。金にするつもりなら、今いっそう兵力を増し、十分に戦いと決し、勢いを付ければ金にもなるでしょうが、……。

今、二三大隊を送り、十分に兵威を厳重にすべきところ、かえって金談を言い掛けては兵威をまったく減じ、勝ちを人に譲ったようなものです。和魂(講和論、和睦根性)の奴原《やつばら》にどうして戦闘の事機を知れたりするものかと考えます。かか大笑。」

西郷はここで、清国との交渉について、開戦にはならないだろう、また、「賞金」は取れないだろうと予想を述べている。要するに、もとから「和魂の奴原にどうして戦闘の事機を知れたりするものかと」と言いたいようだ。「和魂の奴原」というのは、大久保や柳原を指す。もっとも、この書きぶりからすると、西郷は清国との開戦を望んでいるように読めるが、武人の話は一般に威勢がよく好戦的になりがちなので、話だけではその真意はわからない。

†大久保大使交渉の評価

北京での大久保の交渉は一カ月半余りにも及び、難航をきわめるが、最終的には戦争を回避し、清国から賠償金五十万両を獲得して、七年十月三十一日に日清両国間互換条款《じょうかん》の調印に漕ぎ着ける。

大久保はその日の日記に、

「これまでの焦思と苦心、言語の尽くすところにあらず。生涯またこのようなことはないであろう。……。この日、終世忘れることはない。」

と、ここに至るまで苦労に思いを馳せている。

大久保が開戦を回避したことは、岩倉や木戸など政府首脳から高い評価を受け、また国際的にも、台湾出兵をしたものの、交渉によってアジアの大国・清国を屈服させたことで、日本の評価は一段と高まる。実際、これによって日本政府の統率力についても列強が評価するところとなって、文久三年（一八六三）以来横浜に駐屯してきた英仏両国駐屯軍が明治八年（一八七五）二月に全面撤退することになる。これによって日本はこのあと、国内に一人の外国兵も置かない主権国家の体裁を整えていくことになる。

しかし一方、国内では交渉結果に不満を持つ者は多く、全国の不平士族のほか、軍部や政府部内でも不満を公然と口にする者が少なくなかった。大久保に同行して北京に来て交渉を見守っていた樺山資紀《すけのり》もその一人で、彼の「渡清日記」には、交渉の成り行きに一喜一憂する様子がよく表れている。十月二十三日の日記では、

「大久保公使、柳原公使ともに来る（十月）二十六日に（交渉決裂して）帰朝、復命されることに決す。……。ここにおいて、予らの宿志を遂げんとする。千載一遇、我が皇国の隆盛の基礎

を確立して国民の幸福これに過ぎるものはないだろう。雀躍の至りというべし。……。陛下の宸断をもっていよいよ宣戦を布告し、来月中と期限を立ててあらかじめ決心する。」

として有頂天になるが、十月三十日の日記では一変して、

「午後八時北京より大久保公使からの来簡が到達。……。故に結局、和議に決し、実に国家生霊のため大幸なりというべきであろうと書かれている。然りといえども、これ将来に平和を維持することを得ることになるや否や、一喜一憂に耐えざるところなり。」

として落胆している。

樺山はこういった情報を鹿児島の西郷や桐野らに伝えており、桐野はそれを聞いて、和議を結んだ大久保を国を売った「賊」だとののしり、私学校党員のあいだでも大久保への反感が増幅する。西郷が上で「和魂の奴原にどうして戦闘の事機を知れたりするものかと考えます。かか大笑」などという言葉にも、大久保への強い反発と敵愾心が感じられる。

†大山巌による説得

ちょうどこのころ、西郷の従弟に当たる大山弥助（後の巌、西郷の父の実弟の息子）が十月七日に、西郷の東京呼び寄せの使命を帯びて鹿児島に帰郷してくる。大山は軍事研究で欧州に遊学中であったが、三条・岩倉両大臣が半《なか》ば強制的にそれを中断させて帰国させたのである。西郷

大山巌

呼び寄せには大山以上の適任者がいなかったようだ。

大山は一カ月ほど鹿児島に滞在して西郷の説得に当たるが、結局は、西郷の心を動かすことはできなかった。このあと大山は八年三月にも、西郷を鹿児島から引き出そうと、欧州視察旅行への同道を求めて東京から勧誘の手紙を送るが、それも功を奏さなかった。そのとき、西郷は大山に次のように返書している。

「……。さて、仏孛（フランスとプロシア）のあいだ、官隔（普仏戦争後の再度の危機）が生じた趣き、ついては一発の電信しだいで、すぐさまお出かけの由、さぞお楽しみと存じます。小弟にも、お供《とも》するべき主旨のように承りますが、当年は大作（吉野開墾社の開設）に仕掛かりとても逃れがたく、お断りしますので、左様にお含み下さい。

当今はまったく農人と成り切り、もっぱら勉強しています。」

要するに、すげなく断っているのだが、「当今はまったく農人と成り切り」などと書いているところには、西郷がしばしば見せるポーズないしはカムフラージュぶりがよく表れている。「農人と成り切り」と言うのは、西郷としてはひとつの願望でもあり、必ずしも虚を言っているわけではないが、ほんとうのことを言っているのでもない。実際のところは、「農人と成り切り」たくともなれるわけではなく、やはり根本は武人であって、いずれ出番が来るのを待って、その間、農事に精を出しているに過ぎない。

こういう類のポーズないしはカムフラージュと呼べる態度は、西郷がよく見せるもので、明治六年に帰郷したあと、詩歌で「塵世を逃れ」、「名を遁《のが》れ」などと詠ったり、盛んに猟や温泉を楽しんだりして、世間に隠棲しているかのように見せかけているのがそれに当たるし、またその前、明治六年に朝鮮遣使論を唱え、自身としては必ずしも征韓を主眼に言っているわけではないのに、周囲や世間には征韓論のように見せかけていたのもそれに当たる。

†江華島事件への論難

さて政府は、大久保の交渉によって台湾問題にいちおうの決着を付け、いよいよこのあと、明治元年以来、懸案となっている朝鮮問題の処理に着手する。そのためにまず、日本海軍が明治八年九月に朝鮮の江華島で交戦事件を起こす。その事件は、日本の軍艦「雲揚」がソウル近郊の江華島近海に入って挑発行為をしたのに対し、朝鮮側が砲撃で応じて戦闘になったもので、最終的には「雲揚」の兵隊が江華島に上陸して砲台の兵器を奪い取ることになる。

この事件の報告を受けた西郷は、篠原に八年の十月八日に手紙を送り、そのなかで政府のやり口を非難して次のように書いている。

「朝鮮の儀は、数百年来交際のある国で、御一新以来その間に葛藤が生じて既に五、六年談判に及び今日に立ち至っているところ、今回、今までまったく交際もなく人事の尽くしようもない国に対してと同様のやり方で、戦端を開いたことは誠に遺憾千万なことです。

たとえこの戦争を開くにしても、最初（江華島近海の）測量の件の断りを入れ、朝鮮がそれを承諾した上で発砲に及んできたのであれば、我国に敵対する者と見なすこともできますが、そうではなく発砲してきたのであれば、一応は談判をして、いかなる趣意でそのようになったのか是非問い糺《ただ》すべきです。

ひたすら相手を蔑視し、ただ発砲してきたから応砲したなどというのでは、これまでの交誼上、実に天理において恥ずべき行為です。このような場合は、開口（話し合いを始めること）こそ肝要で、もし非難すべきところが明らかになってくると、必ず救うべき道を各国で言うようになり、そのようなところになってくると、天下の憎むところにもなります。

一　この戦端を開いたことは大きな疑惑を生じさせます。これまでの談判明瞭でないところ、このたび、条理を積み、とどのつまりまで行って、彼の底意も判然とすれば、その上は、大臣の中から誰かを派遣し、道理を尽くした上で戦いを決めるならば、理にかなって戦うことになり、弱きを凌《しの》ぐ謗《そし》りを受けることなく、かつ、隣国（清国やロシア）より応援すべき道も絶えるというものです。（中略）

樺太一件のことで露国の歓心を得て、樺太の紛議を拒まんが（国内での騒擾を抑える）ために事を起こしたのかもしれず、あるいは、政府がすでに瓦解の勢いで、なすべき術策も尽き果てたために、早くこの戦場を開き、内にある憤怒を惑わそうとしたものか、いずれにせよ術策上から出たものと考えます。」

「大臣の中から誰かを派遣し、道理を尽くした上で戦いを決めるならば、理にかなって戦うことになり」などと書いているように、ここで西郷が言っていることとは、二年前に自身の朝鮮遣使を唱えたときの論理や論法とまったく同じである。冒頭にある「御一新以来その間に葛藤が生じて既に五、六年」のところは、二年前に三条に差し出した意見書で「御一新の時よりお手を付けられ、もはや五、六年」と書いていたのと同じだが、時間の経過からして、ほんとうは七、八年となるべきところだ。この文書がやや怪しまれるところである。

「まったく交際もなく人事の尽くしようもない国」と書いているのは、台湾のことで、それに対して朝鮮を「数百年来交際のある国」とし、その朝鮮に対して台湾に出兵したときと同じようなやり方をしたのは「誠に遺憾千万」だと言う。

また、最後のところでは、「政府がすでに瓦解の勢いで、なすべき術策も尽き果て」、それを紛らわすために、このような策に出たのかもしれないとも書いている。文面全体に政府への不信と反感が直截に表れている。

†対外戦争要因の除去

江華島事件で朝鮮との交渉の機会をつかんだ政府は、八年十二月に陸軍中将兼参議の黒田清隆を特命全権弁理大臣として朝鮮に送り込み、その黒田が「開戦を辞せず暴挙を詰問せん」とする態度で強硬に交渉を進め、九年二月二十六日には日朝修好条規の調印に成功する。

政府はここでも狙い通りに、開戦に至ることなく朝鮮との国交回復に成功し、釜山を含む三港を開港させている。かつて日本は欧米列強の砲艦外交に屈して開国をしたが、今回はその経験を逆に生かし、同様のパワー・ポリティックスの手法を使って朝鮮を屈服させたのである。

ここに、西郷が六年に政府で論陣を張った朝鮮問題と台湾問題はともに、政府大分裂後の大久保を中心とした政権によって一応の解決が図られたことになる。その両方の最終処理がともに、六年秋には自分の朝鮮遣使を邪魔する側に回った、かつての同朋の大久保と黒田によって成されたことは、西郷にとってはかなり刺激的なことであったと想像できる。
これらのほか八年五月には、榎本武揚が特命全権公使となってモスクワに赴き、樺太・千島交換条約を結んで国境を確定し、樺太問題もいちおうの処理を付けていたので、この樺太問題も含め、明治九年初めには近隣諸国との対外戦争になるような危険要因はひとまず取り除かれたことになる。

4 「ひとたび動けば」

†「素志」

在京中の島津久光の家令・内田政風が、久光の指示を受けて九年二月に東京から帰県し、西郷に中央政府の悪政を伝え、上京を求める長文の意見書を差し出す。西郷はそれに対し、内田に九年三月四日付で次のように返答している。

「この節、遠路お厭《いと》いなくご帰県になり、捨て置かずご相談下されたこと、千万有り難く存じます。

ついては東京表の事情逐一お取り調べになり、(国政の)挽回の大業については着手の順序等まで丁寧反復してご教示に預かり、とくと勘考致しましたところ、明公(久光)が大臣の職にあらせられ、十分ご尽力あってもその実効成らず、いわんや不肖短才の者においてあい叶わざることは明瞭たるわけでございます。この明瞭たるものをもってその手順を追い、再び(政府を)弾劾しましても動かすことができないのは、これまた明々白々のことでございます。

畢竟、私ども素志においては、ただ国難に斃れるのみの覚悟でありますれば、別に思慮これなく、もちろん退去(六年十月の下野)の節、今日の弊害を醸《かも》し来ることは見据えていたことで、今さら驚き嘆くべきことではありません。その辺は厚くお汲み取り下さい。この旨、ご返答の大略とさせていただきます。」

要するに西郷は、久光から共同して政府を弾劾しないかとの誘いを受け、それに対してここで、いささか皮肉まじりに謝絶している。もっとも、政府弾劾の気持ちがないわけではなく、自分たちは「国難に斃れるのみの覚悟であり」、六年に「退去の節、今日の弊害を醸し来ることとは見据えていたこと」だとも言う。これからも、西郷が六年に下野したとき、帰郷してただ隠居するつもりではなかったことがわかる。

ところで、西郷の言う「国難」は一般には「外患」による「国難」を指すとされているが、ここで内田に言っている「国難」は、この時期の政治情勢や上の文脈からして、必ずしも「外患」に限られるものではなく、政府の腐敗や内政の破綻による「国難」も含むと考えてよいのではないか。西郷らが掲げた「私学校祭文」では、「戊辰の役に名を正し義を踏み、血戦奮闘して斃れた者は、天下の善士であった」として、内戦で「斃れた者」を「天下の善士」のモデルに置いてもいる。

†士族反乱の連鎖

外政問題の処理にいちおうの決着をつけた政府は、懸案の内政問題の処理に取り掛かる。九年三月に廃刀令を発布し、同八月には士族の家禄問題の終着点になる金禄公債証書発行条例(士族の家禄を公債証書で支給して、家禄支給制を廃止するもの)を公布する。それらは、士族の名誉と特権を剝奪するものであり、また、生活の基盤を揺るがすものであった。当然ながら彼らは反発し、維新以来の鬱積《うっせき》した不満もあって、一部士族は激烈な行動に走る。西日本では、九年十月下旬に、熊本で神風連《しんぷうれん》(敬神党)の乱が起き、それに秋月の乱そして萩の乱が連鎖する。

このころの西郷の言動や心境は歴史書でよく取り上げられているが、勝田孫弥は『西郷隆盛伝』(一八九四)で次のように書いている。

「九年十月熊本神風連の暴動、秋月士族の紛騒起こり、また十一月に至り前原一誠等長州に暴挙するに及び、私学校党少壮の輩はますます興奮し、これらもって機会到来したとし、相応して決挙せんと欲し、その計画・方略を議決して、隆盛に請求したが、隆盛は常にこれを叱って退けた（諸氏直話）。……。

私学校党の某、……、断然、意を決してこの機会に乗ぜんことを唱え、隆盛これを聞き、容を改めて言う。長州暴発して、国内騒乱に及ぶ。これ実に邦家の難事ではないか。しかるに、これを見て好機会と称する者、そもそも何らの意ぞと。某、それを聞き首肯して退く。この一事も、またもって、当時の隆盛の胸中を想知すべし。

実に、隆盛の精神は国家独立の一点にあって、国内の紛争を醸すがごときはまったく素志にないことを明知すべきなり。しかし、少壮輩は隆盛の大目的とするところに従い時機の到来を待つことができず、慷慨悲憤の情は爆発して遂に十年の大破裂を生ずるに至った。」*176

『大西郷全集』（一九二七）も同様の記述をし、勝田が「私学校党の某」としているのを、永山盛武と特定して、

「永山は意気揚々として日当山《ひなたやま》に至り、隆盛に面会して大にその所信を述べた。しかるに隆盛は勃然、色を作《な》して『君等進んで自重せずして、そのような有様ではどうして後進を率いるこ

とができようか。前原の反乱はどれほど良民を苦しめるか知れない。実に国家の不祥事であるのに、君等は何と言うか』と叱りつけた。[*177]」

としている。

これらは共通に、西郷には国内で騒乱を起こすような考えはまったくなく、もっぱら「外患」による「国難」に備えることこそが自分たちの使命だと考えていたと言う。

†「愉快の報」

ところが、昭和五十年ごろに新たに公になった[*178]、西郷の桂久武宛の次の手紙を読むと、西郷の心中は勝田孫弥や『大西郷全集』が言うようなものではなかったことがわかる。手紙は、西郷が逗留していた日当山温泉（現・鹿児島県霧島市）から、明治九年の「十一月」（日はなし）付で送ったものである。

「両三日珍しく愉快の報を得ました。去る二十八日、長州の前原・奥平ら石州口（島根県の石見）より突出した由、三十一日には徳山（山口県）辺《あたり》の人数も繰り出し、柳川（福岡県）辺よりも同様の趣きのようです。熊本（神風連）の人数はいよいよ船にて出かけた由、確かにわかります。右かたがたの引き合いとして肥後の巡査両名が参り、前原等の電報をもって掛け合いがあったにつき、相違ないことでしょう。

もはや、大坂辺は手に入れているのではないかと察せられます。因・備（鳥取・岡山方面）そのほか石州辺は必ず起《た》つはずで、天長節（明治天皇誕生日、十一月三日）を期日と定めていた趣きですが、機会（期日）に先んじてしまったように伺われます。天長節の期日であれば、江戸には必ず手を組む者があったはずです。そうでなくては、期日の定め方は、それ（天長節）以外には格別の機会日とは考えられません。

前原の手はよほど手広く仕掛けたようで、この先、四方に蜂起があるだろうと楽しみにしています。この報を得ましても、ただ今までも、ここに滞在しております。急ぎ帰っては、壮士輩が騒ぎ立てるだろうと考え、決してこの方の挙動は人に見せず、今日に至っては、なおさらにことです。ひとたび動けば、天下驚くべきことをなすつもりと、含みまかりおる次第です。この旨、あらかたお知らせのみしておきます。」

西郷は熊本、福岡や山口等で蜂起が連鎖したのを聞いて、「珍しく愉快の報を得」たと喜び、また、「この先、四方に蜂起があるだろうと楽しみにして」いるとも言う。

勝田孫弥が西郷は「長州暴発して、……、これを見て好機会と称する者、そもそも何らの意ぞと」諭《さと》したとしているのや、『大西郷全集』が西郷は部下の者に『前原の反乱はどれほど良民を苦しめるか知れない。実に国家の不祥事である』と叱ったとしているのとはずいぶん違う。また、勝田が西郷に「国内の紛争を醸すがごときはまったく素志にないことを明知すべきなり」としているのともだいぶ違う。

なお、上で「決してこの方の挙動は人に見せず、……。ひとたび動けば、天下驚くべきことをなすつもり」と言っているあたりにも、西郷がとるポーズないしはカムフラージュの一端が見られる。

†自己中心の解釈

西郷は上で、熊本の巡査や県庁の者などから情報を得、その上で自らいろいろと推測や判断を加えているが、それらはどれも事実とは違っている。

このとき、神風連（敬神党）が「船にて出かけた」とか、大坂で何か特別な変動が起きたとかというようなことはなかった。また、「この先、四方に蜂起があるだろう」と書いているが、実際には、西南の各地で連鎖した反乱も、西郷がこの手紙を書いたころには、官権によってどれもほぼ鎮圧されていた。

神風連は十月二十四日に熊本県庁と熊本鎮台を奇襲して、県令の安岡良亮《よしすけ》と司令長官の種田《たねだ》政明《まさあき》を殺害するが、その翌二十五日には鎮台隊によって鎮圧され、秋月（現・福岡県朝倉市）では十月三十一日に宮崎車之介《くるまのすけ》らの率いる「秋月党」二百三十名が熊本鎮台小倉分営隊と交戦するが同日に敗退し、また、十月二十八日に萩で蜂起した元参議・前原一誠ら同志約三百名も、三十一日に政府軍との交戦に敗れ、前原は十一月五日に島根県下で捕縛され、後に斬首の刑に処せられている。

また西郷は、一連の蜂起は「天長節を期日と定めて」云々と書いているが、神風連の決起の日は、実際には「宇気比《うけい》」という彼ら独特のお告げ（神託）によって授かったもので、天長節とは関係がない。いずれも、得ている情報がもとから正確ではなく偏向している上に、西郷がそれに自分流の解釈や希望的観測を加えたものになっている。

西郷や私学校党員がこのころ、政府や全国の情勢を知るために情報源にしていたのは、もっぱら東京で発行されていた「評論新聞」であった。この新聞は、元薩摩藩士・海老原穆《えびはらあつし》が東京で「集思社」を立ち上げて明治八年三月に創刊したもので、反政府色が濃く、記事内容はもっぱら、大久保政権の悪政や腐敗、全国人民の困窮や政府への怨嗟などを情宣するもので、政府が瓦解寸前であるかのような記事もよく載せていた。海老原は桐野利秋とも親しく、「集思社」は私学校党の東京出先機関で諜報機関のような性格も併せ持っていた。

私学校党員にとっては、東京から送られてくる評論新聞がほとんど唯一の情報源で、彼らに絶大な影響を及ぼしていた。かつての西郷の盟友・吉井友実は後に、「十年戦乱の不幸を生じせしめたのは、評論新聞の放論、最も与《あずか》りて大なり。」*179と断じている。桐野ら幹部や西郷自身も、評論新聞や海老原から直接送られて来る情報に相当に影響を受けていたようだ。

†「天下驚くべきこと」

西郷は桂宛の手紙の最後で、「ひとたび動けば、天下驚くべきことをなすつもり」と書いているが、この言い方からすると、決起すること自体には相当の自信を持っていたようだ。また、「天下驚くべきことをなす」という言い方には、衆望に応《こた》えようとする気分がうかがえる。西郷は元来人々の期待に応えようとする気持ちの強い人で、また、「驚くべきことをなす」ことの好きな人でもあった。

本書ですでに取り上げたものでその事例を挙げると、元治元年に長州を説得するために自分が長州藩の大坂屋敷に乗り込むとして、そのとき歌に「たとえ首を投げうって、真卿の血となるも、これより多年、賊人を駭《おどろ》かさん」(四章一節)と詠っているのや、慶応三年に英国水夫殺害事件が起きたときに、その解決を図るのに「異人」の「目前にて(自分が)見事に割腹すれば、少しは胆を冷やすことだろうと考えています」(五章三節)などと書いているものがそれに当たる。どちらもいささか血なまぐさい話で、自分の命を人前に投げ出そうとするものだ。

西郷を評して、従弟の大山巌は後に、「巨目《うどめ》さアは権力欲も金銭欲もなかったが、かろうじて上げるとすると、人望好みがあった」と語っているが、その「人望好み」が上の「天下驚くべきことをなす」というような言葉にも表れているように思える。

なお、大山は西郷のことを「巨目《うどめ》さア」と呼んでいるが、実際に西郷は目の大きな人であったらしい。アーネスト・サトウは西郷に会ったときの印象を、

「黒ダイヤのように光る大きな目玉をしているが、しゃべるときの微笑には何とも言い知れぬ親しみがあった。[*180]」

と書いている。

西郷が上の手紙を「十一月」付で桂久武に送ったのは十一月初旬であったが、同じ時期、西郷の叔父の椎原与右衛門も県庁等で同様のことを聞き、十一月六日付で日当山温泉にいる西郷に次のように書いている。

「昨日はお宅へ参上、小兵衛（西郷の末弟）と話しました。……。昨日聞いたところでは、長州・前原百人ほど同伴、石州（島根県石見）を志して脱走したようです。内務省よりは県々へ布告があった由、事実と思われます。（中略）

去る二日（私、温泉より）帰宅、熊本（神風連）の変動、枝葉ながらもよほどうまくやったようで、愉快なことです。きっと、早々追々お聞き取りのはず、かたがた察し申し上げます。何分、面白い機会になればと、明け暮れ念願、祈っている次第です。」[*181]

叔父の椎原も西郷と同様の気分を共有していたことになる。

†政府密偵の報告書

熊本・福岡・山口の一連の蜂起がいずれも官権によって鎮圧されたとの報が鹿児島に伝わると、鹿児島県士族とりわけ私学校党員のあいだで、それら蜂起への共感と同情が集まり、政府への反感がいっそう強まる。

その様子が、近年刊行された『岩倉具視関係史料』上巻（二〇一二）に収録されている「鹿児島県下私学校党風聞書」から読み取れる。それは、政府の密偵が九年十一月以降の私学校党の動きを、十年一月に報告したものである。

「昨九年十二月四日に右（桐野利秋の）別荘に、西郷・桐野・篠原・村田……ら、旧少佐以上の数人が会し激論。……、これまで隆盛は慇懃《いんぎん》に諸生・輩を鎮撫し、一言の粗暴のことを言わなかったが、当日の議論はこれまでと異なり、衆に向かって曰く。

先年来、吾輩の志が伸びないのも大久保一蔵があるをもってなり。……。聞く、木戸の智者の如きも、彼の毒気を避けて事に与《あずか》らんとする。吾輩、彼の肉を食うも飽かざるなり。

別府・辺見ら右の弁を聞き憤激して急に事を挙げんと迫る。西郷曰く、肥後・中国のこと既に平定したといえども、民情は兢々《きょうきょう》たり。変動が近くにあるだろう。機を待つべしと。

桐野言う、二三の大臣を討たば、政府は瓦解すべし。奸臣を討ち民の疾苦を救うは丈夫の本意なり。かつ、鎮台兵の如きは血税徴収にして一撃の塵《ちり》にすべし。……。西郷曰く、時機を見るべしと抑えたりと云う。（中略）
一、刀研師《かたなとぎし》・鞘師《さやし》・柄巻師《えまきし》等の職々、悉く繁忙なりと。これは私学校党しきりに注文するからで、一月半ばまでに是非出来上がるよう催促最も厳なる由。
一、鉄砲鍛冶《かじ》は昼夜の別なく使役せられる由。
……。
一、巡査某へ鹿児島県にいる実兄某より書通あった由に、その文に曰く、この度《たび》、吾輩の願望あい果たす時節に至ったとのこと。一月より三月までに上京があるとの意とのこと。また、東京府官員にも右同様の郵書があった者のある由。右、聞込みの件々、そのままお手元まで報告します[*182]。」

萩の乱等の情報が鹿児島に伝わって一カ月後の十二月四日に、私学校党の幹部会が開かれその場で西郷が珍しく皆の前で、「先年来、吾輩の志が伸びないのも大久保一蔵があるをもってなり」、「彼の肉を食うも飽かざるなり」と激烈な言葉を吐いたという。もっとも、別府や辺見、また桐野が憤激して「急に事を挙げん」などと迫ったのに対しては、西郷は「時機を見るべしと抑えた」と伝えている。

また、「風聞書」は私学校党員が刀剣や鉄砲の整備を急いでいる様子を伝え、さらに最後の項では、鹿児島にいる私学校党員の兄が東京在住の弟の巡査に送って来た手紙に、「願望」がかなって「一月より三月までに上京がある」と書かれていることや、「東京府官員にも右同様の郵書があった」ことを伝えている。

†別ルートの報告書

隣県の熊本県が鹿児島情勢探索のために密偵を送り込んでいるが、その九年十二月十六日付の報告書によると、鹿児島県士族が特に金禄公債証書発行条例の交付に反発して、「銃器刀剣等買い求め、あるいは修復する輩これあり」の情勢になっていること、また、「あるいは西郷大将、有志輩を率いて上京」などの噂が出回っていることを伝えている。*183

また、大警視川路利良が得た情報では、九年暮れのころの鹿児島では、

「早く行きたい東京とやらに　邪魔な奴等ば　きりぎりす」

という狂歌がはやっているとある。*184


また、年があらたまったころのものとして、黒岡季備《すえよし》という人物が十年一月十日ごろから二十五、六日まで鹿児島に滞在して黒田清隆に報告した、十四カ条から成る「鹿児島県下動静聞取書」*185というのがある。これは内務郷大久保にも届けられていて、なかに次のような条項がある。

一、桐野より四十日間暴発を見合わすべき旨の説諭があったと云う。……。
一、桐野の説に、大先生の外患がある機会を待つとのこと、その説はもう古いと嘲ったという評判。
一、大久保参議・松方大輔・川路大警視を切歯することもっとも甚だしい。
一、暴発出京の趣意は内政を改革し民権を張るという説なり。

ここでは、「暴発出京」の決起計画があることが報告され、その「趣意は内政を改革し民権を張る」ことで、それの実行が「桐野より四十日間暴発を見合わすべき旨の説諭があった」と

ある。

これらの報告内容は、先の「鹿児島県下私学校党風聞書」で、昨年十二月ごろに私学校党員が「一月半ばまで」に銃剣等の整備を急いでいると報告されているのや、東京の「巡査某」に「鹿児島県にいる実兄某」から「一月より三月までに上京」すると書いてきていると報告されているのに符合する。

†「暴発出京」の決起計画

以上、複数の探偵書がほぼ同様のことを報告していることからして、鹿児島では九年十二月段階で蜂起の気運が高まり、私学校党内では「暴発出京」の決起計画がかなり具体化して、党員にもそれが広く知れわたっていたと見てまず間違いない。また、これらの報告書を政府中枢の者が受け取っていることからして、政府中枢部は一月末段階には、私学校党が近々どのような動きを見せるか、かなりのところまで推測できたことになる。

西郷は九年十一月初旬の桂久武宛の手紙で「ひとたび動けば、天下驚くべきことをなすつもり」と書いていたが、それが十二月段階では私学校党の「暴発出京」の決起計画になり、さらに年が変わったころには、その実行について「桐野より四十日間暴発を見合わすべき旨の説諭があった」という段階にまで至っていたことになる。

第十一章 「政府へ尋問の筋」

1 鹿児島騒擾

鹿児島では、私学校党内で前年の九年十二月中に「暴発出京」の決起計画が具体化して、党員たちもその準備に取り掛かっていたが、年が明けたころに「四十日間暴発を見合わす」という指示が出たようだ。そのようななか、一月末から二月初旬にかけて鹿児島で私学校党員がかかわる二つの騒擾《そうじよう》事件が起きる。

一つは一月末に起きた私学校党員による兵器弾薬庫襲撃事件で、もう一つは東京から送り込まれた多数の警部・巡査らが二月初旬に私学校党員に捕まり、西郷の暗殺計画を自白させられた事件である。どちらも中央政府が動いて起きた事件で、前者は政府が三菱の汽船を派遣して一月二十九日深夜に密かに鹿児島の弾薬庫から兵器弾薬を大坂に移送しようとしたのに端を発したもので、後者は大警視・川路利良《かわじとしよし》が少警部・中原尚雄《なおお》ら鹿児島出身の警部・巡査ら数十名を年末に帰郷させたことに端を発したものだ。そのグループは警視庁側では「視察団」と呼ばれ、目的は鹿児島の情勢の探索と私学校党員の離間を図ることであったとされている。

†全軍上京案の確認

西郷は弾薬庫襲撃事件を二月一日に、逗留していた大隅半島の小根占《おねじめ》（現・南大隅町根占）で聞き、三日に帰宅して二月五日と六日の私学校党の集会に出席する。

二月五日の私学校での集会では、元近衛中佐・永山弥一郎が刺客問題への対応として、まずは西郷・桐野・篠原・村田らの二、三人が上京して糾問すべきだと主張し、また、村田三介は自ら中原ら一味を護送して上京し政府に詰問すると主張するが、結局、それらの意見は退けられ、全軍上京して政府を糾弾することに決まる。この全軍上京案は、弾薬庫襲撃事件や刺客事件に関わりなく、すでに前年十二月段階で決められ、私学校党員のあいだで広く知られていたものだ。この二月五日の集会で改めてそれが確認されたことになる。

続いて六日に開かれた作戦会議では、海路長崎に進発して軍艦を奪って上京する案、三方面分進案や全軍熊本経由東上案が出るが、これも最終的には以前から言われていた全軍熊本経由東上案に決まる。

†サトウの記録

鹿児島で上のような騒動が起きていたころ、たまたまイギリス公使館付き書記官のアーネスト・サトウが鹿児島を訪問して二月二日から十八日まで滞在し、現地の様子を記録している。サトウは明治八年に休暇を得て二年ほど本国に帰っていたが、再赴任のため東京にもどる途中、旧友のウィリアム・ウィリスを訪ねて鹿児島に立ち寄っていた。おそらく、公使館から鹿児島の情勢を探索せよといった指示も受けていたのであろう。

ウィリスは文久二年(一八六二)に医官・外交官として初来日し、そのまま長く日本に駐在した最古参の一人で、来日当初に生麦事件の検視官を務めて以来、薩摩藩とは縁が深く、明治三年には鹿児島医学校兼病院を開設して鹿児島にずっと滞在していた。そのウィリスを西郷が二月十一日に訪ねて来て、このときサトウは旧知の西郷に会い、その様子を日記に次のように書いている。以下、サトウの日記や報告書等については、すべて萩原延壽《のぶとし》の『遠い崖――アーネスト・サトウ日記抄13　西南戦争』(二〇〇一)から引かせてもらう。

「西郷には約二十名の護衛が付き添っていた。かれらは西郷の動きを注意ぶかく監視していた。そのうちの四、五名は、西郷が入るなと命じたにもかかわらず、西郷に付いて家の中へ入ると主張してゆずらず、さらに二階へ上がり、ウィリスの居間へ入るとまで言い張った。」

サトウはほとんど「虜囚」のようになっている西郷を目《ま》の当たりにしたようで、西郷の護衛たちが「監視」していたのは、暗殺計画による襲撃の危険ではなく、西郷の振る舞いや発言内容であったと見ている。

サトウはこの日さらに、ウィリスやその弟子の医師三田村敏行から話を聞き、それに、この日までに鹿児島県令の大山綱良《つなよし》と何度か会って聞いていた話などを交えて、日記に次のように記している。

「おそらく、西郷は、取りあえず、自分の目的は自分の暗殺をたくらんだ者の処罰を要求するだけである、そう思われたいのであろう。しかし、それだけが西郷が行動を起こした本当の、そして唯一の動機であるとは到底信じられない。日本において表向きの開戦の理由は、決して本当の理由ではない。」

サトウは、西郷が今回の率兵上京について暗殺計画を言うのは表向きの理由で、「本当の理由」は別にあると見ている。サトウがそう見るのは、暗殺計画の発覚以前に、それとは関係なく、私学校党が政府糾弾のために率兵上京する計画を持っていたことからして妥当な推測だ。

†率兵上京の通告

西郷らの率兵上京に先立ち二月十二日付で、「鹿児島県令　大山綱良」名義で次の通告が発せられる。*186

「今般、陸軍大将西郷隆盛ほか二名、政府へ尋問の筋これあり、旧兵隊等随行、不日に（近く）上京の段、届け出するにつき、朝廷へ届けた上、さらに別紙の通り、各府県ならびに各鎮台へ通知に及ぶものなり。……、この旨、布達する。

但し、凶徒中原尚雄以下の口供を添える。」

「凶徒中原尚雄以下の口供」というのは都合二十一名の口供書を指す。そして、各鎮台・各府県宛に、やはり「鹿児島県令　大山綱良」名義で「明治十年二月」付の次の通知書が発送される。

「……。近日、当県より旧警視庁へ奉職の警部中原尚雄そのほか別紙人名の者ども、名を帰省等に託してひそかに帰県のところ、彼らひそかに国憲を犯さんとする奸謀が発覚し、……、捕縛のうえ糾問に及んだところ、図らずも該犯の口供別紙の通り。

ついては、右事件、陸軍大将西郷隆盛、陸軍少将桐野利秋、陸軍少将篠原国幹等の耳にも入り、右三名より、今般政府へ尋問の筋これあり、不日に当地を発程いたすので、お含みのためこの段、届け出いたす。

もっとも、旧兵隊の者ども随行、多数出立いたすので、人民動揺いたさぬよう、ご保護に及ぶようご依頼するなり、との書面をもって届出があるにつき、……、朝廷へお届けしておきましたので、お心得いただくため、この段に及びご通知するものなり。」

このような通知書を送ることになったいきさつについては、後に捕縛された大山綱良が裁判所で供述した口供書に次のようにある。

「二月七日ごろ、西郷から会いたいという連絡があり、私学校で……、面会したところ、西郷が言うに、自分がこの地にいたなら、生徒らに暴動は起こさせなかっただろうが、今日になっては致し方ない。中原らのことを聞くに、我が一身のことを、自分で取り糺《ただ》すのは不都合なれども、やむを得ず、自分が出京して大久保に尋問することに決したと。

そこで自分が西郷に、……多数の兵隊を引率し東京まで無事に通行は難しいのではないかと聞くと、西郷は言う、大将の任たるや、全国の兵を率いるも、天皇陛下の特に許すところで、大将の権内なり。場合によっては、鎮台兵も引率すべしと。

そこで自分が、しからば沿道の府県鎮台等へ通知しておかないと不都合も計り難いと言うと、西郷は、政府への届け、各鎮台府県への通知方は県庁で取り図ってくれるよう、もっとも、その文案は追って届けるべしと言い、承知して別れた。*187」

当時の口供書などというものは、本人がその通りに話したかどうかや、本人が事実を述べたかどうかなど、いずれも信憑性《しんぴょうせい》に欠けるが、ともかく、各鎮台・各府県に通知書を送ることになったいきさつについては、西郷も後に、それを自身で他所に配布したりもしているので、上のようなことであったと思われる。

†サトウの報告

東京にもどったサトウは公使パークスに、鹿児島の情勢や私学校党の考えていることを、主に県令大山らから聞いた話を中心にまとめて、次のように報告している。

「薩摩士族は西郷という名前の持つ威力を信じきっており、この点は大山も同じであって、政府は西郷の進軍に恐れをなし、何の抵抗も試みないだろう。」

「海軍は西郷に敵対する行動を取ることを拒否するであろう。」

「熊本鎮台の参謀長樺山資紀が薩摩出身であることが、大いに当てにされている。」

「政府軍の大部分は百姓や人夫からの徴募兵であるが、彼らは伝統的な武器を帯びた士族に立ち向かうことは決してしないであろう。」


いずれも、大山や私学校党の自己中心で楽観的ないしは希望的な観測であるが、彼らは実際にそういったことを信じ、多くが西郷の率兵東上は成功すると信じていたようである。

†「尋問」の中身

さて、上の通知書からすると、「今般政府へ尋問の筋これあり」というのは、具体的には、中原らの捕縛によって発覚した「奸謀」、つまりは西郷暗殺計画について「政府へ尋問」するということになる。

ということは、暗殺計画発覚以前の前年十二月段階で立てられていた率兵上京計画で、その名分になるはずであった、先の「鹿児島県下動静聞取書」で「暴発出京の趣意は内政を改革し民権を張る」とされていたものは、実際には何も掲げられなかったことになる。

西郷暗殺の「奸謀」が実際にあったかどうかは定かではない。中原らは解放後、拷問によって自白を強要されたと主張して、後の裁判ではそれが認められている。当時政府周辺では、大警視・川路が送り込んだ中原ら「視察団」が現地では、「刺殺団」と間違えられたのではないかといった、冗談半分の話がまかり通ってもいた。

しかしこのとき、鹿児島の多くの人たちは「奸謀」があったことを信じ、西郷や大山もそれを信じている。何せ二十一名もの者が暗殺計画を自白したというのだから、そのようになっても不思議はない。しかし、急に降って沸いたこの刺客問題を「今般政府へ尋問の筋これあり」の理由として、その中核に据えたことはやはり、西郷らの判断ミスであったと言わねばならない。とりわけ西郷にとっては、後々に大きな禍根を残すことになる。

†「照会書」

薩軍（以下、西郷率いる軍団をこのように呼ぶ）の進発前に、上記の通知書とは別に、「熊本鎮台司令長官」に対してはさらに、「陸軍大将西郷隆盛」名で「明治十年二月十五日」付の次の「照会書」と呼ばれる文書が発送される。

「拙者儀、今般政府へ尋問の廉《かど》これあり、明後十七日県下発程、陸軍少将桐野利秋、陸軍少将篠原国幹および旧兵隊の者ども随行いたすので、その台（熊本鎮台）通行の節は、兵隊整列指揮を受けられるべく、この段、照会に及ぶものなり。」

しかし、この文書の発送は西郷が関知しないところで行われていて、西郷は十六日にそれを知り、急いで鹿児島県大属の今藤宏《いまふじ》に次のように書き送っている。

「先刻お引合せになった肥後鎮台へ掛け合いの一条、県庁の間違いにて掛け合いしたことがわかり、早々お取消ししていただくよう頼みます。いよいよ掛け合いになれば、その旨お知らせください。その辺、またまた間違っては、先鋒の兵隊がどのような事変に及ぶかもわからず、念のためまたまた申しておきます。」

西郷は熊本鎮台に送った「照会書」の取り消しを求めている。上記の前段にある「旧兵隊の者ども随行」というところは、先の通知書でも書いていることだから問題ではなく、後段の「その台通行の節は、兵隊整列指揮を受けられるべく」のところが問題なのであろう。

西郷は自分からそんな命令を出すと、鎮台が反発して、「先鋒の兵隊」とのあいだで「どのような事変」が生じるかわからないと危惧している。「またまた間違っては」とか「またまた申しておきます」とか書いている。これまでにも同様の間違いや齟齬が起きていたのだろう、西郷もいささか苛立《いらだ》ち気味のようだ。

この「照会書」の取り消しについては、西郷は是非にもきちんとしておきたかったらしく、同日十六日付で県令の大山にも、

「先刻お伝えしておいた熊本鎮台へのお掛合いは差し出してもらったでしょうか。念のためお尋ねしますので、お知らせ下されたくお願いします。」

と書き送っている。「照会書」の送付が西郷の指示でなかったとすると、県庁側が勝手にしたことで、大山の独断による公算が大きい。

なお、西郷が大山や今藤宛に書いた手紙は、その差出人はいずれも「西郷吉之助」である。明治二年以降、西郷は「西郷隆盛」も使うこともあったが、普段使うことはなく、公式の文書や「陸軍大将西郷隆盛」などと肩書をつける場合に限られていた。

ちなみに、この戦争中も、『西南之役懲役人質問』によると、取調官が懲役人に、

「隆盛の書簡等にみな吉之助とあり、軍中にても通称を用いたのか。」

と問うたのに対して、このときの被告（懲役人）三人がそろって、

「しかり。隆盛と称することは一度も聞いたことなし。」

と答えている。*188

†政府側の対応

さて、話を政府側に転じる。政府側は鹿児島の情勢を刻々とつかみながら、次々と手を打っていた。一月末の兵器弾薬の撤収などは、暴発が近いと見て取った予防措置であろうが、実質はむしろ、撤収への反発を見越した陽動作戦であったのではないか。

弾薬庫襲撃の報を受けると、陸軍卿の山県有朋《やまがたありとも》は直ちに二月四日に神戸に軍の参謀部を設置し、また、海軍大輔の川村純義《すみよし》は自身の目で現地を確認するために鹿児島行きを決めている。川村はできれば西郷に会って西郷自身の真意を確かめたかったようだ。

山県は二月九日には各鎮台司令長官に対して非常事態宣言を発し、川村は同日に鹿児島港に入る。しかし川村は、上陸はもはや危険と判断して、西郷との面会をあきらめ、県令の大山と鹿児島警察署長の野村忍助を船上に呼んで会見しただけで鹿児島を早々に引き上げる。鎮撫不能と判断した川村は、帰路十二日に広島に寄港し、尾道から陸軍、海軍と熊本鎮台それに内務卿大久保に鹿児島破裂必至の電報を打つ。

その報を受け取った陸軍卿の山県は、さっそく同日二月十二日に太政大臣三条に鹿児島暴発に対応するための「作戦意見書」を提出し、併せて、熊本鎮台司令長官の谷干城に対し、薩軍の侵攻に備えて、

「攻守よろしきに従い、ただ万死を期して熊本城を保つべし。[*189]」とする指令を発している。攻守どちらの作戦を取ってもよいが、断じて熊本城を失ってはならぬと命じるものだ。

†内務卿大久保の采配

これら軍部より、さらに早くから積極的に動いていたのが内務省である。内務省は全国の地方行政と治安を管轄しており、そのトップの内務卿大久保としては、鹿児島県がまるで独立国であるかのように振る舞うのを許しておくわけにはいかなかった。自身の出身県であってみればなおさらだ。

山県有朋

鹿児島県は、県庁人事では県令以下どの部署にも他府県出身者を入れず、中央政府が命じている地租改正による物納から金納への移行や徴兵検査も実施せず、さらに、私学校の運営に公金を支出したり、私学校党員による人事や行政組織の支配を許したりもしていた。今回の薩軍の決起にも、大量の公金が流用されており、大久保としては何としても、そういった鹿児島県の放漫きわまりない県政を断ち切らねばならなかった。

九年の年末に大警視の川路利良が鹿児島出身の多数の巡査を「視察団」として帰郷させていたが、それは東京警視庁を管轄下に置く内務卿大久保の指示ないしは同意によるものであっただろうし、また、この一月末に鹿児島の弾薬庫から兵器弾薬の撤収を仕掛けたのも同様であっただろう。

さらに、この二月九日に川路が士族出身の巡査に召集をかけて十一日には約六百人の巡査隊を横浜港から九州に向けて送り出しているが、これについては、もとから大久保の指示によるものであった。大久保は二月七日付で、このとき京都にいた参議の伊藤博文に送った手紙で、

「この上の手順は警察の手を断然差し出す心得です。」*190

と書いている。大久保はこの段階では、軍隊を動かすより警察力を動かす方が得策と考えたようだ。大久保はこの手紙で、さらに次のようにも書いている。

「別紙の熊本県令からの電報によると、陸軍省の爆弾も強奪した様子。多分、それに相違ないものと想像しますが、この上は、川村（純義）からの報知をもって模様がわかるでしょう。いずれにしても、この節は、破裂と見据えるほかはありません。その情態を憶察するに、このたびの暴挙は必ずや桐野のもとで下の輩で則決したに疑いなく、（中略）

さりながらこの節の端緒よりして、もし干戈と相成れば名もなく義もなく、実に天下、後世、内外に対してもー辞柄《いちじへい》をもって（ひとことの）言い訳も立たざる次第、実に曲直分明。さすれば、正々堂々、その罪を鳴らし鼓《つづみ》を打ってこれを討てば、誰かこれを間然する（かれこれ非難する）ものがあるだろうか。ついてはこの節、事端をこの事に起きたことは、誠に朝廷不幸（中）の幸と、ひそかに心中には笑いが生じているくらいです。*191」

大久保は私学校党員による弾薬庫襲撃事件の情報を得て、この「暴挙は必ずや桐野のもとで」やったことだろうとしながらも、この「破裂」を端緒に「もし干戈と相成れば名もなく義もなく」まったく「言い訳も立たざる次第」、これを機会に「討てば、誰かこれを間然するものがあるだろうか」、「誠に朝廷不幸の幸と、ひそかに心中には笑いが生じているくらい」だと言う。誠に大久保らしい言い方で、これを機に、私学校党を殲滅《せんめつ》しようとする強い意志が表れている。

2　薩軍の進発

†全軍上京の目的

明治十年二月十四日から十七日にかけて、いよいよ薩軍一万三千の兵隊が、陸路、鹿児島を出発していく。

かつて、慶応三年十一月に西郷が藩主島津忠義とともに一千の兵を率いて上京(京都)したときも、明治四年四月に同じく忠義とともに御親兵になる常備兵四大隊を率いて上京(東京)したときも、どちらも海路を行くものであった。しかし今回は、薩軍には海軍も船舶もなく、一万三千の兵が陸路をまさしく陸続と行進していくことになる。もっとも、西郷らは、時間をかけて陸路を進むこの大行進に、デモンストレーションの意義を見出していたのかもしれない。

まず、十四日に別府晋介率いる先鋒隊の六番・七番連合大隊が出発し、十五日には何十年ぶりと言われる大雪のなか、一番大隊と二番大隊が熊本に向かって続く。

この日、大隊の出発に当たって、次のような訓令が発せられている。

「この出兵たるやほかなし、政府の非を矯問《きようもん》せんとするなり。軍律あることなし。ただ、酒を禁ず。もし酒を飲んで酗《く》する者は軍法に処す。*192」

兵隊たちへ、進発の目的は政府を糾問することだと布告している。もし、この進発が戦争のための挙兵なら、兵隊たちへはもとより、もっと明快な戦いのための檄を飛ばしていただろう。また、戦争がもとからの目的なら、全軍が陸路を順次日を分けてゆっくりと進軍して行くような方法は採らなかったであろう。

続いて、十六日に三番大隊と四番大隊、十七日には五番大隊と大砲隊が出発し、西郷も桐野利秋・村田新八らとともにこの隊に加わり、鹿児島城下をあとにする。

県令の大山は十七日の早朝、出発前の西郷と面談しており、そのときのことを、やはり捕縛後の口供書によるが、次のように語っている。

「二月十七日の暁、自分が私学校本局へ参り、中原らをいかに処分するべきかと西郷に相談したところ、いずれ二月下旬か三月上旬までに大坂に達すべきつもりなり、そうすれば同所よりどうするか通知をするから、それまでは保護しておいてほしいとのことで、自分も承諾し県庁で彼らを保護した。

西郷が言うのに、今般捕縛した中原らの口供を見れば、……。川路だけでなく大久保もこのたびの事件は委細承知のことと察せられると。……。……、右兵隊の者を引率し、上京の上、大久保へ対決し、自分の見込みが政府において曲なりとなれば、甘んじて罪を受けるべく、何ぶん、大久保へ面会の上でないとその曲直もわかり難く、かつ、大久保は何のいわれをもって隆盛が事を起こしたと思っているのか、その辺も詰問するつもりだ。[*193]」

大山が留置している中原らの取り扱いを尋ねたのに対して、西郷は「二月下旬か三月上旬までに大坂に達すべきつもり」として、そこでどうするかを連絡するので、それまでは「保護」しておいてほしいと答えたと供述している。これからすると、西郷は鹿児島を出発して十日か二十日ほどで、大坂に着くつもりでいたことになる。つまりは、途中で戦闘などを起こす気はなかったことになる。

また、大山の供述によると、西郷は中原らの「視察団」による暗殺計画は大久保が「委細承知のことと」と見ていたことになり、これらからすると、「政府へ尋問の筋これあり」の「政府」というのは、具体的には大久保を指すことになる。また、西郷は「大久保へ対決し、自分の見込みが政府において曲なりとなれば、甘んじて罪を受ける」とも言ったそうだ。

†征討令の即時発令

別府晋介率いる六番・七番連合大隊が二月十九日に最初に熊本県境を越えて日奈久《ひなぐ》（現・八代市）に入ると、それを待ち構えていたかのように、直ちに太政大臣三条実美の名をもって、次のような「鹿児島県暴徒征討令」が発せられる。

「鹿児島県暴徒ほしいままに兵器を携え、熊本県下へ乱入、国憲をはばからず、叛跡《はんせき》顕然につき、征討仰せ付けられた。*194」

併せて、同日付で、二品《にほん》親王有栖川宮熾仁《ありすがわのみやたるひと》を指名して、

「朕、卿をもって鹿児島逆徒征討総督に任じ、海陸一切の軍事ならびに将官以下の黜陟《ちゅつちょく》・賞罰あげてもって卿に委ねる。*195」

とする、征討総督任命の勅が発せられ、同時に、陸軍中将山県有朋と海軍中将川村純義の両将に征討参軍（軍団の総指揮官）の任が下る。

†籠城作戦

熊本では、熊本鎮台司令長官の谷干城《たてき》が、陸軍卿山県からの、

「攻守よろしきに従い、ただ万死を期して熊本城を保つべし。」

の指令のもと、籠城作戦を採って戦うことを決め、そのための手だてを講じている。十八日には住民を城下から退避させ、翌十九日には城下を焼毀《しょうき》する「射界の清掃」（敵の隠れ場を無くするために家屋等を焼き払うこと）を実行している。

熊本鎮台幹部（前列中央が谷干城、その右が樺山資紀）

谷が籠城作戦を決めたのは、戦場に打って出ても、薩軍側に回る熊本県士族の動きが懸念されたのと、大軍で迫る薩軍の士族軍団に対して、徴募兵の多い兵員三千数百の鎮台兵で立ち向かうのは無理と判断したからだ。谷は、籠城策によって持久戦に持ち込み、援軍の到着を待つことにしたのである。

二月十九日には、熊本では実にいろいろなことが錯綜して起きている。事の順序は定かでないが、この日、上述のように「鹿児島県暴徒征討令」が発せられて、それが直ちに鎮台にも伝えられ鎮台兵は官軍となる。ところが、昼前には熊本城で出火があり城が炎上する。この出火の原因は、放火説、失火説や自焼説など様々な説があって、今日でもはっきりしていない。上記のようにこの日、城下の焼毀が実行されているため類焼説もある。

†「照会書」届く

さらにこの日、おそらくそれらの最中と考えられるが、鹿児島県令大山綱良が送った「専使」が「照会書」を携えて鎮台に到着する。西郷はそれの取り消しに躍起になっていたが、結局は、「陸軍大将西郷隆盛」名で「その台通行の節は、兵隊整列指揮を受けらるべく」と命じる「照会書」が鎮台に届けられたことになる。西郷はその差し止めを二月十六日に県庁の今藤と大山に申し入れているので、それからすると、西郷の要請は大山によって無視された可能性が高い。県令大山はこの薩軍の進発では、さまざまな面でかなり自発的に動いている。

「専使」への対応には鹿児島県人の参謀長・樺山資紀が当たる。西郷をよく知る樺山はやはり、それがほんとうに西郷の指示によるものかどうか疑ったようだが、「専使」に対しては「非職の身で司令長官を指揮するとは奇怪千万」と憤慨して彼らを追い返したとされている。「照会書」を受け取った谷干城もまた、「陛下の軍に対して傲慢不遜」と評したようで[*196]、「照会書」は西郷が心配した通り、やはり鎮台の強い反発を買うものとなる。

3 戦争意思

さて、西郷らは決起し大軍を進発させるが、少なくとも本人たちは、それをもって戦争をするつもりではなかった。そのことは、大軍の進発のさせ方、また、進発に際し兵隊たちに挙兵の檄を飛ばすのではなく、前掲のように、「この出兵たるやほかなし、政府の非を矯問《きょうもん》せんとするなり」という訓令を発していることからわかる。また、先述のように、西郷が鎮台のある熊本を「事変」を起こすことなく通過しようとしていたことや、県令の大山に「いずれ二月下旬か三月上旬までに大坂に達すべきつもり」と話していたとされることからもわかる。

†「一蹴して過ぎんのみ」

西郷らに熊本で戦争を起こすつもりがなかったことは、薩軍の指揮官たちが他県の諸隊の隊長らの質問に対して、共通に次のように答えていることからもわかる。

熊本隊の隊長池辺吉十郎は二月十九日に薩軍先鋒隊の陣地に別府晋介を訪ねているが、その

とき池辺が別府に熊本城「攻城の方略」を問い質したところ、

「彼（別府）答えて曰く、鎮台兵もし我が行路を遮《さえぎ》らば、ただ一蹴《いっしゅう》して過ぎんのみ。別に方略なし。」

と答え、池辺はそれを聞いて「その剽悍《ひょうかん》に（勇ましく）して無謀なる」様《さま》に驚いている。*197

また、同じように、熊本協同隊の宮崎八郎らが二月二十一日に川尻の薩軍本営を訪ねて篠原国幹に会い、熊本城攻撃の方略を尋ねると、

「何の戦略かこれあらん。ただ一蹴して過ぎんのみ。」

と豪語するのみで、宮崎らはそれを聞き、やはり前途を憂慮したと言う。*198

さらに、野村忍助の後の回想になるが、野村は、薩軍が進発する前の私学校党の集会で、自分が自ら兵を率いて若狭から京都入りして西郷大将を迎える案を主張したのに対して、桐野・篠原両少将は、

「『今回のことたるや、もとは西郷先生を暗殺せんとしたことに出る。故に政府に尋問せんと欲するなり。何ぞ、かくのごとき権謀術数を用いんや』と言う。それでまた、軍略をつくるべしと進言したが、ふたりはまたよしとせず。*199」

と語っている。

薩軍の指揮官たちはこぞって、もし鎮台が行く手をはばんだなら「ただ一蹴して過ぎんの

み」と豪語するのみで、戦争計画や戦略など持たないことをむしろ誇らしげに語っている。西郷率いる大軍が正々堂々と上京の途に就けば、その途次、各地の反政府の士族や慷慨の闘士たちが呼応して、行軍は雪だるま式にふくれ上がるとでも思っていたのかもしれない。

政府側の即応

実際、政府側はそういったことを心配して恐れていた。陸軍卿の山県有朋は二月十二日に、太政大臣三条に提出した「作戦意見書」で、「南隅（鹿児島）ひとたび反動せば、いきおいこれに応じるもの」として、両肥・久留米など二十数カ所を列挙している。[*200] 薩軍に行進を続けられれば続けられるほど、各地での呼応があり、全国に波及する恐れが増大する。政府側としては、出来る限り早い段階で薩軍の東上を阻止し粉砕せねばならなかった。だからこそ政府は、薩軍が鹿児島から熊本との県境を越えるなり、直ちに「鹿児島県暴徒征討令」を発令し、またすばやく、陸軍少将野津鎮雄《しずお》率いる第一旅団と陸軍少将三好重臣《しげおみ》率いる第二旅団の合計六千を越える大軍を熊本に送り込んだのでもある。

「鹿児島県暴徒征討令」の発令を知った薩軍とりわけ西郷ら首脳は驚いたに違いない。四日前には「この出兵たるやほかなし、政府の非を矯問せんとするなり」の訓令を発して兵を送り出し、西郷ら自身は二日前に鹿児島を出発したばかりであった。

したがってまた、二月十九日にそれが発せられて熊本で突然に開戦になったときも、薩軍の指揮官らは何の戦略も持っていなかったため、ほとんど行き当たりばったり、前言に違《たが》わず「ただ一蹴」せんと熊本城の攻略に取り掛かる。しかし、鎮台は前述のように籠城戦の準備をして応戦したため、容易に打ち破ることができない。

†政府打倒を意図せず

西郷らは戦争計画や戦略を持っていなかったばかりか、政府尋問を掲げながらも、それをもって政府打倒を意図していたわけでもなかったようだ。

もし、西郷らがほんとうに政府打倒を考えていたなら、自分たちに早くから働き掛けて来ていた各地の勢力や、全国に数多《あまた》いる反政府勢力と連絡を取って共闘態勢を取っていたはずだ。実際、かつて西郷が幕末期に国事に奔走したときには、諸藩との連携や合従連衡に努めていた。しかし、この明治十年のときには、西郷はそういったことは一切していない。

もし、西郷らが高知立志社の板垣退助や林有造らと連絡を取り合い連携を図っていたなら、それだけで少なくとも、西日本での東上計画はまったく違ったものになっていたであろう。林らは実際、先述のように西郷決起に合わせて挙兵し、政府転覆を図ろうとしていた。

またもし、西郷らが熊本鎮台の幹部や兵隊たちに前もって、自分たちの決起の目的をきちんと説明して働き掛けをしていたなら、熊本での開戦は避けられたかもしれない。熊本は隣県でもあって連絡を取るのに難しい場所ではないし、鎮台には参謀長の樺山資紀をはじめ参謀の川上操六や与倉知実《よくらともざね》ら薩摩出身の将官や西郷シンパの兵隊が多くいた。

山県は「作戦意見書」で、薩軍の出方として三つの策、すなわち「火船に乗じて東京あるいは浪花（大坂）に突入」、「長崎および熊本鎮台を襲撃し、全九州を破り、もって中原（中央）に出る」、「鹿児島に割拠して全国の動揺をうかがい、……、中原を破る」を想定し、「この三策のほかに出《い》でずと洞察する」と述べている。[*201]

しかし、西郷らはその三策のいずれも採らず、全軍が陸路、熊本経由で順次東上の途につく。山県は後年、自分の予想が当たらなかったことを「実に国家の幸であった」と述懐しているが、[*202]西郷らは戦争をしようとしていたわけではないので、彼らにはもとから「三策」のような選択肢はなかったことになる。戦争を仕組んだのは山県側、政府側であったと言えなくもない。少なくとも西郷らはそう思っている。

†正義の信奉

しかし、そうは言っても、西郷らが一万人を越える重装備の兵を動かせば、誰もが戦争になるのを予想する。また、西郷らが「今般政府へ尋問の筋これあり」を掲げて大軍を率いて上京するのを、政府が放っておくわけにはいかず、阻止に出るのも当然だ。それに、政府がこの機会を狙って、西南の地に宿っている危険分子を一挙に取り除こうとするのも、これまた当然であろう。

そもそも、西郷らの率いる薩軍は政府統治外の私設軍団であって、中央集権化した日本では、その存在そのものが許されるものではない。もっとも、その軍隊を率いる西郷に今なお日本国の陸軍大将を名乗らせ、また桐野と篠原に陸軍少将を名乗らせているのは、その罷免を怠っている政府側に責任のあることだ。

とは言え、いずれにしても、西郷らが決起して大軍を進発させた段階で、政府はその東上を許すわけにはいかず、どのみち戦争になるのは必然であった。そのことが、日本の陸軍大将や陸軍少将を名乗る西郷や桐野・篠原にわからなかったとすれば、それは誠に不思議なことだ。自分たちに正義があり、相手が邪悪であるとする単純な善悪二元論を信じ、また、自分たちの正義はいずれ人々に認められるという思い込みがあったのだろうか。

†名分なき開戦

それにしても、ただ「今般政府へ尋問の筋これあり」のために、一万人を越える重装備の兵を動かす必要などまったくない。しかも、その「尋問」の内容が実質的には大久保を糾問することであったとすればなおさらだ。

それこそ、兵など動かさなくても、西郷・桐野・篠原らそうそうたるメンバーが、その名をもって政府や裁判所に告訴するなり、官位を戴《いただ》いているその名をもって天皇に直訴するなり、いくらでもやり方はあったはずだ。あるいは、かつて薩摩の横山正太郎（安武）が政府を批判して諫死したのと同様のやり方で、相当の効果が上げられたかもしれない。


薩軍の先鋒隊が熊本との県境を越えるなり、「鹿児島県暴徒征討令」が出て直ちに戦争になったのだから、世間の誰もが、西郷が挙兵をして戦争を起こしたと見るのは当然である。また、そう見えるようにするのが、政府側のもとからの狙いでもあったのだろう。

そのため、西郷らは戦争の大義名分を掲げられないまま戦争に突入して、結果として、率兵上京のために掲げた「今般政府へ尋問の筋これあり」が戦争の名分のように見られるようになった。このことは、ことのほか戦争や挙兵の大義名分を重んじてきた西郷にとっては、誠に不幸なことで、末代までの不名誉になる。

4 名分問題

†「無根の偽名」

大久保が二月七日の伊藤宛の手紙で、戦争を予期して「この節の端緒（兵器弾薬庫襲撃事件）よりして、もし干戈と相成れば名もなく義もなく」と書いていたが、この戦争については開戦当初から、その名分や大義が各方面で問題になっていた。

二月十九日に征討総督に就いた有栖川宮熾仁親王は二月二十八日には、九州諸県に対して征討の理由を布告し、そのなかで、

「彼ら（西郷ら）以下自らその名なきを悪《にく》み、東京巡査その他帰県した者数十名を縛し、負《お》わしめるに無根の偽名をもってし、強いて名義を設け、檄を全国に伝え、恣《ほしいまま》に兵器を携帯し、……＊203。」

として、西郷らが掲げている「政府へ尋問の筋これあり」を、まさしく、「強いて名義を設け」た「無根の偽名」と断じている。

†「西郷に拠らざれば」

こういった名分問題は、西郷に敵対する側から出ただけにとどまらない。西郷の決起に呼応して九州一円で多くの諸隊が立ち上がるが、その諸隊でも、西郷の決起に名分がないことを問

題にしていたところが少なくない。

熊本学校党を率いた「熊本隊」の池辺吉十郎は、

「西郷は徒《いたずら》に刺客のことをもって名と成す。我が党がこれに従う謂《いわ》れはないと云えども、この老雄にして事を挙げたるは天下の大機会なり。……。（我が党は）別に一旗幟《きし》を立て、禁闕《きんけつ》保護を旨とし、薩軍と提携して事に従うべし。」

として、千三百余人の同志を集め、「皇統無窮《むきゅう》、奸臣除去、国運挽回、外夷統馭《とうぎょ》」を旗印にして挙兵する[*204]。

また、熊本の民権党を率いる平川惟一《のぶかず》や宮崎八郎も同様に、西郷らの決起には名分がないとしつつも、「西郷に拠らざれば政府を打倒する道なく」云々として、熊本協同隊を立ち上げ戦場に駆けつける[*205]。

†板垣の憤慨

板垣退助もまた、明治六年の西郷の朝鮮遣使の際には最大の協力者であったが、この戦争については、開戦後少したってのことになるが、十年六月二十日付の東京曙《あけぼの》新聞の紙面で次のように激しい論難を加えている。

「今回の挙たるや、大義を失い名分を誤り、実に賊中の賊なる者にして、前の江藤、前原が輩より数等の下級に位せり、……。わずかに自己の私憤を発洩《はっせん》せんとして人を損じ、財を費やし、しこうして逆賊の臭名を万載《ばんさい》に流すとはああ何の心ぞや。」

誠に辛辣《しんらつ》だ。板垣もまた、西郷らが最初から戦争のために挙兵したと見ている。板垣がこれを寄稿した六月二十日のころと言えば、後述するように、すでに勝敗の帰趨は明瞭ななか、西郷らはなお、西南の各地を戦火に巻き込みながら戦闘を繰り広げていた。この時期の板垣の発言には、何らかの政治的思惑もあったのかもしれないが、板垣としても、その惨状と無益には、已《や》むに已まれぬ気持になって、この激しい舌鋒となったのであろう。

しかしこの板垣も、西郷が決起したころには、それに呼応すべきかどうか、迷った一人であったと思われる。自身が主宰する高知立志社はこのとき、同志の林有造や大江卓らが、やはり西郷決起の名分よりも、その機会に掛けるべしとして高知で挙兵を企て、後には投獄もされている（立志社の獄）。

†木戸の慨嘆

木戸孝允《たかよし》は京都で病床に就いて、五月二十六日に息を引き取るが、その木戸も、死ぬ数日前に「西郷、いい加減にせんかい」とうわごとを発したという話が伝わっている。木戸はまた、それより一カ月ほど前の四月二十四日の日記に次のように書いている。

「実に今度の戦争は、双方でほとんど二万に近い死傷者があり。……、人民の疾苦《しっく》艱難《かんなん》、実に堪えざるなり。しかし、そのもとを考えれば、西郷隆盛ほか数人を大久保利通、川路利良らが暗殺する云々の一事に過ぎない。

そのため西郷らが大兵を率い、武器を携え干戈を起こし、国家の大憲を犯したにつき、止むを得ずこれを糺《ただ》すため大典を挙行したが、もし、彼らを一席にして互いに詰問し合えば、事は数人のあいだに留まり、事実無根と判明したときは、たちまち互いに了解し、人民がこのような惨害をこうむることはなかった。実に嘆かわしいことだ。」

西郷らと大久保・川路らが「一席にして互いに詰問し合えば」、それで事が収まるとはとても思えないが、木戸はこの戦争の原因をやはり刺客問題にあると見て、「西郷隆盛ほか数人を大久保利通、川路利良らが暗殺する云々の一事に過ぎない」と言う。この戦争を、木戸はまるで薩摩の兄弟げんかのように見ていたことになる。

もし、そのために内戦を起こし「二万に近い死傷者」を出し「人民の疾苦艱難」があったのであれば、それはまさしく「実に嘆かわし」く、およそ国の指導者たちのやることではない。大義名分どころか実に低劣で、これほど馬鹿げた戦争はないことになる。

†「西南戦争」の呼称

この十年の内戦を「西南戦争」と呼んで、その呼称が教科書や年表などでも使われているが、それは果たして適切な呼び方と言えるだろうか、考えさせられる。少なくとも、この戦争が、これより先に起きた佐賀の乱や萩の乱などの士族の反乱とその性格を異にするところはない。

確かに、先のものに比べて、戦闘の規模・期間や死傷者数・国家的損失において格段の違いがあるが、いずれもが不平・不満士族の反乱であることに変わりはない。「薩英戦争」や「下関戦争」といった呼び方もあるが、これらはどちらも外国艦隊の報復砲撃で起きたもので、戦闘があったのはたかだか二、三日である。いずれにも「薩長史観」の臭味が感じられる。

十年の内戦は、板垣によればむしろ、「前の江藤、前原が輩より数等の下級に位せり」ものであり、また木戸によれば、「そのもとを考えれば、……暗殺する云々の一事に過ぎない」、「実に嘆かわしい」内乱だ。

この戦争も、もとは「乱」や「西南の役」、「西南戦役」などと呼ばれていた。それが「西南戦争」と呼ばれるようになったのは、政府軍（官軍）が鎮定するのに七カ月も要したことに加えて、西郷が後に賊名が取り除かれて復権したこと、それに、維新の英雄西郷が戦った戦争で、かつ、その一統が見事に死んでいったことなどがあったからではないか。

この内戦については、さらに、西郷ら本人たちに開戦の意思がなかったことを考え合わせれば、「西南戦争」などと呼ぶよりも、「西南の変」とでも呼ぶべきではないか。抵抗感を持たれる向きも多いと思われるが、本書ではそれを採用したい。

第十二章　西南の変

1　開戦

　別府晋介率いる薩軍先鋒隊が二月二十一日に川尻《かわしり》（熊本市南区）で鎮台の偵察隊と接触して小競《こぜ》り合いをしたあと、翌二十二日には本隊が続々と熊本城下に入って本格的な戦闘になる。ここに明治十年の内戦の戦端が開かれたことになる。

　同日夜には城北の植木（熊本市北区）でも、薩軍と乃木希典《まれすけ》が率いる熊本鎮台小倉分営の支援部隊とのあいだで戦闘が始まり、二十四日からは高瀬（現・熊本県玉名市）で、福岡・久留米《くるめ》方面から南下してきた陸軍少将野津鎮雄率いる第一旅団と陸軍少将三好重臣率いる第二旅団等から成る「政府正面軍」とのあいだで会戦が始まる。

　県令の大山綱良は「明治十年二月二十七日」付で右大臣岩倉具視宛に次の文書を送っている。

「先般、陸軍大将西郷隆盛ほか上京の事件に付きお届けに及んだ通り、各府県鎮台へも通知致しましたところ、熊本鎮台は西郷発程の頃より県下へ放火し、鎮台により発銃に及んだので、西郷随行の者ども止むを得ず戦争に及んだ段、通知があったので、取り敢えずこの段お届けに及ぶものなり。[*206]」

おそらく西郷からの依頼によって、県令大山が届け出たのであろう。

†東上阻止

二月二十七日の高瀬の会戦で早くも、西郷の末弟・西郷小兵衛が戦死（享年二十九）し、また、翌二十八日には満十六歳になったばかりの息子の菊次郎が足に銃弾を浴びて倒れる。菊次郎はすぐに川尻の野戦病院に運ばれ右足膝下切断の手術を受け、その後は医療隊とともに戦地を転々とする。鹿児島をたってたった十日ほどで、西郷は早くも末弟を失い、我が子が身体の一部を失う厳しい現実にさらされる。

西郷は三月二日に鹿児島の県令大山に手紙を送り、そのなかで、

「筑前・筑後（福岡県）あたり蜂起の様子に聞かれ、大坂は土州（土佐）より突出、もはや攻め落としたという風評もあり、すぐさま探索人を差し出しておきました。」

と伝えている。西郷らはやはり、自分たちが決起して東上すれば、各地で呼応する者が出る

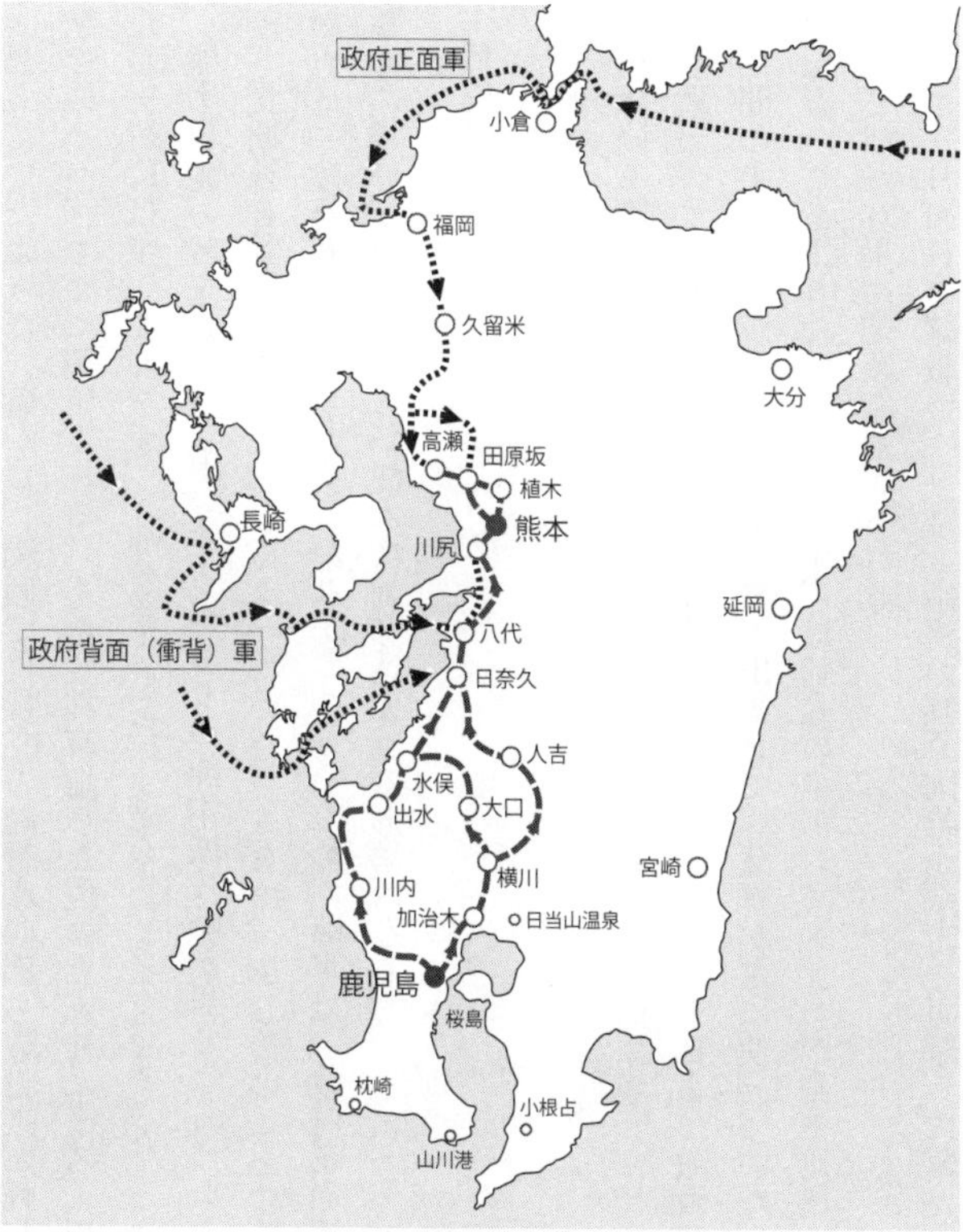
政府正面軍
小倉
福岡
久留米
大分
高瀬
田原坂
植木
長崎
熊本
川尻
延岡
八代
政府背面（衝背）軍
日奈久
人吉
水俣
出水
大口
横川
宮崎
川内
加治木
日当山温泉
鹿児島
桜島
枕崎
小根占
山川港

薩軍進路図

と思っていたようだ。確かに、福岡で民権党の越智《おち》彦四郎ら数百人が蜂起し福岡県庁などの襲撃を図るが、すぐに鎮圧される。また、林有造ら土佐の立志社による大坂鎮台襲撃計画もあったが実行には至っておらず、「攻め落とした」などというのはまったくの「風評」であった。

熊本現地の戦況も、「一蹴」するつもりの熊本城攻略が思うようにいかず、このころにはもう、長期戦を覚悟せねばならなくなっていた。さらに、少し後のことになるが、八代《やつしろ》方面から新たに「政府背面軍（衝背軍）」が北上してきたため、薩軍は「政府正面軍」とのあいだで挟み撃ちに遭い、東上どころか熊本に封じ込まれる形勢になる。

†「何の故ぞや」

三月四日からは後に、

「雨は降る降る人馬（陣羽とも）は濡れる。越すに越されぬ田原坂《たばるざか》」

と歌われて有名になる田原坂の攻防戦が始まり、三月二十日まで激戦が繰り広げられる。この期間の半分以上が、雨が降るか霧の出る日で、薩軍が主に使っていたエンフィールド銃は火薬が湿ってあまり使い物にならず、最新式のアームストロング砲や元込め式のスナイドル銃を使っていた官軍に苦戦を強いられる。

この三月四日の緒戦で、早くも副将の篠原国幹が敵方の狙撃兵に撃たれて死ぬ。篠原を狙撃させたのは薩摩出身で、かつて篠原近衛長官のもとで隊長を務めたこともある江田国通《くにみち》少佐だった。しかし、その江田も、このあとすぐに薩軍の銃弾を浴びて死ぬ。

政府軍の最前線で戦った部隊には、多くの鹿児島出身兵が配置されていた。第一旅団の会計部長をしていた川口武定は、『従征日記』の三月九日の条に次のように記している。

「薩摩の人をもって薩摩の賊を討つ。賊将の名は皆、その知るところなり。また、我が旅団の兵卒に薩摩の人多し。互いに接近し、その声を聴けば、皆、知友あるいは親族なり。……。親族・朋友あい仇視《きゅうし》するは、そもそもまた何の故ぞや。*207」

この十年の内戦は、相手の顔がわかる者同士が至近距離で殺し合う、まさしく骨肉相食《あいは》む戦争であった。しかもこの戦争は、川口の言うように、熱烈な私学校党員や諸隊の兵員を除けば、多くの兵隊たちにとっては、「そもそもまた何の故ぞや」と問い返したくなるような戦争であった。

†「天子征討を私するもの」

開戦して十日あまりで、早くも、副将で一番大隊長の篠原と一番大隊小隊長の弟小兵衛を失った西郷の落胆は大きかったはずだ。彼らの死はまた、指揮官が前線の先頭に立って戦う薩軍の戦い方をよく示している。篠原が死んだ日の翌三月五日に、西郷は県令大山が送って来た使者に次の手紙を持たせて帰らせる。

「(前略)長崎県より征討のお達し(「鹿児島県暴徒征討令」)が電信をもってあり、御承知の段のお受書を差し出されるようですので、それを幸いに、長崎県にお託しになって、征討将軍宮様へ別紙を差し出して下されたくお願い申し上げます。

この上でもなお、宮を押し立てて来るのであれば、打ち据えてしまうつもりですので、なにとぞ右の計らいお手数ながらよろしくお願いします。」

西郷はここで、鹿児島県庁が「鹿児島県暴徒征討令」の「お受書」を長崎県を通じて差し出す際に、併せて「征討将軍宮様へ別紙を差し出して」ほしいと大山に頼んでいる。

この西郷の大山宛の手紙と「別紙」はともに、『大西郷全集』第二巻の口絵に現物の写真が「大山家所蔵」として載せられている。それによると、ともに西郷自筆で、「別紙」は宛名が「征討将軍宮様」で送り手は「大山綱良」として書かれた次のものである。西郷が大山の手を介することなく、直接そのまま差し出せるように書いたものである。

「今般、陸軍大将西郷隆盛等政府へ尋問の次第これあり、出発しましたところ、熊本県は未然に庁下（城下）を焼き払い、あまつさえ、川尻駅まで鎮台兵を押し出し砲撃に及んだために、ついに戦端を開く場合に立ち至りました。

しかるところ、九日（十九日の誤りであろう）には征討の厳令を下された由、畢竟、政府においては、隆盛等を暗殺すべき旨を官吏の者に命じ、事が成る前に発露に及んでしまいました。これでは人民が激怒するのは理の当然でしょう。……。

恐れながら、天子征討を私するものに陥り、千歳の遺憾このことと存じます。特に、万国に対してどのような名義が立ちましょうや。たとえ政府において、当県の人民は誅鋤《ちゅうじょ》（殺され）し尽されても、必ず天地の罪人がいることに疑いはなく、まず政府首謀の罪根を糺《ただ》され、その上でなお県下の人民に暴動の挙動があれば、いかようにも厳罰に処せられればよいことと存じます。

このときに当たり、閣下、天子のご親戚にあらせられながら、ご失徳に立ち至られないようご心力を尽くされるべきところ、かえって、征討将軍となられご発駕《はつが》なられている儀、何とも意外千万のことにございます。ついては、天に仕える心をもって、よくご熟慮あらせられ、ご後悔なされるようなことがないよう、ひとえに希望いたします。よって、口供書を添え進献申し上げます。[*208]」

西郷の無念と腹立たしさがよく表れている。出だしの文章で、「政府へ尋問の次第」があって「出発」したが、熊本鎮台側が戦争準備をし、砲撃してきたから「ついに戦端を開く場合に立ち至り」として、自分たちに戦争を起こす気はなかったことを申し立てている。西郷が最もはっきりとしておきたかったことであろう。前掲のように、県令大山が右大臣岩倉具視に通知していた件でもある。

続いて、刺客問題に移る。西郷が「政府においては、隆盛等を暗殺すべき旨を官吏の者に命じ」た「天地の罪人がいることに疑いはなく」としているその「罪人」というのは、大久保利通・川路利良を指す。

しかし本来なら、西郷ともあろう人物が、自分に対する暗殺計画を大問題にするなどといったことは考えにくいことだ。西郷自身、若いころは薩摩藩の奸臣や「奸女」の殺害を目論んだことがあるし、逆に幕末に指導者になってからは刺客に狙われることはたびたびあった。この当時、有力な政治指導者が暗殺の対象にされることはいくらでもあった。岩倉具視は明治七年一月に赤坂喰違坂で襲撃され九死に一生を得ているし、少し後のことになるが、大久保利通は明治十一年五月に紀尾井坂で刺客に襲われ殺されている。

それに何と言っても、自分に対する暗殺計画のことで、一万人を越える兵を率いて上京するなどといったことは、先述のように、およそ常識では考えられない。西郷自身、二年足らず前の篠原国幹宛の手紙で、日本政府がいきなり朝鮮に軍艦を送ったことを論難して、「開口〈話し合いを始めること〉こそ肝要で、……。大臣の中から誰かを派遣し」云々と書いていた。この論理に従えば、「政府へ尋問の筋」があるのなら、まさしく「開口こそ肝要で」同志のなかから「誰かを派遣」すればいいことである。

†パークスの評定

また、西郷は上で「特に、万国に対してどのような名義が立ちましょうや」と書いているが、これは、あまり的《まと》を射た抗議にはなっていない。

実際、「万国」側から西郷が言うような疑問や意見が出されたことはなく、実際にはむしろ逆で、英国公使ハリー・パークスは、西郷軍の進発を本国のダービー外相に二月二十七日付の報告書で次のように伝えている。

「西郷とその共謀者は、自分たちの手段に合法性の外観を与えるべく、自分たちは御門《みかど》〈天皇〉の将軍として行動しているのであり、大部隊を率いて鹿児島から進軍する目的は、政府を尋問することであると宣言しているが、これは納得しがたいばかりでなく奇異である。[*209]」

かつて、西郷と慶応二年には友好的に会見したパークスでさえ、政府側の措置に何ら疑いを持つことなく、むしろ、西郷側の行動を「奇異」と言う。

ここで、パークスのこの戦争に対する見解をもう少し見ておこう。パークスは上のものに続いて三月十日と十二日にも本国に報告書を送っているが、そのなかで西郷らの決起を分析し、次のような事項をもって伝えている。

「船舶がなければ実現不可能なかかる計画を立てるとは、叛徒が自国の状態について奇妙なほど無知であり、たとえ自分たちの言い分にきわめて不利な結果を招こうとも、ためらうことなく絶望的な行動に出ることを暴露している。」(三月十日付)

「薩摩士族は自分たちの力を過信してはいなかったか。」

「薩摩士族は自藩の威信と、その指導者(西郷)の名声と、この二つのものへの信頼によって、判断を誤りはしなかったか。」

「二、三年前ならば、かれらは江戸へ進軍できたかもしれないが、現在では国論によって大いに支持されないかぎり、かかる目標がなし遂げられる見込みはない。しかし、サトウ氏が聞かされたように、これこそがかれらの目的なのであり、かれらは政府が驚愕のあまり、本気で抵抗を試みないだろうと信じ込んでいる。」（以上、三月十二日付）

いずれも、日付からして、西郷らが進発して一ヵ月以内に得た情報であり、そのもとでの評価や判断である。情報収集の敏速さと正確さ、そして、それらにもとづく的確な評価と判断には驚かされる。外国人の彼ら故に、客観的にできたことなのだろうか。

†「条理に斃れる見込み」

なお、上の「征討将軍宮様」宛の書状は西郷直筆のものが「大山家所蔵」でのこっているそうであるから、大山が実際にこの文書を征討総督の宮に差し出したかどうか疑われる。また、書状の中身からしても、「天子征討を私するものに陥り」とか、征討総督の有栖川宮に対して「ご後悔なされるようなことがないよう」などと天皇や皇族を誹謗する言葉があり、大山が自分名義で差し出せたかどうかきわめて疑わしい。

西郷はこのあと三月十二日にも、大山から勅使・柳原前光《さきみつ》が三月八日に来航して島津久光・忠義父子に賊徒鎮撫に尽力せよと命じる勅書を授けたとの連絡を受け、それに返書して次のように書いている。

「来船（勅使・柳原の来航）の次第承知致しました。下拙（私）どういうことかわかりかねますが、敵方は方策も尽き果てて調和（和睦）の論に落ちたのでしょうか。

畢竟、敵方では、熊本が落城するようなことになれは各県で蜂起する事態になるので、全力を熊本に尽し、もしこれがうまく行かなければもう致し方なく、これを切りに他の策を立てないと確かに聞きました。

そこで相手の策に乗ってこの籠城を餌にし、四方からの敵方の寄せ手を打ち破れば、ここで勝敗が決することになります。地の形と言い人気と言い、そのところを得ていますので、我が兵ももっぱらここに力を尽くしているところで、すでに戦いも峠を越え六、七分のところに来ています。今や、孟賁《もうほん》（古代中国の猛将）であっても再び戦勢を盛り返す機会はあるまじく、よほど敵の兵気もくじけ、……。

征討総督の令（前掲の有栖川宮征討総督の布告）が出ましたので差上げておきます。暗殺の件はまったく打ち消し、合戦を幸いにした内容で憎むべきやり口です。しかる上は何ぶん、曲直文明にならなければ鎮撫もヘチマもなく、まったく条理に戻りませんのでご尽力下さい。

最初より、我等においては勝敗をもって論じるわけではなく、もともと一つ条理に斃《たお》れる見込みのことですので、よくよくその辺はお汲み取り下さるようひとえに希望します。」

西郷がこの手紙を書いた三月十二日のころは、田原坂ではまだ一進一退の激戦が続いていたが、二十日には政府軍に田原坂を突破され薩軍は南に後退している。しかし、西郷がこれを書いた時点でも、戦況はとても「敵方は方策も尽き果てて調和の論に落ちたのでしょうか」や、「すでに戦いも峠を越え六、七分のところに来て」、相手方が「再び戦勢を盛り返す機会はあるまじく」などと言えるものではまったくなかった。現実の戦況はむしろ逆であったが、やはり、戦争のただなかにいる者として、強気の姿勢を崩すわけにはいかなかったのだろう。それでも、手紙の終わりには、

「最初より、我等においては勝敗をもって論じるわけではなく、もともと一つ条理に斃れる見込みのこと」

と、進発時からの信念を書いている。

勅使・柳原は三月十三日に鹿児島をたって帰航の途に就くが、その際、県令の大山綱良を拘束する一方、捕縛されていた中原尚雄ら「視察団」の一同を解放して、それらの者を連れ帰る。そのため、西郷が三月十二日付で書いた上記の手紙は大山のもとに届いたかどうかはわからない。大山はそのあと神戸に移され三月十七日には県令を罷免され、その後長崎で裁判に掛けられ、九月三十日に斬首の刑に処せられている。

2 熊本撤退

さて薩軍は、田原坂から後退して、再び植木南部で堡塁《ほうるい》を築き二十日余り善戦するが、やがて八代方面から「政府背面軍（衝背軍）」が北上して来ると、挟み撃ちに遭い、持ちこたえられなくなる。

この「背面軍」というのは日奈久・八代方面から北進してきた軍団を言う。「背面軍」の征討参軍には陸軍中将黒田清隆が就き、その兵員数は最終的には七千人規模になる。

†英傑の相次ぐ死

この「背面軍」との会戦で、薩軍側では四月六日に八代で熊本協同隊の宮崎八郎が戦死し、四月十二日には御船《みふね》で永山弥一郎が戦死する。

宮崎は若くして東京に出て中江兆民に学び自由民権の運動家になるが、帰郷後、西郷の決起に呼応して、熊本で平川惟一ら民権家と熊本協同隊を立ち上げて参戦する。戦場に立って早くに勝つ望みがないことを悟るが、戦場を離れることなく戦い続け、八代の戦闘で被弾して死ぬ。享年二十六。惜しまれる若き傑物の死であった。

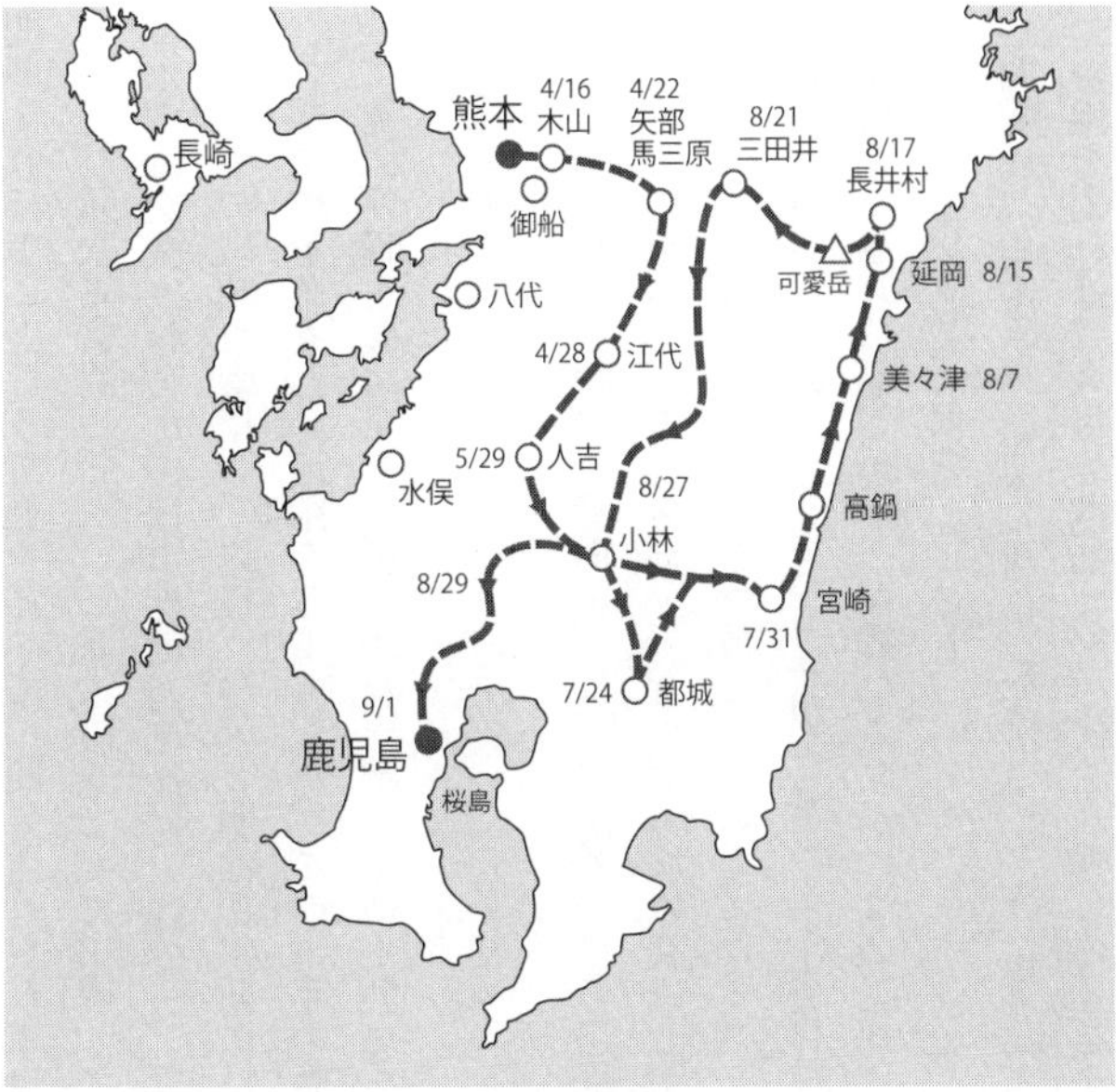

薩軍本隊退路図

永山は、御船で村の役人から薩軍側が臨時の募兵をしているのを止《や》めさせてほしいと頼まれ、それを止めさせ、自ら御船に乗り込んだものの敵兵に囲まれ、民家に入って火を放ち自刃したと伝えられている。永山はそのとき、

「天運すでにきわまり　命数すでに尽く　これすなわち吾が湊川なり」

という、簡潔な辞世の句を遺している。

永山は先述のように、二月五日の私学校での集会では大軍による上京に反対し、刺客問題については西郷・桐野・篠原らが上京して問罪すればよいという意見を述べて、聞き入れられず自身の出征も拒否していたが、桐野らによるたび重なる説得に折れ、三番大隊長として出陣していた。

永山は文久二年の寺田屋事件に西郷従道・篠原らとともに連座して処分を受けるが、「薩英戦争」での戦功で復権し、以後、幕末と明治初年期には黒田清隆や川村純義らのもとで戦い、どの部署でも華々しい活躍をしてきたが、この十年の戦場ではその二人が指揮を取る官軍と戦って死ぬ。理と義に生きた鮮やかな三十九年の生涯であった。

†熊本城開通

四月十四日の会戦で「背面軍」は薩軍が死守する川尻を突破し、そのあと元・会津藩士の陸軍中佐・山川浩率いる部隊がいっきに熊本城に突入して開通に成功する。ここに、籠城軍は五十余日ぶりに政府軍によって解放されることになる。

他方、薩軍はこれによって、「一蹴」せんと手を付けた熊本城攻略に失敗し、城下から退却を余儀なくされる。しかし、西郷はさすがにこの退却には反対したようで、野村忍助の獄中証言（『西南之役懲役人質問』）によると、

「西郷は二本木（現・熊本市西区）にあり、人々（西郷に）引き上げのことを勧めたが、西郷曰く、この地を去れば、人気《じんき》も散乱せん。快く一戦して死を決すべし。*210」

と述べたとある。

しかしそれも、結局は桐野らに差し止められ、城下から東方十キロほどの木山（現・益城町《ましきまち》）に退却するが、やはりこのときが、西郷の言う通り「死を決すべし」ときであった。また、初心の通り「一つ条理に斃れる見込み」の実行のときでもあった。「政府に尋問の筋これあり」と掲げて率兵上京の途に就きながら、熊本で開戦となり、その熊本から一歩も東上できなくなった段階で、「尋問」の道は閉ざされ、戦争の勝敗もほぼ決していたからだ。

征討参軍の山県有朋は開通に成功した熊本城に入り、四月十七日付で西郷に自裁をもって終戦を図れとする長文の手紙を送る。しかし、その手紙はこのとき、西郷のもとにうまく届かず、後に、城山総攻撃前日に再びそれが西郷のもとに届けられることになる。

木戸が五月二十六日に死ぬ少し前に「西郷、いい加減にせんかい」とうわごとを発したと言われるのも、また、板垣退助が六月二十日の東京曙新聞紙上で、「わずかに自己の私憤を発洩《はっせん》せんとして人を損じ、財を費やし」と公憤を顕わにしたのも、このあとのことである。

†潰走に継ぐ潰走

西郷は四月二十二日に矢部（現・熊本県上益城郡三都町）の本営をたって人吉（熊本県最南部の現・人吉市）に向かう。そのあと熊本にいたすべての隊が人吉に向かって退却するが、途中の江代《えしろ》（熊本県球磨郡水上村）で、野村忍助率いる部隊は、なお小倉進出を狙って大分方面に、また別府晋介らの率いる鹿児島分遣隊は補給基地確保のために鹿児島に向かう。

本隊は人吉で再起を期すため長期防衛戦の構えを取るが、政府軍の三方面（北の熊本、西の江代、東の佐敷）からの攻撃に持ちこたえられず、結局は六月一日の一斉攻撃で追われて都城に退く。そこでも一時、攻防戦を展開するが、やはり潰走《かいそう》して宮崎に退く。

西郷自身は、このころにはもう、敵の攻撃で危険が迫る二、三日前にはその先へと退避するのが慣例になっていた。西郷は薩軍の象徴であり、薩軍にとっては失ってはならない絶対的な存在であった。そのため、敵からは無論、自軍の兵士たちからもその居場所は隠されていたようだ。世間では、

西郷隆盛や　仏か神か　姿見せずにいくさする

と歌われている。

人吉の陥落前後から、薩軍と同盟して戦ってきた諸隊から投降者が続出する。薩軍でも、徴募兵の多い部隊では逃亡や投降する者が続出した。彼らのなかには無理矢理に連れてこられた者も多く、もともと戦意は高くない。それに、どの部隊でも一日一食といった食料不足と弾薬

欠乏のため、実際上、戦おうにも戦えない状況になっていた。

そのため、政府軍側はこのころから、あの手この手で投降誘導策を講じ、なかには部隊ごと投降させて、そのまま政府軍に組み込むようなことまでやっている。薩軍側から「官軍のために働きたい」や「前科を償いたい」などと、投降を申し出る者もいたようだ。

戦場というのは、どの戦争でも異常と残酷の横行する所だが、この十年の内戦は特に「朋友殺し合い、骨肉あい食《は》む」戦争であったこともあり、互いの憎悪や恐怖心も極限に達していたのだろう、戦場では一段とおぞましい事件が頻発している。

従軍日記や戦記には、兵士や懲役人たちが死んだばかりの戦士の死体を新鮮な肉として食ったり、兵士が「試《ため》し切り」と称して死体を切り刻んだり、男性器を切り取ったりした記事が出てくる。このような戦場では、正常心を維持することは困難で、狂気によってこそ戦いを続けることができ、また、生きながらえることができるのだろう。

†「斃れ尽くし」

宮崎でも、七月三十一日に政府軍の一斉攻撃を受けて薩軍本隊は北に逃れ、美々津《みみつ》で戦い、さらに北の延岡へと退却する。西郷は美々津での戦闘開始直前の八月六日に、各隊長宛に次の回文をまわしている。

「各隊尽力の故をもって、すでに半年の戦争に及んでいる。勝算目前に見える折柄、遂に兵気衰え、終《つい》に窮迫余地なきに至ったことは遺憾の至りである。兵の多寡強弱においては差違なく、一歩たりとも進んで斃れ尽くし、後世に醜辱を残さないようご教示下さるよう。

八月六日　　　　　　　　西郷吉之助」

「勝算目前に見える折柄、遂に兵気衰え」など、文章上も混乱が見られる。「兵の多寡強弱においては差違なく」と言うが、このころには、兵数は激減し武器弾薬も欠乏して、政府軍に対して正面切って戦える状態ではなかった。もう降伏か玉砕をしない限りは、敗走を重ねるほかはなかったのである。

延岡でも八月十四日の政府軍の攻撃に遭って敗走し、薩軍は和田越（現・延岡市無鹿町）の北川河口近くに本営を移し、最後の決戦に臨むことになる。西郷はこのとき初めて、周囲の反対を押し切って戦場の陣頭に立つ。

政府軍は薩軍の本営から二キロほどの樫山《かしやま》に本陣を置き、総司令官山県有朋が戦場を見下ろすなか、八月十五日に薩軍と政府軍の最後の総力戦が始まる。しかしこのとき、薩軍の兵力はすでに三千五百人ほどに減り、弾薬・食料も尽き、政府軍五個旅団の四万余の兵力に対してはいかんともしがたく、一日にして長井村方向に追いやられる。

政府軍はこの戦線には、日向灘の北川河口付近に日進・丁卯《ていう》・鳳翔《ほうしょう》・清輝《せいき》の軍艦四隻を配備し、西郷の弟の西郷従道や従兄弟の大山巌もこの地に来て、川村純義参軍とともに戦況を見守っている。彼らもおそらくは、これが最後の戦いになり、西郷終焉《しゅうえん》の地になると見ていたのだろう。しかし、実際にはそうはならなかった。

3　終焉の地へ

†諸隊隊長の投降宣言

美々津で敗退して以来、薩軍側では八月十二日から十七日にかけて、飫肥《おび》隊・熊本隊・熊本協同隊・龍口隊など諸隊の投降が続く。龍口隊の隊長・中津大四郎は隊員を集め、一時の恥を忍んで投降し、「素志」を開陳して処分を受けよと命じ、自らは敗退の責任を取ってこの地で自決する。享年三十三。

熊本協同隊は「主幹」（隊長）の平川惟一が三月初旬の緒戦で戦死していたため、崎村常雄が代ってそれに就いていたが、その崎村が八月十七日に、官軍出張長官に次の降伏陳述書を差し出す。崎村はこのあと収監され、もともと病体を押して戦場に出ていたこともあって、間もなく死亡する。享年三十一。

「僕ら今般、官兵に抗する所以《ゆえん》のものは大義信じるところありて然り。しこうして終《つい》に、今日の極《きわみ》に至り、食竭《つ》き矢尽きる。もとより刀槍のあるをもって一戦はなお快《こころよ》しとすべしといえども、互いに無益の死傷、僕ら心に為すに忍びず。……。僕らの素懐を述べ、しこうして後《のち》、斧《ふ》鉞《えつ》（おの・まさかり）を受けん。貴官これを察せよ。*211」

崎村はこれより四カ月ほど前、四月六日に八代で副長格の宮崎八郎を失い、中旬に御船で惨敗を喫したとき、隊員を協同隊本営に集めて、すでに次のような宣言を発していた。

「（前略）勝敗の行方はすでに定まる。悲しむべし。……。ここに至りては、……、帰りて、その父母妻子に対する義務を尽くすもまた、人生の大任を尽くす所以《ゆえん》なるを思えば、余は、諸君の身体を自由にせんことを切望せざるを得ず。

余は宣言する。吾人と共に勝算なき戦闘を継続せんと欲する者は留まれ。父母妻子に対する任務を全うせんと欲する者は去れ。*212」

崎村は戦争の「勝敗の行方はすでに定まる」として、「余は、諸君の身体を自由にせんことを切望せざるを得ず」、「父母妻子に対する任務を全うせんと欲する者は去れ」と言う。兵士の心情を慮《おもんぱか》って、今日から見ても、見事な解隊宣言である。上の降伏陳述書と言い、この解隊宣言と言い、実に胸を打つ。

†西郷の告諭

薩軍は和田越の決戦でも破れ、今や兵数は二千人程度に減り、もはや政府軍と同格に戦える力はない。西郷は八月十六日に次のような告諭を発している。

「我が軍の窮迫、ここに至る。今日の策は、ただ一死を奮いて決戦あるのみ。この際、諸隊にして、降《くだ》らんと欲する者は降り、死せんと欲する者は死し、士の卒となり、卒の士となる、ただ欲するところに任せん[*213]。」

この告諭をもって西郷の「解軍宣言」や「全軍の解散宣言書」などと称する歴史家が多いが、そのように理解してよいとは思えない。告諭は確かに、降伏したい者は降伏してよいと告げているが、降伏して士分の者が卒（卒族＝最下級武士、小者）になるのも、死んで卒の者が士分になるのも自由だとして、やはり降伏を恥ずべきものとしている。それに第一、文中に「ただ一死を奮いて決戦あるのみ」とある。むしろこれは、最後に至って、「一死を奮いて決戦」に臨む者を篩《ふるい》にかけているものである。

上の崎村のものにくらべると、その違いは歴然としている。西郷はそもそも、自分は無論、薩軍の兵士についてもまた、ここに至ってなお生き残ることの意味を認めず、むしろ恥辱と見ている。西郷も、人並以上に父母兄弟や妻子への情愛と責任感を持っている。しかし、武士の職分として、また戦場に立つ戦士として、それらの思いはとうに断ち切っている。そしてまた、戦場で闘死することこそ戦士の本懐と信じているのである。

西郷はまたこの日、傷病兵と従軍している医師の全員に残留を命じ、病院にいた息子菊次郎にも従僕の永田熊吉を付けて降伏を命じている。菊次郎はこのあと、熊吉に背負われ叔父・従道のもとに出頭したと言われている。

村田新八もまた、米国帰りの長男の岩熊はすでに植木の戦いで死なせていたが、大口方面の戦闘で負傷して病院にいる次男の二蔵に形見の品を渡し、生きて父の遺志を継ぐよう命じたと言われる。

†可愛岳越え

政府軍が五万に達する兵員をもってほぼ包囲を完了したなか、八月十七日の夜半、西郷ら五百名ほどが長井村から脱出を開始する。このとき、佐土原隊長島津啓次郎、高鍋隊長秋月種事《たねこと》、福島隊長坂田諸潔《もろきよ》、中津隊長増田宋太郎らは、多くが先の龍口隊の隊長中津大四郎と同様に隊員に降伏を命じたあと、自身は残って西郷と行動をともにする。

飫肥隊の隊長小倉処平は和田越の決戦のときに重傷を負っていたため、行動をともにできず長井村で自決する。小倉は英・仏の留学経験を持つ開明的人物であったが、佐賀の乱のときは、飫肥に逃亡してきた江藤新平を土佐に逃し、この十年の内戦のときは、東京で大蔵省に出仕していたのを辞し、飫肥隊に加わって参戦する。まさしく、幕末の志士の血を引き継ぐ明治の志士と呼べるような人物であった。三十一年の生涯を長井村で閉じる。

小倉処平

地元民の道案内で夜半に可愛岳《えのだけ》越えを決行し、河野圭一郎と辺見十郎太が率いる先行隊が、夜明け前に山の鞍部《あんぶ》に達し、その台地に野営していた第一旅団と第二旅団の出張本営を発見する。これを管轄する本営には両旅団長の野津鎮雄と三好重臣が陣取り、可愛岳方面での包囲網の拠点としていた。河野らは哨兵の駐屯する出張本営の襲撃を決め、百名ほどの兵で夜明けとともに急襲する。不意を衝かれた出張本営は総崩れになって敗走し、河野らは大量の金穀・武器弾薬、それに大砲一門まで分捕《ぶんど》る戦果を挙げている。

官軍は、大軍をもってごく狭隘《きょうあい》の地に敵将一団を追い込みながら、第一旅団と第二旅団が本営を置く包囲拠点をまんまと破られて逃亡を許したことになる。日本の戦争史上にのこる大失態と言えよう。包囲網の総指揮をとった官軍司令長官山県有朋は自らの失敗を認め、鳥尾小弥太宛の手紙で「有朋、与《あずか》って罪あり」と書いている。*214

†故山へ

二十一日には、突囲(包囲網突破)に成功した四百数十名ほどが、集結場所に決められていた三田井(宮崎県高千穂町)に集合する。長井村出発時には目的地はまだ明確にはされておらず、熊本や豊後《ぶんご》(大分県)方面への逃避も選択肢に挙がっていたようだが、ここで西郷が行き先を鹿児島と裁定する。

死に場所はやはり故山と決めたのであろう。あるいは、特段に目的地がないなか、帰巣本能のようなものが働いたのかもしれない。いずれにしても、「政府に尋問の筋これあり」と掲げて進発しながら、熊本を越えて一歩も東上できず、結局は鹿児島にもどるのであるから、やはり、その逃避行は死出の旅とでも呼べるものであろう。

もっとも、鹿児島以外の各地で決起した諸隊にとっては、故山に向かう旅にはならない。特に、中津隊や熊本の諸隊からすれば、故山に帰りたいのなら、三田井からは、むしろ逆方向に下ればよいことになる。しかし、今となっては、誰もが西郷とともに行動すること以外には道はなかったのであろう。ともに九州中央山脈地帯を、尾根を行き、沢を伝い、ひたすら南下して、途中、遭遇する哨兵や政府軍部隊と戦闘を繰り返しながら、十日間をかけて鹿児島県境に到達する。

県境越えしてからは、待ち構える政府軍もいっそう増え交戦回数も増えるが、兵隊や巡査のほか、政府軍に協力した戸長・住民らも殺害しながら、九月一日には河野・辺見・貴島清らの率いる先鋒隊が鹿児島城下突入に成功する。先鋒隊は直ちに私学校や県庁を襲撃してそれらを奪取し、併せて城山も確保する。翌二日には西郷らも城下に入り、最終的には三百七十人ほどが城下入りを果たす。

†官軍指揮の怪

薩軍残留組は八月十八日に可愛岳の包囲網を突破して脱出に成功し、九月一日にはまた、鹿児島城下突入に成功したことになる。この間、他方の政府軍はどのように動いたのだろうか。

五万もの兵で長井村包囲網を築きながら、それをむざむざと破られ、今回また、薩軍残留組の十三日間の逃走を許した上、簡単に鹿児島城下に突入されてしまったことになる。

鹿児島には以前から、新撰旅団兵四百名が駐屯し、それに、海軍兵百名と東京から送られてきていた巡査三百名ほどが市街の警戒に当たっていたと見られる。また、大久保内務卿の命を受けた岩村通俊が四月には大山綱良に代わって県令に就き鹿児島で職務に就いてもいた。

そんななか、たかだか百名ほどの河野ら率いる先鋒隊に城下突入を許し、その上、たちまちに新撰旅団の部隊が駐屯していた私学校や県庁を奪われてもいる。どう見ても、官軍側はいささか腑甲斐《ふがい》ない。県令岩村は書類・公金等を事前に軍艦上に移し、また、先鋒隊の突入直前には県庁幹部は艦船上に避難し、岩村は一時長崎で退避して九月六日に鹿児島に戻っている。

この戦争は本来、西郷一人を斃せば薩軍は瓦解し早期に終結できるものであった。山県有朋が四月二十三日付で西郷に書いた手紙（後掲）でも、「君早く自らを謀り」と書いて、自裁による戦争の早期終結を勧告している。もしかすると、政府軍幹部は、自らの手で西郷を殺すことに二の足を踏んでいたのかもしれない。それにしても、戦争早期終結の観点からすれば、政府軍（官軍）の指揮はおよそ拙劣と言わざるを得まい。

4 「城を枕に」

†募兵の怪

西郷は城下に入るや、さっそくその日にのうちに川内《せんだい》（現・薩摩川内市）で募兵活動をしている深見有常に次のような手紙を送っている。

「今日、鹿児島に突入したところ、案外兵数も少なく、……。早々打ち破り鹿児島表へ突出給わるようこれありたく、もっとも確かな説ではないものの、そちらの手、勃興（援兵決起）の趣きがわかりましたので、わざとお知らせかたがた、かくのごとくです。

九月二日　　　　　　　西郷吉之助」

いくぶん遠慮がちだが、援兵を送ってくれるよう依頼している。また九月五日には、本営名で宮之城地方の協力者に手紙を送り、

「……、隣の郷等へご相談され、有志の者はいっしょにご出発あるよう。路筋《みちすじ》等は……。」

などとして、やはり援兵を頼んでいる。

可愛岳越えの前日には、「降《くだ》らんと欲する者は降り、死せんと欲する者は死し」とする告諭を発していた。可愛岳越えに成功したあと、西郷が三田井で進路を鹿児島と決めたのは、そこを自分たちの最期の地とするためであっただろう。ここに来て、兵を募っても、死人や懲役人を増やすだけである。西郷は鹿児島を二月中旬に進発以来八月中旬になって初めて前線に立ち、自ら指揮をとって郷里に帰ることに成功した。もしかすると、その勢いをもって、さらに「一撃講和」(太平洋戦争末期に軍部で唱えられた言葉)ならぬ「一撃自決」をやる心境になっていたのかもしれない。

†壮士白兵戦に挑む

九月二日以降、海路・陸路を通じて政府軍兵隊が続々と鹿児島に到着する。そんななか、薩軍残留組の貴島清は決死隊を募り、九月四日未明に政府軍が厳重警護する米蔵の襲撃を決行する。

貴島は、西郷が六年に帰郷したあともそのまま東京に残り、そのあと熊本鎮台鹿児島分営長に就いたりもしたために私学校党員に嫌われ、薩軍の二月の進発には加わっていなかった。しかし、鹿児島に伝わってくる薩軍不利の報知にたまりかねて、途中から兵を募って戦場に駆け付けていた。その後、薩軍に加わってからも、一部私学校党員らとの不和があり、そのため本人は余計に各地の戦線で先頭に立って激烈に戦ってきていた。

そういった戦いぶりの終着点なのだろう。貴島はここに来て、薩軍残留兵の食料確保のための白兵戦に挑み、ついに壮絶な死を遂げる。享年三十四。夫人に次の歌を残している。

「かねてより　かくならんとは知りながら　今日の別《わか》れは悲しかりけり」

率直な言葉が涙を誘う。

この決死隊には、貴島の呼び掛けに応じて中津隊長の増田宋太郎も加わっている。増田は福沢諭吉の年少のまたいとこに当たり、慶應義塾で学んだからでもあるのだろう、中津隊が掲げた檄文には「下は人民天賦の権利を回復し」などとある。[*215]

西郷らが故山を終焉の地にしようとしているのに対して、増田は最後まで残った数名の中津隊員に大分《おおいた》の故郷に帰れと勧告する。隊員はそれに対して、それなら増田もいっしょに帰ろうと申し立てるが、増田はそのとき彼らに次のように応《こた》えたと伝わっている。

「余、城山に入りて、初めて西郷先生に接し、敬慕の念禁ずべからざるものあり。一日先生に接すれば一日の愛あり。十日接すれば十日の愛あり。故に先生のそばを去るに忍びず。先生とともにその生死を同じうせんことを誓えり。」

増田はこの鹿児島で死ぬ。享年二十八。

西郷にはやはり、人を引き付けるカリスマ性があったのだろう。とりわけ、この人とならいっしょに死んでもいいと思わせるような、人を包み込み安心させる人徳があったようだ。それは確かに、西郷自身が武将たる者が備えるべき資質の第一に置いていたものであった。

†最後の回文

九月二十二日、西郷は遂に各隊長宛に次の回文を送る。これが西郷の絶筆となる。

「今般、河野圭一郎・山野田一輔《いっぽ》の両士を敵陣に遣わした件、まったく味方の決死を知らしめ、かつ、義挙の趣意をもって大義名分を貫徹し、法廷において斃れるつもりなので、一統は安堵し、この城を枕にして決戦致すべきにつき、今いっそう奮発し、後世に恥辱を残さないように覚悟が肝要である。

九月二十二日　　　　西郷吉之助」

西郷はここで「義挙の趣意をもって大義名分を貫徹し」と書いている。しかし、「義挙の趣意」が何であり、何が「大義名分」であったのかははっきりしない。しかし、このように書くこと自体、やはり西郷が最後まで、それらのことを気に掛けていた証左にもなろう。

河野と山野田の両名はこの日、軍使として政府軍の陣中に入り、『西南記伝』によると、

「内務卿大久保利通、大警視川路利良、刺客を発し、西郷大将を暗殺せんことを図る。……、これを尋問せんがために、途に上らんとし、熊本に至るに及び、官軍の遮るところとなり、やむを得ずして兵端を開いたのも、これもとより吾人の志にあらず。[*216]」

と述べたとある。

ここでも、両名は刺客問題を言い、その上で、熊本で「兵端を開いた」のは「もとより吾人の志にあらず」と述べたようだ。西郷らのこれまでの一貫した主張である。

それに対し、両名と面会した参軍川村純義は、暗殺疑惑については法廷に「告訴糾問」すればよいことと一蹴《いっしゅう》し、両名が申し出た西郷の命乞いについては、都城陥落当時ならまだしもと、やはり拒否したようだ。

西郷はこの回文で、「この城を枕にして決戦致すべき」と伝えている。おそらく、この鶴丸城を枕に見事に闘死せよと言っているのだろう。最期はやはり、薩摩武士の気概を見せて死に

たかったのだろう。

†「君の素志にあらざるなり」

山野田が川村の回答と二十四日総攻撃の最後通牒、それに山県有朋の西郷宛の手紙を持ち帰り、河野はそのまま政府軍陣中に留め置かれる。

山県の手紙は熊本城開通直後に書いたものだが、そのときはうまく届けられなかったものだ。そのため、末尾に「明治十年四月二十三日、熊本において」と記されたままになっている。なかなかの名文で、十年の内戦に従軍して山県の書記役も務めていたジャーナリスト福地桜痴《おうち》（源一郎）の作とも言われているが、山県の心情がよく綴られている。長文のものだが、抜粋して一部を次に載せる。

「ひそかに有朋が見るところをもってすれば、今日のことは、勢いの止むを得ざるによるなり。君の素志にあらざるなり。有朋よくこれを知る。……。

今日、薩軍の公布するところを見るに、罪を一二の官吏に問わんとするに過ぎず、これ果たして挙兵の名義に適せりと言えようか。……。

ここにおいてか、そのことの非なるを知りつつも、壮士に奉戴《ほうたい》せられた（かつがれた）にあらざるや。しからばすなわち、今日のことたる、君はきっと初めより、一死をもって壮士に与えんと……。

交戦以来すでに数月を過ぐ。両軍の死傷、日に数百、朋友殺し合い、骨肉あい食《は》む。人情の忍ぶべからざるところを忍ぶか。いまだ、この戦いより甚だしかったものはない。……。

願わくは、君早く自らを謀り、一つはこの挙は君の素志にあらざるを証し、今一つは彼我の死傷を明日に救うの計を成せよ。

君の心事を知る者も、また有朋のみにあらず。何ぞ、公論の他年に定まるところを慮《おもんばか》らんや。故旧の情において、有朋切にこれを冀望《きぼう》せざるを得ず。君幸いに、少しく有朋が情懐の苦を察せよ。涙を揮《ふる》いてこれを草す。書、意を尽くすを得ず。*217」

山県は「今日のことは、……。君の素志にあらざるなり」、「非なるを知りつつも、壮士に奉戴せられた」と言う。こういう言い方は、山県に限らず、当時、多くの政府高官やその他の人たちがしたもので、後世の多くの歴史家たちもまた、これを今日に引き継いでいる。

しかし、実際にはどうであったのだろうか。確かに、決起の誘因になった鹿児島弾薬庫襲撃事件について見れば、そのような言い方ができるかもしれないが、決起に至る全体的な経緯や決起の意志そのものは、すでに詳論したように、決して「君の素志にあらざるなり」や「非なるを知りつつも、壮士に奉戴せられた」と言えるものではない。

西郷は明治九年三月に内田政風に書いた手紙では、

「私ども素志においては、ただ国難に斃れるのみの覚悟でありますれば、別に思慮これなく、もちろん退去（六年十月の下野）の節、今日の弊害を醸し来ることは見据えていたこと」

と、その初心を述べているし、また、桂久武に九年十一月に書いた手紙では、

「ひとたび動けば、天下驚くべきことをなすつもりで、含みまかりおる次第です。」

として、自ら決起の意思があることを伝えてもいる。

西郷は明治六年十月に大久保・岩倉らの君側の奸に強い憤りを抱いて下野して以来、郷里の鹿児島で私学校党員らに囲まれ、事あるごとにますます、政府への反発と敵愾心を募らせて行く。西郷が十年に起こした行動は、決して「非なるを知りつつ」や、ただ「壮士に奉戴せられた」などと言えるものではない。

†「挙兵の名義」

上で、山県もまた、西郷らの「挙兵の名義」を問うて、「薩軍の公布する」それは、「罪を一二の官吏に問わんとするに過ぎず、これ果たして挙兵の名義に適せりと言えようか」と問い掛け、刺客問題を「挙兵の名義」と見た上で、それを難じている。

西郷らにとっては、刺客問題は「政府へ尋問の筋これあり」を掲げて率兵上京するための名義であって、「挙兵の名義」ではなかった。山県にそれを「挙兵の名義」ととらえられて、「君の素志にあらざるなり。有朋よくこれを知る」と言われても、西郷としてはただ片腹痛かっただけであろう。しかし現実には、西郷らがいかに自分たちには戦争をする気がなかったと言い張っても、それは誰に理解されるものでもなかった。

山県はまた、「君早く自らを謀り」、「両軍の死傷、日に数百、朋友殺し合い、骨肉あい食《は》む」戦いを早くやめさせよと言う。山県がこれを訴えたのは、日付にある四月二十三日だ。その日から九月二十四日の戦争終結まで、「彼我の死傷を明日に救うの計」を為せという訴えは宙に浮いたまま、実に五カ月間も、西郷らは「政府へ尋問の筋これあり」も果たせなくなったあとの無意味な戦争を、また、山県が「両軍の死傷、日に数百」、「いまだ、この戦いより甚だしかったものはない」という戦闘を延々と続けたのである。

†「ここらでよかろう」

九月二十三日夜、将校たちは訣別《けつべつ》の宴を催す。薩摩琵琶が奏《かな》でられたと言われるが、個々の将校たちの胸に去来したものは何であったのだろうか。覚悟はとうにできていただろうが、その夜は眠れぬまま、夜明けの出陣となったのではないか。

二十四日午前四時前に政府軍の総攻撃の号砲が鳴り、西郷ら四十余名は洞窟前に集合して一斉に敵陣のある城ヵ谷方向に向かって岩崎谷を駆け下り、西郷吉之助・桂久武・桐野利秋・村田新八・池上四郎・別府晋介・小倉壮九郎・辺見十郎太・山野田一輔らが、途中で銃弾を浴びるか、自陣の堡塁のなかで四面からの攻撃にさらされて戦死する。その間およそ三時間、午前七時には鹿児島の空に政府軍の勝鬨《かちどき》の祝砲が響き渡る。

西郷は途中で被弾し、「晋どん、晋どん、もう、ここらでよかろう」と言って、以前から決まっていた別府晋介の介錯を受けたと言われる。胴体と首級が別々に見付かっているので、西郷が介錯を受けたのには間違いないが、介錯をしたのは足を負傷して駕籠《かご》で移動していた別府ではなく、桐野だったという説もある。しかし、それが誰であれ、西郷の最後の言葉が「もう、ここらでよかろう」であったというのには、納得のいくところがある。

この十年の内戦は、西郷らの主張では、「政府へ尋問の」ために率兵上京しようとしたものが、熊本に入るなりいきなり「鹿児島県暴徒征討令」が発せられ、意に反して戦争になったものであった。しかし、中央政府が一万人を超える重装備の薩軍の進軍を見過ごすわけにいくはずはなく、征討令をもって応じるのは当然で、西郷らがそれを予測できなかったとすれば、それはやはり、西郷らの見通しの誤りであり大きな判断ミスであった。

西郷らはそのために、戦争の大義名分を何ら立てられないまま、延々と戦争を続けることになる。またそのために、戦っている官軍の兵士たちでさえ「そもそもまた何の故ぞや」と問い掛けるような戦争になったのでもある。

†必然だった戦争

しかし、翻《ひるがえ》って考えてみると、この戦争は、西郷が明治六年に帰郷して鹿児島の地に政府に反感を持つ一大郷党集団をつくったとき、ほぼ運命付けられていたと見るべきであろう。近い前例に、前参議の江藤新平が佐賀に帰郷して起こした佐賀の乱や、同じく元参議の前原一誠が郷里で起こした萩の乱がある。政府に反発して帰郷した元参議は、西郷を含めて、誰もがその故郷で反乱を起こしたことになる。

西郷が帰郷してつくった郷党集団は、江藤や前原のものより格段に大きく、かつ、もとから銃隊学校や砲隊学校などで教練を受けた者たちを中核とする軍事集団であった。いったん出来上がった軍事集団を、その軍事力を行使することなく解体することは至難のことである。しかも、その集団の首領西郷が全国の不平不満を持つ士族や人民の輿望《よぼう》の的《まと》であり、さらに加えて、その西郷自身が「人望好み」であってみれば、佐賀の乱や萩の乱以上に、鹿児島の郷党集団がいずれ蜂起するのはほぼ必然であった。

†信条に反する戦争

それにしても、この戦争は、西郷が元来信条としていたことに悉《ことごと》く反するものであった。そう言える根拠をいくつか挙げておく。

第一は、挙兵や開戦の大義名分に、ことのほかこだわった西郷が、この戦争では明確な大義名分を掲げないまま、七カ月余りにもわたって戦争を続けたことだ。しかも戦争は、敵味方双方で一万三千余人もの戦死者（死傷者は三万余人）を出し、西南の各地を戦禍に巻き込むものであった。本来、兵隊を思い人民を思い、国を思う西郷からは想像し難いことだ。

第二は、挙兵や開戦に当たっては、事前の十分な話し合いこそ肝要と言っていたはずの西郷が、この明治十年にはそういったことを何もせず、いきなり政府への尋問を掲げて率兵進発し、結局は名分のはっきりしない戦争に突入してしまったことだ。

第三は、内戦を嫌ってきたはずの西郷が、内戦を起こして、兵士の命を消費し、国家財政に甚大な損害を与えたことだ。

第四は、「私戦」や「私闘」をことのほか嫌っていたはずの西郷が、自ら壮大な「私戦」をやったことだ。「政府へ尋問の筋これあり」として率兵上京を目指したとは言え、なるべくして戦争になってしまい、しかも「尋問」の相手が政府高官とりわけ大久保利通であってみれば、その戦争はまさしく「私戦」と言うほかはない。なかんずく、四月中旬に熊本で敗退した以後の五ヵ月以上にもわたる戦争は、勝敗の帰趨ははっきりし、政府への「尋問」も不能になったあとのほとんど意味のない「私戦」であり、さらに長井村から可愛岳《えのだけ》越えをして脱出した以後の一ヵ月余りの戦いは、もっぱら鹿児島を自分たちの終焉の地にするための「私闘」以外の何ものでもない。

†辛苦の半生

西郷の後半生を顧みるとき、西郷はいかに生きるかよりも、いかに死ぬかを思い続けた人であったように思えてならない。

西郷は二十代後半、主君島津斉彬のそば近くに仕え、忠臣の典型のように主君のために死ぬことを思い、斉彬が亡くなったあとも「土中の死骨」になって、「皇国のために暫く生を貪り」、死に損じた自分の命を何かに使うことを念じ、大義ある死を思い続ける。

文久二年三月、島津久光の東上の際に尊攘激派の鎮撫を任されたときには、「私が死地に入らなくては死地の兵を救うことはでき」ぬとして彼らの懐《ふところ》に入り、また、幕末の国事周旋期には死地に就くのを厭わぬ行動で難事に当たる。

明治四年には、乞われて中央政府に出仕し、自ら武家階級にとどめを刺す廃藩置県断行の後ろ盾になり、その直後の四年の終わりから六年初秋までは岩倉・木戸・大久保らが欧米回覧で出て行ったあとの「難渋の留守番」役を務める。そして、その六年夏には自ら朝鮮遣使に立つと主張して朝鮮に死に場所を求め、そして十年には遂に政府を弾劾し奸臣を排除せんと決起して、自らの死に時にしたのである。

西郷には、生まれながらに荷物を背負って生きていたようなところがある。自分のことを「私には始終安気の間これなき生まれ」[*218]と書いてもいる。実際、西郷の後半生は、隠退を何度も思いながら果たせず、常に死を眼前に置いて、自ら信じる正義のために必死に戦い続けた辛苦の半生であった。

あとがき

歴史は多分に後世に創られるものだが、西郷隆盛の歴史はそのことをよく物語っている。明治十年の内戦で西郷が死ぬと、福沢諭吉は直ちに『明治十年丁丑《ていちゅう》公論』で西郷を擁護してその「抵抗の精神」を褒《ほ》めたたえ、民衆は夜空に西郷星を見、また、「新政厚徳」の戦旗翻《ひるがえ》る戦場の錦絵を見て西郷を慕《した》う。

明治二十二年には西郷の賊名が取り除かれ、正三位が追贈されて「慶応の功臣にして明治の賊臣」だった西郷は再び功臣に返り咲き、明治三十一年には上野に着流しで犬を連れた庶民的な姿の銅像が立てられる。

勝海舟・中江兆民・内村鑑三といった著名人たちが西郷を持ち上げ、歴史家は西郷を忠君愛国の士や国家のために命を捧げる将士の鑑《かがみ》のように書き、また、征韓論の英雄や大陸計略論の先駆者、あるいは逆に、朝鮮に赴く平和的遣使として語り、明治十年の反乱はいつの間にか「西南戦争」と呼ばれるようになって、人は西郷を悲劇の英雄のように見て、そこに死に方の美学や滅びの美学を夢想するようにもなる。

著者は以前、『西郷「征韓論」の真相――歴史家の虚構をただす』（二〇一四）で、歴史家が持つ「国史的傾向」を指摘して、

「そのもとでは、西郷が明治六年に取った朝鮮遣使の言動についても、国家や国政にかかわる征韓説や交渉説としては捉えられても、西郷個人の信条や私情あるいは個人的な事情のからむ死処説としては捉えられないことになる。後者は、歴史学というよりは、文学の領域に属するものと見ているのかもしれない。

西郷は維新の志士であり憂国の士であって、国事や公事に携わり奔走した。しかし無論、彼も一個の人間であり、自身の信条や私情を持ち、個人的な事情をかかえる人間でもあった。西郷が明治六年の夏、健康を損ねるとともに、政治世界での身の処し方に苦悩した時、いくぶんか私情に傾いて、大義ある死を朝鮮に求めたとしても何の不思議もない。」

と書いた。

本書は、上記のような観点のもとで、もっぱら西郷自身が書いた手紙を史料の中心に置いて、国史上の西郷隆盛ではなく、現実に生きた人間、西郷吉之助の真の姿に光を当てようとしたものである。いくぶんかでもそれが果たせていれば仕合せである。

二〇一七年九月

川道麟太郎

註

＊1　正確にはこの時期は嘉永七年である。嘉永七年十一月二十七日に改元され安政元年となる。
＊2　西郷は文政十年十二月七日生まれで、その日は西暦では一八二八年一月二十三日になる。
＊3　『大西郷全集』三、一一四頁。
＊4　松尾千歳『西郷隆盛と薩摩』吉川弘文館、二〇一四年、九七〜一〇三頁、参照。
＊5　『橋本景岳全集』二、一五三頁。
＊6　『昨夢紀事』二、二八一頁。
＊7　一般には、鵜飼幸吉と日下部伊三治は東海道と中山道の別ルートを取ったとされているが、望月茂編『都日記』では、幸吉と伊三治は京都出発は別であったものの、東海道を同行したとあり、その説の根拠が説明されている（二八頁）ので、こちらを採用した。
＊8　このころの有馬新七の行動は、有馬の『都日記』にある。これについては望月茂編の『都日記』があり、国立国会図書館デジタルコレクションに収録されている。
＊9　望月茂編『都日記』一六四頁。もっとも、この部分の有馬の日記は、日ごとに書かれたものではなく、二十日ほど後に以前を思い起こして記されたものである。そういった点で、この日記は全体として、やや信憑性に欠ける面がある。
＊10　同上書、一六六〜一六七頁。もっとも、このところの記事も上述（注9）のようなため、何日のものかはっきりしない。そのことは記述にある「そうこうしているうちに」云々という表現からも窺える。
＊11　『大西郷全集』三、一九〇頁。
＊12　『西郷隆盛全集』六、一一〇頁。
＊13　三上一夫『幕末維新と松平春嶽』吉川弘文館、二〇〇四年、七二頁、及び『昨夢紀事』四、三四一〜三四二頁、参照。
＊14　『伝統と現代』四七号、一九七七年。橋川文三『西郷隆盛紀行』朝日選書、一九八五年、二九〜三〇頁。
＊15　『大久保利通日記』上、一頁。
＊16　大久保は「精忠士の面々へ」と記載しているが、実際に藩主が下した書状では宛名は「誠忠士の面々へ」（『鹿児島県史料　忠義公史料』一、八五頁）となっているようだ。
＊17　『鹿児島県史料　忠義公史料』一、七四頁。
＊18　『大久保利通文書』一、二〇〜二一頁。
＊19　同上書、二六〜二八頁。
＊20　同上書、二三〜二五頁、参照。
＊21　『大久保利通日記』上、七〇頁。

＊22 『橋本景岳全集』二、九七二頁。
＊23 久光の文久二年の率兵東上の構想やその準備における小松・山中・堀・大久保の活躍については、町田明広『島津久光＝幕末政治の焦点』（講談社選書メチエ、二〇〇九年）や佐々木克『幕末政治と薩摩藩』（吉川弘文館、二〇〇四年）に詳しい。
＊24 佐々木克、前掲書、七八頁。
＊25 久光自身が明治十九年に市来四郎に話したこととして『史談会速記録』にのこっており、また、市来四郎の日記の明治十九年六月十六日の条にもそういった記述がある。
＊26 町田明広、前掲書、五〇頁、参照。
＊27 『鹿児島県史料　玉里島津家史料』一、三三五頁。
＊28 『鹿児島県史料　忠義公史料』一、七四三〜七四五頁、参照。
＊29 『防長回天史』三、上、三、一五六頁、参照。
＊30 同上書、七六九頁。
＊31 『重野博士史学論文集』下、一〇五頁。
＊32 『鹿児島県史料　西南戦争』一、一〇一四〜一〇一五頁。
＊33 『孝明天皇紀』四、五九二〜五九三頁。
＊34 佐々木克、前掲書、一二三頁、参照。
＊35 『孝明天皇紀』四、八四五〜八四六頁。
＊36 『徳川慶喜公伝』三、一九六七年、二四頁。
＊37 『鹿児島県史料　玉里島津家史料』二、七五五頁。
＊38 佐々木克監修『大久保利通』講談社学術文庫、二〇〇四年、一四二〜一四三頁。
＊39 『伊達宗城在京日記』三九〇頁。
＊40 『中岡慎太郎全集』全一、一九七頁。
＊41 『徳川慶喜公伝』史料篇二、二二〇〜二二一頁。
＊42 『大久保利通文書』一、三五八〜三五九頁。
＊43 『維新史』四、二八九頁。
＊44 『続再夢紀事』四、二八九〜二九〇頁。
＊45 『大久保利通文書』一、三一一頁。
＊46 『朝彦親王日記』四〇九〜四一〇頁。
＊47 『徳川慶喜公伝』三、一九六七年、一九〇頁。
＊48 『岩倉具視関係文書』三、九三〜九五頁。
＊49 同上書、九一頁。
＊50 『吉川経幹周旋記』四、一五一〜一六一頁、および、佐々木克前掲書、三二一〜三二三頁、参照。
＊51 『坂本龍馬関係文書』二、一〇九〜一一〇頁。
＊52 『大久保利通文書』一、二九七〜二九八頁。
＊53 『伊達宗城在京日記』四九七頁。
＊54 『続再夢紀事』六、三〇三頁。
＊55 同上書、三四二頁。
＊56 『岩倉具視関係文書』三、三五七頁。
＊57 この重臣会議は一般には、五月二十五日とされているが、高橋裕文「武力倒幕方針をめぐる薩摩藩内反

対派の動向」（家近良樹編『もうひとつの明治維新――幕末史の再検討』大阪経済大学日本経済史研究所研究叢書、二〇〇六年）の注7によると、新納の日記原文（写本）では五月二十九日となっているそうで、ここではこちらを採用した。

＊58 『修訂防長回天史』五編下九、三一九頁。

＊59 徳富蘇峰『公爵山縣有朋伝』上、七七五頁。

＊60 『維新史』四、六七四頁。

＊61 『鹿児島県史料　忠義公史料』四、四二二～四二三頁。

＊62 『大久保利通文書』一、四七六～四七七頁。

＊63 『鹿児島県史料　玉里島津家史料補遺南部弥八郎報告書二』七三八～七三九頁。

＊64 同上書、七三九頁。

＊65 『山内家史料　幕末維新』六、二一三頁。

＊66 同上書、二一九頁。

＊67 「寺村左膳道成日記」『山内家史料　幕末維新』六、三三〇頁。

＊68 この盟約書については、青山忠正氏が『明治維新の言語と史料』（清文堂出版、二〇〇六年）で、史料批判をして既往説を否定している。もっとも、盟約書の約定内容については、青山氏が正しいとしているものと『西郷隆盛全集』二（二一九～二二二頁）や『大西郷全集』一（八六四～八六八頁）に掲載のものとで変わるところは特にないので、ここでは、『全集』掲載のものから引用している。

＊69 『大西郷全集』や『西郷隆盛全集』二（二二〇頁）では「王政復古」であるが、『維新史』、『大久保利通文書』一（四八〇頁）や『鹿児島県史料　玉里島津家史料補遺南部弥八郎報告書』二（七四二頁）では「王制復古」とある。

＊70 もっとも、一般には、『柏村日記』の慶応三年八月十四日の条をもとに、西郷は後藤から将軍に大政奉還の建白をしてもどうせ応じないだろうから、そのときに挙兵すると聞かされていたとされているようだ。

＊71 『維新日乗纂輯』三「寺村左膳手記」四八〇～四八一頁。

＊72 青山忠正『明治維新と国家形成』吉川弘文館、二〇〇〇年、二七〇頁、参照。

＊73 佐佐木高行『保古飛呂比　佐佐木高行日記』二、四三二～四三三頁。

＊74 引用は、『修訂防長回天史』五編下、掲載の「柏村日記抄出」三四五頁から、による。

＊75 ここの原文は「事を挙候已後時宜に寄り」で、「事を挙候已（のみ）、時宜に寄り」と「事を挙候已後（いご）、時宜に寄り」の読点の打ち方によって意味が違ってくるが、筆者は前者を採っている。

＊76 佐々木克氏や家近良樹氏らの説がそれに当たる。

佐々木氏は、「幕末史を『薩長討幕史』の運動として語る諸書を目にするが、私は薩摩と長州の主要人物が、討幕を目標にしていると言明した史料を目にしたことがない。もし長州がこのとき討幕をめざしていたなら、柏村は西郷の発言に不満を感じるはずだ。」(『幕末史』ちくま新書、二〇一四年、二五三〜二五四頁)などとし、また、家近良樹氏は、「挙兵計画では、対幕戦争を徹底的にやるつもりはないことが明言されていることである。このことは八月十四日夜の会見の席上で、(西郷ら薩摩武力倒幕派が)長州側に対して次のように宣告されたことで明らかである(「於弊藩討幕ハ不仕、……」。)……。」(『幕末政治と倒幕運動』吉川弘文館、一九九五年、二二二頁)などとしている。

＊77 『維新日乗纂輯』三、「寺村左膳手記」四七六〜四七七頁。

＊78 『山内家史料　幕末維新』六、五〇七頁。

＊79 『鹿児島県史料　忠義公史料』四、四二六頁。

＊80 同上書、四五八〜四五九頁。

＊81 『維新日乗纂輯』三、「寺村左膳手記」四八二頁。なお、この手記では、後藤・西郷ら土佐・薩摩の面々が一堂に会したのを九月七日としているが、西郷はこの日はまだ大坂にいる。

＊82 『山内家史料　幕末維新』六、六四三〜六四五頁。

＊83 国立国会図書館憲政資料室蔵『大久保利通関係文書』リール十。

＊84 『維新史』四、七五五〜七五六頁。

＊85 『尾崎忠征日記』二、一九〇〜一九一頁、および、高橋秀直『幕末維新の政治と天皇』吉川弘文館、二〇〇七年、三八〇〜三九一頁、参照。

＊86 『大久保利通関係文書』一、二一一頁。

＊87 『鹿児島県史料　忠義公史料』四、四九八頁。

＊88 『岩倉公実記』中、八五頁。

＊89 『再夢紀事・丁卯日記』二二三頁と二四三頁。

＊90 『大久保利通関係文書』一、六〇〜六一頁。

＊91 青山忠正『明治維新と国家形成』二〇〇〇年、二八〇〜二八一頁に掲載のものを使わせてもらっている。もとは、山口県文書館蔵毛利家文庫『年度別書簡集』第三十三冊。

＊92 これについては、『西郷隆盛全集』掲載のものと『大久保利通文書』二の七二頁掲載のものとで文言でやや相違があり、後者の方がより適切に思えるので、それを採用している。

＊93 高橋秀直、前掲書、四二四〜四二五頁、参照。

＊94 『大久保利通文書』二、九八頁。

＊95 『再夢紀事・丁卯日記』二六〇頁。

＊96 同上書、二六二〜二六三頁と二六五頁。

＊97 同上書、二六八頁。

＊98 『谷干城遺稿』一、五九頁。

＊99『大久保利通文書』二、二一七頁。
＊100『勝海舟全集』十九、二七頁、参照。
＊101 同上書、三四頁。
＊102 勝海舟、江藤淳・松浦玲編『氷川清話』講談社学術文庫、二〇〇〇年、七二〜七四頁。
＊103『西郷隆盛全集』二、五〇〇頁、参照。
＊104『明治天皇紀』一、七四四〜七四五頁。
＊105『大久保利通関係文書』一、八〇頁。
＊106『敬天愛人』二十八号、二〇一〇年、一六二〜一六六頁。
＊107『保古飛呂比　佐佐木高行日記』五、一六〇頁。
＊108『鹿児島県史料　玉里島津家史料補遺　南部弥八郎報告書』二、七五四頁。
＊109『鹿児島県史料　玉里島津家史料』六、三九二〜三九三頁より抜粋。
＊110『敬天愛人』七号、一九八九年、二二一頁、参照。
＊111『敬天愛人』二十八号、二〇一〇年、一五五〜一五六頁。
＊112 勝田孫弥『大久保利通伝』複製版（もとは一九一〇〜一九一一年発刊）、九三頁。
＊113 勝海舟が明治二十六年五月に寺師宗徳に話した回顧談。『史談会速記録』三百十四輯、松浦玲『明治の海舟とアジア』岩波書店、一九八七年、九四頁、参照。
＊114『鹿児島県史料　玉里島津家史料』七、一頁。
＊115『大西郷全集』二、七三八頁。
＊116『西南記伝』上巻一、三八五頁。
＊117『大西郷全集』三、七三五〜七三六頁。
＊118 遠山茂樹『遠山茂樹著作集』二、岩波書店、一九九二年、三三八頁。
＊119 小西四郎『現代日本記録全集3　士族の反乱』筑摩書房、一九七〇年、六三頁。
＊120 田中彰『明治維新と天皇制』吉川弘文館、一九九二年、一六三頁。
＊121『上野景範関係文書』国立国会図書館憲政資料室蔵。なお、ここでは、志賀尚司「明治初年における『議政』『行政』分離問題」明治維新史学会編『明治維新の政治と権力』吉川弘文館、一九九二年、九三頁に、その原文の全文が引かれているので、それを使わせてもらった。
＊122 宮島誠一郎「国憲編纂起原」（一九〇五）、『明治文化全集』四、一九二八年、三五五頁、参照。
＊123『岩倉具視関係文書』七、五〇〇〜五〇五頁。
＊124『大隈伯昔日譚』六七九頁。
＊125『明治天皇紀』三、一一一頁ならびに一二四頁、参照。
＊126『大隈伯昔日譚』六九四〜六九五頁。
＊127『木戸孝允文書』第八巻、一九三一年、一三二頁。なお、この文書の末尾に、「明治六癸酉八月」という

日付が入っているため、多くの歴史家がこれを、木戸が八月に提出したものとしているが、それは多分間違いである。そのことについては、拙著『「征韓論政変」の真相――歴史家の史料批判を問う』（勉誠出版、二〇一五）の第二章で詳しく論じている。

＊128　このことについては、拙著『西郷「征韓論」の真相――歴史家の虚構をただす』（勉誠出版、二〇一四）、第六章第二節で詳しく述べている。

＊129　陸軍卿・山県有朋はこのころ、八月より地方四鎮台巡視中で東京を留守にし、また、海軍大輔の勝海舟も朝鮮との開戦になるようなことはもとより反対であった。西郷が山県や勝ら陸海軍責任者に会って、自身の朝鮮派遣について話し合ったことは一度もない。

＊130　このことについては、注128の拙著（二〇一四）で詳しく論じている。参考にしていただければ幸甚である。

＊131　『明治天皇紀』三、一一九頁。

＊132　『岩倉公実記』下、一〇九八～一〇九九頁。

＊133　『明治天皇紀』三、一一九頁。

＊134　『松菊木戸公伝』下、一五八七頁。

＊135　『大隈重信関係文書』二、一七五～一七六頁。

＊136　『大久保利通文書』五、一〇頁。

＊137　『岩倉具視関係文書』五、三三〇頁。

＊138　『岩倉公実記』下、一〇九九頁。

＊139　同上書、一一〇一頁。

＊140　この勅答問題については、拙著『「征韓論政変」の真相――歴史家の史料批判を問う』（二〇一五）の第三章で詳しく論じ、勅答は当時においては実在していなかったという説を提示している。

＊141　『岩倉公実記』下、一一〇一～一一〇二頁。

＊142　同上書、一一〇三頁。

＊143　同上書、一一〇四頁。

＊144　国立国会図書館憲政資料室蔵「岩倉具視文書」、「明治六年　岩倉家蔵書類　征韓論一件」。引用は、マイクロフィルム版より。『岩倉具視関係文書』五、三四二～三四三頁、参照。

＊145　勝田孫弥『西郷隆盛伝』五巻、七篇、九三頁。

＊146　『岩倉公実記』下、一一一四頁。

＊147　この日記は、前年アメリカ回覧中の明治五年正月の記事を最後に一年十カ月以上も途切れていたが、どういうわけか、突如この日、書き始められたものだ（それまでにも書かれていたのかもしれないが現今には遺っていない）。

＊148　『岩倉公実記』下、一一一五頁。

＊149　西郷の渡韓については、とりあえずは、対馬を経由して釜山の東莱府にある草梁倭館（「大日本公館」）に入り、何らかの交渉をするつもりであったと考えられるが、その後のことは予想が付かない。大院君と直

接談判をするつもりであったという説もあるが、想像の範囲を出ない。何の準備もなしにいきなり渡韓しても、そういったことも無理であったと思われる。東萊府内で動きの取れない状態になっていた可能性が高い。

＊150 『岩倉具視関係文書』五、三四五〜三四六頁。

＊151 木戸孝允の六年十月二十四日付岩倉宛書簡に、「去る十七日夕、条公（岩倉邸で岩倉と）ご激論のご次第に至り、再び大木（喬任）など、ご直諫申し上げ大木一同に尊邸にお出でになり、……。」（『木戸孝允文書』五、六二頁）とあることから三条が、十七日の夜、岩倉邸に二度行ったことがわかる。

＊152 『岩倉公実記』下、一一一八頁。

＊153 『大西郷全集』二、七九二頁。

＊154 「始末書」や「出使始末書」と呼ばれる文書については、注128の拙著（二〇一四）第四章で詳しく論じている。

＊155 『大久保利通関係文書』一、三三九頁。

＊156 毛利敏彦「明治六年政変論の検証——田村貞雄氏への反論」『歴史学研究』六二四号、一九九一年、三三頁。

＊157 『三條実美公年譜』二八冊・巻二七、三三〜三四頁。

＊158 『大久保利通関係文書』三、一一頁。

＊159 『大久保利通文書』五、七八〜七九頁。

＊160 『明治天皇紀』第三巻、吉川弘文館、一九六九年、一四五頁。

＊161 国立国会図書館憲政資料室蔵、注144に同じ。

＊162 『大久保利通文書』五、九四頁。

＊163 同上書、九二〜九三頁。

＊164 国立国会図書館デジタル化資料『太政官職制沿革原文』参照。指原安三『明治政史』一七四頁、等にもその記載がある。

＊165 この問題に関しては、注128の拙著（二〇一四）の第七章で詳述している。

＊166 『岩倉具視関係文書』五、三五四〜三五五頁。

＊167 『岩倉公実記』下巻、一一二四頁。

＊168 国立国会図書館憲政資料室蔵、注146に同じ。

＊169 司馬遼太郎『翔ぶが如く』三、文春文庫、一九八〇年、九六〜一〇二頁。

＊170 近年でも小川原正道『西南戦争——西郷隆盛と日本最後の内戦』（中公新書、二〇〇七年）は、「西郷が帰郷するとき、……、大久保と告別の対面をしている」（八頁）としている。もっとも、小川原氏は前島密談の『鴻爪痕』を史料に挙げている。

＊171 『大久保利通文書』五、一〇五〜一〇七頁。

＊172 板垣退助監修・遠山茂樹他校訂『自由党史』上、岩波書店、一九五七年復刻版、八〇頁。

＊173 『明治文化全集』二五、五八頁。

*174 『大西郷全集』三、七八六頁。
*175 同上書、七八三頁。
*176 勝田孫弥『西郷隆盛伝』八、一三〇～一三一頁。
*177 『大西郷全集』三、八二七～八二八頁。
*178 『西郷隆盛全集』月報3、一九七八年、二五～二八頁、参照。
*179 勝田孫弥『西郷隆盛伝』五、一二三頁、参照。
*180 アーネスト・サトウ、坂田精一訳『一外交官の見た明治維新』上、岩波文庫、一九六〇年、二二六頁。
*181 『西郷隆盛全集』五、五六七～五六八頁。
*182 佐々木克他編『岩倉具視関係史料』上、思文閣出版、二〇一二年、一二六～一二八頁。
*183 猪飼隆明『西南戦争――戦争の大義と動員される民衆』吉川弘文館、二〇〇八年、七～九頁より。なお引用部は、猪飼氏が宮下満郎論文(『敬天愛人』二号、一九八四年)から引用されているものである。
*184 児島襄『大山巌』二、文藝春秋、一九七七年、三八頁、参照。
*185 『大久保利通文書』七、四九五～四九八頁。
*186 この「布達」および下記の「通知書」は、猪飼隆明、前掲書、一八～二一頁より引かせてもらった。
*187 『鹿児島県史料　西南戦争』三、一五九～一六〇頁。
*188 『鹿児島県史料　西南戦争』一、七〇八頁。
*189 陸上自衛隊北熊本修親会『新編西南戦史』一九七七年、一五七～一五八頁、参照。
*190 『大久保利通文書』七、四九三頁。
*191 『大久保利通文書』七、四八八～四八九頁。
*192 宮下満郎「鮫島甚七の『丁丑従軍記』」『敬天愛人』九号、一九九一年、一四八頁。
*193 『鹿児島県史料　西南戦争』三、一七〇～一七一頁。
*194 『明治天皇紀』四、七九頁。
*195 同上書、八〇頁。
*196 落合弘樹『西南戦争と西郷隆盛』吉川弘文館、二〇一三年、一五六～一五七頁、参照。
*197 佐々友房『戦袍日記』三四～三五頁。
*198 猪飼隆明、前掲書、一一九頁、参照。
*199 『西南戦争之記録』二号、「野村忍助自叙伝写本」二〇〇三年、一三〇頁。
*200 徳富蘇峰『公爵山縣有朋伝』中、五一四頁、参照。
*201 同上書、五一四～五一五頁。
*202 同上書、五一七頁。
*203 『明治天皇紀』四、九八頁。
*204 佐々友房、前掲書、二五～二六頁および三六頁、参照。
*205 猪飼隆明、前掲書、七六～七七頁、参照。
*206 『鹿児島県史料　西南戦争』一、一六頁。

＊207 川口武定『従征日記』上、一一四頁。
＊208 『大西郷全集』二、九一三〜九一五頁。
＊209 萩原延壽『西南戦争　遠い崖――アーネスト・サトウ日記抄（13）』朝日文庫、二〇〇八年、七一頁。
＊210 『鹿児島県史料　西南戦争』三、六九四頁。
＊211 『西南記伝』下1、七四〜七五頁。
＊212 同上書、六二頁。
＊213 『西南記伝』中2、五四二頁。
＊214 徳富蘇峰、前掲書、七一八頁。
＊215 このところの中津隊に関する記述は、『西南記伝』下1、一七三頁、一六二頁等、参照。
＊216 『西南記伝』中2、五六〇頁。
＊217 徳富蘇峰、前掲書、七四二〜七四五頁。
＊218 慶応二年二月十八日付川口量次郎宛の書中にある言葉。

人名索引

＊西郷隆盛(吉之助)は頻出するため採らない。

あ行

か行

さ行

た行

な行

は行

ま行

や行

ら行

ちくま新書
1293

西郷隆盛《さいごうたかもり》
――手紙《てがみ》で読《よ》むその実像《じつぞう》

二〇一七年一二月一〇日　第一刷発行

著者　川道麟太郎（かわみち・りんたろう）
発行者　山野浩一
発行所　株式会社筑摩書房
東京都台東区蔵前二-五-三　郵便番号一一一-八七五五
振替〇〇一六〇-八-四一二三
装幀者　間村俊一
印刷・製本　株式会社精興社

乱丁・落丁本の場合は、左記宛にご送付ください。
送料小社負担でお取り替えいたします。
ご注文・お問い合わせも左記へお願いいたします。
〒三三一-八五〇七　さいたま市北区櫛引町二-六〇四
筑摩書房サービスセンター　電話〇四八-六五一-〇〇五三

ISBN978-4-480-07112-5 C0221

ちくま新書

1096 幕末史 佐々木克
日本が大きく揺らいだ激動の幕末。そのとき何が起き、何が変わったのか。黒船来航から明治維新まで、日本の生まれ変わる軌跡をダイナミックに一望する決定版。

650 未完の明治維新 坂野潤治
明治維新は〈富国・強兵・立憲主義・議会論〉の四つの目標が交錯した「武士の革命」だった。それは、どう実現されたのだろうか。史料で読みとく明治維新の新たな実像。

948 日本近代史 坂野潤治
この国が革命に成功し、わずか数十年でめざましい近代化を実現しながら、やがて崩壊へと突き進まざるをえなかったのはなぜか。激動の八〇年を通観し、捉えなおす。

951 現代語訳 福澤諭吉 幕末・維新論集 福澤諭吉 山本博文訳／解説
激動の時代の人と風景を生き生きと描き出した傑作評論選。勝海舟、西郷隆盛をも筆で斬った福澤思想の核心とは。「痩我慢の説」「丁丑公論」他二篇を収録。

1101 吉田松陰——「日本」を発見した思想家 桐原健真
2015年大河ドラマに登場する吉田松陰。維新の精神的支柱でありながら、これまで紹介されてこなかった思想家としての側面に初めて迫る、画期的入門書。

1280 兵学思想入門——禁じられた知の封印を解く 拳骨拓史
明治維新の原動力となった日本の兵学思想。その独自の国家観・戦争観はいつ生まれ、いかに発展し、なぜ封印されるに至ったのか。秘められた知の全貌を解き明かす。

990 入門 朱子学と陽明学 小倉紀蔵
儒教を哲学化した朱子学と、それを継承しつつ克服しようとした陽明学。東アジアの思想空間を今も規定するその世界観の真実に迫る、全く新しいタイプの入門概説書。